John Coleman

DAS
TAVISTOCK-INSTITUT
FÜR MENSCHLICHE
BEZIEHUNGEN

Die Gestaltung des moralischen, spirituellen,
kulturellen, politischen und wirtschaftlichen
Niedergang der Vereinigten Staaten

ⓄMNIAVERITAS®

John Coleman

John Coleman ist ein britischer Autor und ehemaliges Mitglied des Secret Intelligence Service. Coleman hat verschiedene Analysen über den Club of Rome, die Giorgio-Cini-Stiftung, Forbes Global 2000, das Interreligiöse Friedenskolloquium, das Tavistock-Institut, den Schwarzen Adel und andere Organisationen mit Themen der Neuen Weltordnung verfasst.

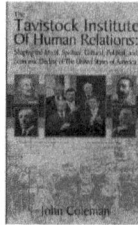

DAS TAVISTOCK-INSTITUT FÜR MENSCHLICHE BEZIEHUNGEN
Die Gestaltung des moralischen, spirituellen, kulturellen,
politischen und wirtschaftlichen Niedergang
der Vereinigten Staaten von Amerika

The Tavistock institute for human relations - Shaping the Moral, Spiritual,
Cultural, Political and Economic Decline of the United States

Übersetzt und veröffentlicht von Omnia Veritas Limited

© Omnia Veritas Ltd - 2024

OMNIA VERITAS®
www.omnia-veritas.com

Das Tavistock Institute for Human Relations hat die moralische, geistige, kulturelle, politische und wirtschaftliche Politik der Vereinigten Staaten von Amerika und Großbritanniens tiefgreifend beeinflusst. Es stand an vorderster Front bei den Angriffen auf die Verfassung der USA und die Verfassungen der Bundesstaaten. Keine Gruppe hat mehr Propaganda für die Teilnahme der USA am Ersten Weltkrieg gemacht, als die Mehrheit des amerikanischen Volkes dagegen war.

Die gleiche Taktik wurde von den Sozialwissenschaftlern von Tavistock angewandt, um die Vereinigten Staaten in den Zweiten Weltkrieg, nach Korea, Vietnam, Serbien und in die beiden Kriege gegen den Irak zu führen. Tavistock begann im Vorfeld des Ersten Weltkriegs als eine Organisation, die im Wellington House in London Propaganda schuf und verbreitete, was Toynbee als "das schwarze Loch der Desinformation" bezeichnete. Bei einer anderen Gelegenheit nannte Toynbee Wellington House "eine Lügenfabrik". Aus dem Wellington House entwickelte sich das Tavistock Institute, das die Geschicke Deutschlands, Russlands, Großbritanniens und der Vereinigten Staaten auf höchst umstrittene Weise prägte. Die Menschen in diesen Ländern waren sich nicht bewusst, dass sie einer "Gehirnwäsche" unterzogen wurden. Der Ursprung der "Gedankenkontrolle", der "inneren Konditionierung" und der Massen-"Gehirnwäsche" wird in einem leicht verständlichen und mit großer Autorität geschriebenen Buch erklärt.

Der Sturz von Dynastien, die bolschewistische Revolution, der Erste und Zweite Weltkrieg, die Zerstörung alter Bündnisse und Grenzen, die Erschütterungen in Religion, Moral, Familienleben, Wirtschaft und Politik, die Dekadenz in Musik und Kunst - all dies lässt sich auf die von den Sozialwissenschaftlern des Tavistock-Instituts betriebene Massenindoktrination (Massengehirnwäsche) zurückführen. Unter den Dozenten des Tavistock-Instituts befand sich Edward Bernays, der zweifache Neffe von Sigmund Freud. Es heißt, dass Herr Goebbels, Propagandaminister im Dritten Reich, die Methoden von Bernays und Willy Munzenberg nutzte, dessen außergewöhnliche Karriere in diesem Werk über Vergangenheit, Gegenwart und Zukunft behandelt wird. Ohne Tavistock hätte es weder den Ersten noch den Zweiten Weltkrieg, weder die bolschewistische Revolution noch die Kriege in Korea, Vietnam, Serbien und im Irak gegeben. Ohne Tavistock wären die Vereinigten Staaten nicht auf dem Weg zur Auflösung und zum Zusammenbruch.

Danksagung

Ich bin meiner Frau Lena und unserem Sohn John zu großem Dank verpflichtet für die Hilfe, die Ermutigung, die harten und langen Stunden, die fundierte Kritik und die Ermutigung, die sie mir in jeder Phase der Vorbereitung dieses Buches zuteil werden ließen, einschließlich der Vorschläge für die Umschlaggestaltung, die Recherche und das Korrekturlesen.

Mein Dank gilt auch Dana Farnes für seine unermüdliche Arbeit am Computer und seine technische Unterstützung; Ann Louise Gittleman und James Templeton, die mich ermutigt haben, dieses Buch zu schreiben, und die mir keine Ruhe ließen, bis ich damit begann; Renee und Grant Magan, die die tägliche Arbeit erledigten, so dass ich mich auf das Schreiben konzentrieren konnte. Mein besonderer Dank gilt auch Dr. Kinne McCabe und Mike Granston, deren treue und unerschütterliche Unterstützung ein Schlüsselfaktor dafür war, dass ich das Werk beenden konnte.

VORWORT

Das Tavistock Institute of Human Relations war den Menschen in den Vereinigten Staaten unbekannt, bevor Dr. Coleman seine Existenz in seiner Monographie *The Tavistock Institute of Human Relations* aufdeckte: *Britain's Control of the United States*. Bis zu diesem Zeitpunkt hatte Tavistock seine geheimnisvolle Rolle bei der Gestaltung der Angelegenheiten der Vereinigten Staaten, ihrer Regierung und ihres Volkes seit seinen Anfängen in London im Jahre 1913 im Wellington House erfolgreich beibehalten.

Seit Dr. Colemans ursprünglichem Artikel, in dem er diese ultrageheime Organisation aufdeckte, haben sich andere mit Behauptungen über die Urheberschaft gemeldet, die sie nicht belegen konnten.

Tavistock begann als eine Organisation, die Propaganda schuf und verbreitete, mit Sitz im Wellington House, wo die ursprüngliche Organisation mit der Absicht gegründet wurde, ein Propagandamittel zu schaffen, das den starken öffentlichen Widerstand gegen den drohenden Krieg zwischen Großbritannien und Deutschland brechen würde.

Das Projekt wurde den Lords Rothmere und Northcliffe übertragen, und ihr Auftrag bestand darin, eine Organisation zu schaffen, die in der Lage war, die öffentliche Meinung zu manipulieren und die so erzeugte Meinung in die gewünschte Richtung zu lenken, um eine Kriegserklärung Großbritanniens an Deutschland zu unterstützen.

Die Finanzierung erfolgte durch das britische Königshaus und später durch die Rothschilds, mit denen Lord Northcliffe durch Heirat verbunden war. Arnold Toynbee wurde zum Direktor für Zukunftsstudien ernannt. Zwei Amerikaner, Walter Lippmann und Edward Bernays, wurden mit der Manipulation der öffentlichen Meinung in Vorbereitung auf den Eintritt der Vereinigten Staaten in den Ersten Weltkrieg beauftragt und sollten Präsident Woodrow Wilson informieren und anleiten.

Aus den etwas kruden Anfängen im Wellington House entwickelte sich eine Organisation, die das Schicksal Deutschlands, Großbritanniens und vor allem der Vereinigten Staaten in einer Weise beeinflussen sollte, die sich zu einer hochentwickelten Organisation zur Manipulation und Schaffung der öffentlichen Meinung entwickelte, was gemeinhin als "Massen-Gehirnwäsche" bezeichnet wird.

Im Laufe seiner Entwicklung nahm Tavistock an Größe und Ehrgeiz zu, als 1937 beschlossen wurde, das monumentale Werk *Untergang des Abendlandes* des deutschen Autors Oswald Spengler als Vorbild zu nehmen.

Zuvor hatten die Vorstandsmitglieder von Wellington House, Rothmere, Northcliffe, Lippmann und Bernays, die Schriften von Correa Moylan Walsh, insbesondere das Buch *The Climax of Civilization* (1917), gelesen und als Leitfaden vorgeschlagen, da sie den Bedingungen, die geschaffen werden mussten, bevor eine Neue Weltordnung in einer Eine-Welt-Regierung eingeführt werden konnte, sehr nahe kamen.

Dabei berieten sich die Vorstandsmitglieder mit dem britischen Königshaus und holten die Zustimmung der "Olympier" (dem inneren Kern des Komitees der 300) ein, um eine Strategie zu formulieren. Die Finanzierung erfolgte durch die Monarchie, die Rothschilds, die Milner-Gruppe und die Rockefeller-Familienfonds.

Im Jahr 1936 wurde das inzwischen zum Tavistock-Institut gewordene Institut auf Spenglers monumentales Werk aufmerksam. Um die öffentliche Meinung zum zweiten Mal in weniger als zwölf Jahren zu verändern und umzugestalten, wurde Spenglers umfangreiches Buch mit einstimmiger Zustimmung des Vorstands als Blaupause für ein neues Arbeitsmodell angenommen, das den Niedergang der westlichen Zivilisation herbeiführen und eine neue Weltordnung innerhalb einer Eine-Welt-Regierung schaffen und etablieren sollte.

Spengler hielt es für unausweichlich, dass fremde Elemente in zunehmender Zahl in die westliche Zivilisation eindringen würden und dass der Westen es dann nicht schaffen würde, die Fremden zu vertreiben und damit sein Schicksal zu besiegeln, eine Gesellschaft, deren innerer Glaube und feste Überzeugungen mit ihrem äußeren

Bekenntnis in Widerspruch geraten würden, und so würde die westliche Zivilisation auf der Strecke bleiben, so wie die antiken Zivilisationen Griechenlands und Roms.

Nach Ansicht von Tavistock hatte Spengler die westliche Zivilisation in dem Glauben indoktriniert, dass sie sich auf die Seite der römischen Zivilisation schlagen und die Außerirdischen vertreiben würde. Der genetische Verlust, der über Europa - und insbesondere über Skandinavien, England, Deutschland, Frankreich - hereingebrochen ist (die angelsächsischen, nordisch-alpinen und germanischen Ethnien) und der kurz vor dem Zweiten Weltkrieg begann, ist bereits so groß, dass er alle Erwartungen übersteigt, und setzt sich unter der geschickten Führung der Tavistock-Manager in einem alarmierenden Tempo fort.

Was ein sehr seltener Fall war, wurde zu einer alltäglichen Erscheinung: ein schwarzer Mann heiratete eine weiße Frau oder umgekehrt.

Die beiden Weltkriege haben das deutsche Volk fast ein Viertel seiner Bevölkerung gekostet. Der größte Teil der intellektuellen Energien des deutschen Volkes wurde in die Kriegskanäle zur Verteidigung des Vaterlandes umgeleitet, auf Kosten von Wissenschaft, Kunst, Literatur, Musik und der kulturellen, geistigen und moralischen Weiterentwicklung des Volkes. Dasselbe könnte man von der britischen Nation sagen. Das Feuer, das die Briten unter der Leitung von Tavistock entfachten, setzte ganz Europa in Brand und richtete unermesslichen Schaden an, gemäß dem Plan von Tavistock, der sich mit Spenglers Vorhersagen deckte.

Die klassische und die westliche Kultur sind die einzigen beiden Zivilisationen, die der Welt eine moderne Renaissance bringen konnten. Sie blühten und entwickelten sich, solange diese Zivilisationen unter der Kontrolle der angelsächsischen, nordisch-alpinen und germanischen Ethnien standen. Die unübertroffene Schönheit ihrer Literatur, ihrer Kunst, ihrer Klassiker, die geistige und moralische Förderung des weiblichen Geschlechts mit einem sehr großen, entsprechenden Maß an Schutz, war das, was die westlichen und klassischen Zivilisationen von anderen unterschied.

Es war diese Bastion, die Spengler zunehmend unter Beschuss sah, und die Überlegungen in Tavistock gingen in die gleiche Richtung, allerdings mit einem völlig anderen Ziel. Tavistock sah in dieser Zivilisation einen Stolperstein auf dem Weg zu einer neuen Weltordnung, ebenso wie in der Betonung des Schutzes und der Erhebung des weiblichen Geschlechts auf einen Platz von hohem Respekt und Ehre.

So bestand die ganze Stoßrichtung von Tavistock darin, den Westen durch einen Angriff auf die Weiblichkeit und das rassische, moralische, geistige und religiöse Fundament, auf dem die westliche Zivilisation ruhte, zu "demokratisieren".

Wie Spengler andeutete, widmeten sich die Griechen und Römer dem sozialen, religiösen, moralischen und geistigen Fortschritt und der Bewahrung der Weiblichkeit, und sie waren nur so lange erfolgreich, wie sie die Kontrolle hatten und die Dinge so regeln konnten, dass die Regierung von einer begrenzten Anzahl verantwortungsbewusster Bürger ausgeübt wurde, die von der allgemeinen Bevölkerung unter ihnen unterstützt wurden und alle derselben reinen, unverfälschten Ethnie angehörten. Die Planer von Tavistock sahen die Möglichkeit, das Gleichgewicht der westlichen Zivilisation zu stören, indem sie unwillkommene Veränderungen in der Ethnie erzwangen, indem sie die Kontrolle von den Verdienten auf die Unverdienten übertrugen, so wie es die alten römischen Führer taten, die von ihren ehemaligen Sklaven und Ausländern verdrängt wurden, denen sie erlaubt hatten, zu kommen und unter ihnen zu wohnen.

Tavistock hatte 1937 einen weiten Weg von seinen Anfängen in Wellington House und der erfolgreichen Propagandakampagne zurückgelegt, die die britische Öffentlichkeit, die 1913 noch strikt gegen den Krieg war, durch die Kunst der Manipulation und die bereitwillige Mitarbeit der Nachrichtenmedien zu willigen Teilnehmern gemacht hatte.

Diese Technik wurde 1916 über den Atlantik getragen, um die amerikanische Bevölkerung zur Unterstützung des Krieges in Europa zu bewegen. Trotz der Tatsache, dass die große Mehrheit, darunter mindestens 50 US-Senatoren, entschieden dagegen war, dass die USA in etwas hineingezogen wurden, das sie im Wesentlichen als einen Streit zwischen Großbritannien und Frankreich auf der einen Seite und Deutschland auf der anderen Seite ansahen, bei dem es hauptsächlich um Handel und Wirtschaft ging, ließen sich die Verschwörer nicht beirren. Zu diesem Zeitpunkt führte Wellington House das Wort "Isolationisten" als abfällige Bezeichnung für diejenigen Amerikaner ein, die gegen eine Beteiligung der USA am Krieg waren. Die Verwendung solcher Wörter und Ausdrücke hat sich unter der fachkundigen Gehirnwäsche der Sozialwissenschaftler von Tavistock weiter ausgebreitet. Begriffe wie "Regimewechsel" und "Kollateralschäden" wurden fast zum neuen Sprachgebrauch.

Mit dem an die amerikanischen Verhältnisse angepassten Tavistock-Plan brachten Bernays und Lippmann Präsident Woodrow Wilson dazu, die allerersten Tavistock-Methoden zur Meinungsumfrage (Herstellung der so genannten öffentlichen Meinung) zu entwickeln, die durch die Tavistock-Propaganda geschaffen wurden. Sie brachten Wilson auch bei, ein geheimes Gremium von "Managern" zur Leitung der Kriegsanstrengungen und ein Gremium von "Beratern" zur Unterstützung des Präsidenten bei der Entscheidungsfindung einzurichten. Die Creel-Kommission war das erste derartige Gremium von Meinungsmachern, das in den Vereinigten Staaten eingerichtet wurde.

Woodrow Wilson war der erste amerikanische Präsident, der sich öffentlich für eine sozialistische Neue Weltordnung innerhalb einer sozialistischen Eine-Welt-Regierung aussprach. Seine bemerkenswerte Akzeptanz der Neuen Weltordnung findet sich in seinem Buch *Die neue Freiheit*.

Wir sagen "sein" Buch, aber eigentlich wurde es von dem Sozialisten William B. Hayle geschrieben. Wilson prangerte den Kapitalismus an. "Er ist dem einfachen Menschen zuwider und hat unserer Wirtschaft Stagnation gebracht", schrieb Wilson.

Die Wirtschaft der Vereinigten Staaten befand sich zu dieser Zeit in einer Phase des Wohlstands und der industriellen Expansion, wie es sie in ihrer Geschichte noch nie gegeben hatte:

"Wir stehen vor einer Revolution - keiner blutigen Revolution, denn Amerika vergießt kein Blut, sondern einer stillen Revolution, in der Amerika darauf bestehen wird, die Ideale, zu denen es sich immer bekannt hat, wieder in die Praxis umzusetzen und eine Regierung zu sichern, die sich dem allgemeinen und nicht dem besonderen Interesse widmet. Wir stehen an der Schwelle zu einer Zeit, in der das systematische Leben des Landes an jeder Stelle durch die Tätigkeit der Regierung aufrechterhalten oder zumindest ergänzt werden wird. Und nun müssen wir bestimmen, welcher Art diese Staatstätigkeit sein soll; ob sie in erster Linie von der Regierung selbst ausgehen soll, oder ob sie indirekt sein soll, durch Instrumente, die sich bereits konstituiert haben und die bereit sind, die Regierung zu ersetzen."

Während die USA unter der Präsidentschaft Wilsons noch eine neutrale Macht waren, verbreitete das Wellington House eine Kadenz von Lügen über Deutschland und seine Bedrohung für Amerika.

Wir werden an die Aussage von Bakunin aus dem Jahr 1814 erinnert, da sie so gut zu der ungeheuerlichen Propaganda passte, die Wilson zur Untermauerung seiner Argumente einsetzte:

"Lügen durch Diplomatie: Die Diplomatie hat keine andere Aufgabe. Jedes Mal, wenn ein Staat einem anderen Staat den Krieg erklären will, gibt er zunächst ein Manifest ab, das sich nicht nur an seine eigenen Untertanen, sondern an die ganze Welt richtet. In diesem Manifest erklärt er, dass das Recht und die Gerechtigkeit auf seiner Seite sind, und versucht zu beweisen, dass er von der Liebe zum Frieden und zur Menschlichkeit (und zur Demokratie) angetrieben wird und dass er, von großzügigen und friedlichen Gefühlen durchdrungen, lange Zeit schweigend gelitten hat, bis die zunehmende Ungerechtigkeit seines Feindes ihn zwang, sein Schwert zu zücken."

"Gleichzeitig gelobt er, dass er, der jede materielle Eroberung verschmäht und keinen Gebietszuwachs anstrebt, diesen Krieg beenden wird, sobald die Gerechtigkeit wiederhergestellt ist. Und sein Gegner antwortet mit einem ähnlichen Manifest, in dem natürlich Recht, Gerechtigkeit und Menschlichkeit und alle großzügigen Gefühle auf seiner Seite zu finden sind. Diese gegensätzlichen Manifeste sind mit derselben Beredsamkeit geschrieben, sie atmen dieselbe gerechte Empörung, und das eine ist ebenso aufrichtig wie das andere, das heißt, sie sind beide dreist in ihren Lügen, und es sind nur Narren, die sich von ihnen täuschen lassen. Vernünftige Menschen, all jene, die eine gewisse politische Erfahrung haben, machen sich nicht einmal die Mühe, solche Manifeste zu lesen."

Die Äußerungen von Präsident Wilson, kurz bevor er sich an den Kongress wandte, um eine verfassungsmäßige Kriegserklärung zu beantragen, verkörpern alle Gedanken von Bakunin.

Er war ein "Lügner der Diplomatie" und nutzte die grobe Propaganda, die im Wellington House produziert wurde, um die amerikanische Öffentlichkeit mit Erzählungen über die Gräueltaten der deutschen Armee bei ihrem Marsch durch Belgien 1914 aufzuwiegeln. Wie wir feststellen werden, handelte es sich größtenteils um eine gigantische Lüge, die als Wahrheit ausgegeben wurde.

Ich erinnere mich an einen großen Stapel alter Zeitungen im Britischen Museum, wo ich fünf Jahre lang eingehende Nachforschungen anstellte. Die Zeitungen umfassten die Jahre 1912 bis 1920. Ich erinnere mich, dass ich damals dachte: "Ist es nicht erstaunlich, dass der Ansturm auf die sozialistische totalitäre Regierung der Neuen Weltordnung von den Vereinigten Staaten angeführt wird, die doch angeblich eine Bastion der Freiheit sind?"

Dann, so erinnere ich mich, wurde mir mit großer Klarheit klar, dass das Komitee der 300 seine Leute auf den höchsten und niedrigsten Ebenen in den USA hat, im Bankwesen, in der Industrie, im Handel, in der Verteidigung, im Außenministerium und sogar im Weißen Haus selbst, ganz zu schweigen von dem Elite-Club, der sich US-Senat nennt und der meiner Meinung nach ein Forum für die Durchsetzung der Neuen Weltordnung ist."

Ich erinnere mich, dass ich dachte, Präsident Wilsons Propagandafeldzug gegen Deutschland und den Kaiser (in Wirklichkeit das Produkt der Rothschild-Agenten Lords Northcliffe und Rothmere sowie der Propagandafabrik Wellington House) unterscheide sich nicht wesentlich von der "erfundenen Situation" von Pearl Harbor, dem "Zwischenfall" im Golf von Tonkin, und wenn ich jetzt zurückblicke, sehe ich keinen Unterschied zwischen den Propagandalügen über die Brutalität deutscher Soldaten, die angeblich kleinen belgischen Kindern 1914 Arme und Beine abhackten, und den Methoden, mit denen das amerikanische Volk getäuscht und gedopt wurde, damit die Bush-Regierung in den Irak einmarschieren konnte. Während 1914 der Kaiser ein "brutaler Wilder", ein "rücksichtsloser Mörder", ein "Monster", der "Schlächter von Berlin" war, war 2002 Präsident Hussein all dies und noch viel mehr, einschließlich des "Schlächters von Bagdad"! Armes düpiertes, getäuschtes, betrogenes, hinterhältiges, vertrauensseliges Amerika! Wann werdet ihr es je lernen?

Im Jahr 1917 wurde die Agenda der Neuen Weltordnung von Woodrow Wilson im Eiltempo durch das Repräsentantenhaus und den Senat gebracht, und Präsident Bush hat die Agenda der Neuen Weltordnung für den Irak im Jahr 2002 ohne Debatte durch das Repräsentantenhaus und den Senat gepeitscht - eine willkürliche Machtausübung und eine grobe Verletzung der US-Verfassung, für die das amerikanische Volk einen hohen Preis zahlt. Aber das amerikanische Volk leidet an einem toxischen Schock, der durch das Tavistock Institute of Human Relations ausgelöst wurde, und das amerikanische Volk befindet sich in einem schlafwandlerischen Zustand und ist führungslos.

Sie wissen nicht, wie hoch der Preis ist, und es interessiert sie auch nicht, ihn herauszufinden. Das Komitee der 300 regiert weiterhin die Vereinigten Staaten, genau wie zu Zeiten der Präsidentschaft von Wilson und Roosevelt, während das amerikanische Volk mit "Brot und Spiele" abgelenkt wurde, nur dass es heute Baseball, Football, endloses Hollywood und soziale Sicherheit ist. Es hat sich nichts geändert.

Die Vereinigten Staaten, die bedrängt, gejagt, geschoben und gedrängt werden, befinden sich auf der Überholspur zur Neuen Weltordnung, angetrieben von den radikalen Republikanern der Kriegspartei, die von den Wissenschaftlern des Tavistock-Instituts für menschliche Beziehungen übernommen wurden.

Erst kürzlich wurde ich von einem Abonnenten gefragt: "Wo finden wir das Tavistock-Institut?" Meine Antwort war: "Schauen Sie sich im US-Senat, im Repräsentantenhaus, im Weißen Haus, im Außenministerium, im Verteidigungsministerium, an der Wall Street, bei Fox T.V. (Faux T.V.) um, und Sie werden an jedem dieser Orte ihre Change Agents sehen."

Präsident Wilson war der erste US-Präsident, der den Krieg durch ein ziviles Komitee "managte", das von den bereits erwähnten Bernays und Lippmann aus dem Wellington House geleitet und geführt wurde.

Der durchschlagende Erfolg des Wellington-Hauses und sein

enormer Einfluss auf den Verlauf der amerikanischen Geschichte begannen schon vorher, im Jahr 1913. Wilson hatte fast ein Jahr lang damit verbracht, die Schutzzölle abzuschaffen, die die amerikanischen Binnenmärkte vor einer Überflutung durch den "Freihandel" geschützt hatten, d. h. vor allem vor der Überschwemmung des amerikanischen Marktes mit billigen britischen Waren, die mit billigen Arbeitskräften in Indien hergestellt wurden. Am 12. Oktober 1913 unterzeichnete Wilson das Gesetz, das den Anfang vom Ende der einzigartigen amerikanischen Mittelklasse bedeutete, die lange Zeit das Ziel der Fabian-Sozialisten war. Das Gesetz wurde als Maßnahme zur "Anpassung der Zölle" bezeichnet, aber es wäre richtiger gewesen, es als Gesetz zur "Zerstörung der Zölle" zu bezeichnen.

Die versteckte Macht von Wellington House war so groß, dass die große Mehrheit der amerikanischen Bevölkerung diese Lüge akzeptierte, ohne zu wissen oder zu erkennen, dass dies der Todesstoß für den amerikanischen Handel war, der zu NAFTA, GATT und der Welthandelsorganisation (WTO) führen würde. Noch erstaunlicher war die Akzeptanz des Bundeseinkommenssteuergesetzes, das am 5. September 1913 verabschiedet wurde, um die Handelszölle als Einnahmequelle für die Bundesregierung zu ersetzen. Die Einkommenssteuer ist eine marxistische Doktrin, die ebenso wenig in der Verfassung der Vereinigten Staaten zu finden ist wie die Federal Reserve Bank in der Verfassung. Wilson nannte seinen Doppelschlag gegen die Verfassung "einen Kampf für das Volk und für die freie Wirtschaft" und sagte, er sei stolz darauf, "an der Vollendung eines großartigen Geschäfts beteiligt gewesen zu sein" ... Der Federal Reserve Act, den Wilson als "Wiederaufbau des Banken- und Währungssystems der Nation" bezeichnete, wurde mit einer Flut von Propaganda aus dem Haus in Wellington im Eiltempo verabschiedet, gerade noch rechtzeitig vor den Feindseligkeiten, mit denen die Schrecken des Ersten Weltkriegs begannen.

Die meisten Historiker sind sich einig, dass Lord Grey ohne die Verabschiedung des Federal Reserve Bank Act nicht in der Lage gewesen wäre, diesen schrecklichen Flächenbrand auszulösen.

Die irreführende Formulierung des Federal Reserve Act stand unter der Leitung von Bernays und Lippman, die eine "National Citizen's

League" mit dem berüchtigten Samuel Untermeyer als Vorsitzenden ins Leben riefen, um die Federal Reserve Bank zu fördern, die sich die Kontrolle über das Geld und die Währung des Volkes sicherte und sie ohne die Zustimmung der Opfer an ein privates Monopol übertrug.

Eine der interessantesten Begebenheiten im Zusammenhang mit der Verabschiedung des Gesetzes über die ausländische Finanzsklaverei ist die Tatsache, dass dem finsteren Colonel Edward Mandel House als Vertreter des Wellington House und der britischen Oligarchie, vertreten durch den Bankier J.P. Morgan, eine Kopie des Gesetzes zur Unterschrift vorgelegt wurde, bevor es an Wilson geschickt wurde.

Das amerikanische Volk, in dessen Namen die verhängnisvolle Maßnahme eingeführt wurde, hatte nicht die leiseste Ahnung, wie es hintergangen, betrogen, belogen und völlig getäuscht worden war. Ein Instrument der Sklaverei wurde ihnen um den Hals gelegt, ohne dass sich die Opfer dessen jemals bewusst wurden.

Die Methodik des Wellington House war auf ihrem Höhepunkt, als Wilson darin geschult wurde, wie er den Kongress davon überzeugen konnte, Deutschland den Krieg zu erklären, obwohl er die Wahl mit dem feierlichen Versprechen gewonnen hatte, Amerika aus dem damals in Europa tobenden Krieg herauszuhalten - ein großer Triumph für die neue Kunst der öffentlichen Meinungsbildung. Genau das war es - die Fragen wurden so schattiert, dass die Antworten die Meinung der Öffentlichkeit widerspiegelten, nicht ihr Verständnis der Fragen oder ihr Verständnis der politikwissenschaftlichen Prozesse.

Eine gründliche Suche und Lektüre der Kongressakten von 1910 bis 1920 durch diesen Autor zeigte sehr deutlich, dass die von H.G. Wells vorhergesagte hochrangige geheime Parallelregierung der Vereinigten Staaten nicht in der Lage gewesen wäre, die enormen Ressourcen der Vereinigten Staaten für den Krieg in Europa einzusetzen, hätte Wilson das ungerechte "Währungsreform"-Gesetz am 23. Dezember 1913 nicht unterzeichnet.

Das Haus Morgan, das die "Olympioniken" des Komitees der 300 repräsentiert, und sein allmächtiger finanzieller Nexus in der City of London spielten eine führende Rolle bei der Gestaltung der "U.S.

Federal Reserve Banks", die weder "Federal" noch "Banken" waren, sondern ein privates geldschöpfendes Monopol, das dem amerikanischen Volk um den Hals gelegt wurde, dessen Geld nun frei war, um in einem unvorstellbaren Ausmaß gestohlen zu werden, was sie zu Sklaven der Neuen Weltordnung innerhalb der kommenden Eine-Welt-Regierung machte. Die Große Depression der 1930er Jahre war die zweite große katastrophale Rechnung, die das amerikanische Volk zu zahlen hatte, die erste war der Erste Weltkrieg (siehe Anhang).

Diejenigen, die dieses Buch als erste Einführung in die Neue Weltordnung innerhalb einer Eine-Welt-Regierung lesen, werden skeptisch sein; aber bedenken Sie, dass kein Geringerer als der große Sir Harold Mackinder keinen Hehl aus seinen Überzeugungen über ihr Kommen gemacht hat.

Mehr noch, er gab zu verstehen, dass es sich um eine Diktatur handeln könnte. Sir Harold hatte einen beeindruckenden Lebenslauf: Er war Professor für Geographie an der Universität London, von 1903 bis 1908 Direktor der London School of Economics und von 1910 bis 1922 Mitglied des Parlaments. Er war auch ein enger Mitarbeiter von Arnold Toynbee, einem der führenden Köpfe im Wellington House. Er hatte eine Reihe von verblüffenden geopolitischen Ereignissen richtig vorausgesagt, von denen viele tatsächlich eintraten.

Eine dieser "Prophezeiungen" war die Gründung zweier deutscher Staaten, der Sozialdemokratischen Republik Deutschland und der Bundesrepublik Deutschland. Kritiker behaupteten, er habe die Informationen von Toynbee erhalten; es handele sich lediglich um die langfristige Planung des Komitees der 300, von der Toynbee wusste.

Nach Wellington House wechselte Toynbee an das Royal Institute for International Affairs (RIIA) und anschließend an die Universität London, wo er den Lehrstuhl für Internationale Geschichte innehatte. In seinem Buch "Amerika und die Weltrevolution" sagte er:

"Wenn wir einen Massenselbstmord vermeiden wollen, müssen wir unseren Weltstaat schnell haben, und das bedeutet wahrscheinlich, dass wir ihn zunächst in einer nicht-demokratischen Form haben müssen. Wir müssen jetzt damit beginnen, einen Weltstaat zu errichten, und zwar in der besten Form, die im Moment machbar ist."

Toynbee fuhr fort und sagte unverblümt, dass diese "Weltdiktatur" die "lokalen Nationalstaaten, die die gegenwärtige politische Landkarte übersäen", ersetzen müsse.

Der neue Weltstaat sollte auf der Grundlage von Massenbewusstseinskontrolle und Propaganda, die ihn akzeptabel machen sollte, errichtet werden. In meinem Buch "Das Komitee der 300" habe ich erklärt, dass Bernays in seinen Büchern "Propaganda" (1923) und "Crystallizing Public Opinion" (1928) die Meinungsforschung "auf den Kopf gestellt" hat.

Es folgte die Zustimmung der Ingenieure:

Selbsterhaltung, Ehrgeiz, Stolz, Hunger, Liebe zur Familie und zu den Kindern, Patriotismus, Nachahmungstrieb, der Wunsch, ein Anführer zu sein, Liebe zum Spiel - diese und andere Triebe sind die psychologischen Rohstoffe, die jeder Anführer in seinem Bestreben berücksichtigen muss, die Öffentlichkeit für seinen Standpunkt zu gewinnen... Um ihr Selbstbewusstsein aufrechtzuerhalten, müssen die meisten Menschen die Gewissheit haben, dass alles, was sie glauben, auch wahr ist.

Diese aufschlussreichen Werke werden untersucht, und wir sollten hinzufügen, dass sich die Tavistock-Hierarchie beim Verfassen dieser Werke offenbar sicher genug fühlte, um sich an ihrer Kontrolle über die Vereinigten Staaten und Großbritannien zu weiden, die sich zu einer offenen Verschwörung entwickelt hatte, wie sie zuerst von H.G. Wells vorgeschlagen wurde.

Mit der Gründung des Wellington House, das von der britischen Monarchie und später von Rockefeller, Rothschild und den Vereinigten Staaten finanziert wurde, trat die westliche Zivilisation in die erste Phase eines Plans ein, der eine geheime Regierung vorsah, die die Welt regieren sollte, nämlich das Komitee der 300.

Das Tavistock Institute of Human Relations war seine Gründung. Da es in diesem Buch nicht um das Komitee der 300 geht, empfehlen wir den Lesern, sich das erste und zweite Buch, Das Komitee der 300, zu besorgen.

Die sorgfältig strukturierte Blaupause der "300" wurde buchstabengetreu befolgt, und heute, am Ende des Jahres 2005, ist es für sachkundige Personen relativ einfach, den Kurs der westlichen Zivilisation nachzuvollziehen und ihre Entwicklung bis zu dem Punkt zu verfolgen, an dem wir uns heute befinden. Dieses Buch ist ein Versuch, genau das zu tun.

KAPITEL 1

Die Gründung des weltweit ersten Instituts für Gehirnwäsche

Von seinen bescheidenen, aber lebenswichtigen Anfängen im Wellington House entwickelte sich das Tavistock Institute for Human Relations rasch zum weltweit führenden, streng geheimen "Gehirnwäsche"-Institut." Wie diese rasante Entwicklung zustande gekommen ist, muss erklärt werden.

Die moderne Wissenschaft der Massenmanipulation der öffentlichen Meinung wurde im Wellington House in London geboren, wobei Lord Northcliffe und Lord Rothmere das Kind in die Welt gesetzt haben.

Die britische Monarchie, Lord Rothschild und die Rockefellers waren für die Finanzierung des Unternehmens verantwortlich. Aus den Unterlagen, die wir einsehen durften, ging hervor, dass das Ziel der Mitarbeiter von Wellington House darin bestand, einen Meinungsumschwung in der britischen Bevölkerung herbeizuführen, die einen Krieg mit Deutschland strikt ablehnte - eine gewaltige Aufgabe, die durch "Meinungsbildung" mittels Umfragen erreicht werden sollte. Zu den Mitarbeitern gehörten Arnold Toynbee, der spätere Studiendirektor des Royal Institute of International Affairs (RIIA), Lords Northcliffe und die Amerikaner Walter Lippmann und Edward Bernays.

Bernays wurde am 22. November 1891 in Wien geboren. Als Neffe von Sigmund Freud, dem Vater der Psychoanalyse, wird er von vielen als "Vater der Public Relations" bezeichnet, obwohl dieser Titel eigentlich Willy Munzenberg gebührt. Bernays leistete Pionierarbeit bei der Nutzung der Psychologie und anderer Sozialwissenschaften, um die öffentliche Meinung so zu formen und zu gestalten, dass die Öffentlichkeit glaubte, die so hergestellten Meinungen seien ihre eigenen.

"Wenn wir den Mechanismus und die Motive des Gruppengeistes verstehen, ist es jetzt möglich, die Massen nach unserem Willen zu kontrollieren und zu reglementieren, ohne dass sie es merken. postulierte Bernays. Er nannte diese Technik "Engineering Consent". Eine seiner bekanntesten Techniken zur Erreichung dieses Ziels war der indirekte Einsatz von Autoritäten, die er als Dritte bezeichnete, um die gewünschten Meinungen zu formen: "Wenn man die Führer beeinflussen kann, entweder mit oder ohne ihre bewusste Mitarbeit, beeinflusst man automatisch die Gruppe, die sie lenken. Diese Technik nannte er "Meinungsbildung".

Vielleicht beginnen wir jetzt zu verstehen, wie es möglich war, dass Wilson, Roosevelt, Clinton, Bush der Ältere und der Jüngere die Amerikaner so leicht in katastrophale Kriege führen konnten, in die ihr Volk niemals hätte hineingezogen werden dürfen.

Die gemeinsamen britischen und amerikanischen Teilnehmer konzentrierten ihre Bemühungen auf noch nicht erprobte Techniken, um Unterstützung für den sich abzeichnenden Krieg zu mobilisieren.

Wie bereits erwähnt, wollte das britische Volk keinen Krieg und sagte dies auch, aber Toynbee, Lippmann und Bernays wollten dies ändern, indem sie Techniken zur Manipulation der öffentlichen Meinung durch Meinungsumfragen einsetzten. Im Folgenden wird ein Überblick über die Methoden gegeben, die entwickelt und angewandt wurden, um Großbritannien und die Vereinigten Staaten in den Ersten Weltkrieg zu führen, sowie über die Techniken, die zwischen den beiden Weltkriegen und danach angewandt wurden. Wie wir sehen werden, sollte die Propaganda eine wichtige Rolle spielen.

Eines der Hauptziele von Tavistock war es, die Degradierung der Frau zu erreichen. Tavistock erkannte, dass Jesus Christus der Frau einen neuen Platz in der zivilisatorischen Ordnung verschafft hat, den es vor seinem Kommen nicht gegeben hatte.

Nach dem Wirken Christi erlangte die Frau einen Respekt und einen hohen Stellenwert in der Gesellschaft, den es in den vorchristlichen Zivilisationen nicht gab. Natürlich kann man argumentieren, dass ein solcher gehobener Status im griechischen und römischen Reich existierte, und das würde bis zu einem gewissen Grad auch stimmen, aber nicht in dem Maße, wie die Frau in der nachchristlichen Gesellschaft gehoben wurde.

Tavistock versuchte, dies zu ändern, und der Prozess begann unmittelbar nach dem Ersten Weltkrieg. Die östlich-orthodoxe Kirche, die die Rus-(Wikinger-)Fürsten von Moskau aus Konstantinopel mitgebracht hatten, verehrte und respektierte die Frau, und ihre Erfahrungen mit den Chasaren, die sie anschließend besiegten und aus Russland vertrieben, ließen sie entschlossen zurück, die Frau in Russland zu schützen.

Der Begründer der Romanow-Dynastie, Michael Romanow, war der Spross eines Adelsgeschlechts, das Russland auf der Grundlage eines christlichen Landes verteidigt hatte. Seit 1613 waren die Romanows bestrebt, Russland zu veredeln und es mit einem großen christlichen Geist zu erfüllen, was auch den Schutz und die Ehrung der russischen Frau bedeutete.

Die Fürsten von Moskau unter Fürst Dimitri Donskoi haben sich den unablässigen Hass der Rothschilds auf Russland verdient, weil Donskoi die chasarischen Horden, die die unteren Regionen der Wolga bewohnten, besiegt und vertrieben hat. Dieses barbarische Kriegervolk geheimnisvollen indisch-türkischen Ursprungs hatte die jüdische Religion per Dekret von König Bulant angenommen, nachdem die Religion vom obersten chasarischen Wahrsager, Magier und Zauberer David el-Roi gebilligt worden war.

Es war die persönliche Flagge von el Roi, die heute als "Davidstern" bezeichnet wird und zur offiziellen Flagge der khasarischen Nation wurde, als sie sich in Polen niederließen, nachdem sie aus Russland vertrieben worden waren.

Die Flagge wurde von den Zionisten als ihre Standarte übernommen und wird immer noch fälschlicherweise als "Davidstern" bezeichnet. Christen machen den Fehler, ihn mit dem alttestamentarischen König David zu verwechseln, obwohl es in Wirklichkeit keine Beziehung zwischen den beiden gibt.

Der Hass auf Russland wurde 1612 noch verstärkt, als die Romanow-Dynastie eine russische Armee gegen Polen anführte und große Teile Polens, die früher zu Russland gehört hatten, zurückeroberte.

Der Hauptverantwortliche für die Feindschaft gegen Russland war die Rothschild-Dynastie, und es war dieser brennende Hass, den Tavistock für seinen Plan zur Zerstörung der westlichen Zivilisation nutzte und kanalisierte.

Die erste von Tavistock geschaffene Gelegenheit ergab sich 1905 mit dem Angriff der japanischen Marine, der die russische Flotte völlig überraschte. Die Übung wurde von Jacob Schiff, dem Wall Street Banker, der mit Rothschild verwandt war, finanziert.

Die Niederlage der russischen Flotte bei Port Arthur in einem Überraschungsangriff markierte den Beginn des Unheils, das über das christliche Europa hereinbrechen sollte. Der Rockefeller-Konzern Standard Oil unter der Leitung von Tavistock und mit Hilfe der "300" hatte den Russisch-Japanischen Krieg angezettelt. Das Geld, mit dem die Operation finanziert wurde, stammte von Jacob Schiff, wurde aber in Wirklichkeit vom Rockefeller General Education Board zur Verfügung gestellt, dessen äußerer Zweck die Finanzierung der Negererziehung war. Die gesamte Propaganda und Werbung für das Board wurde von den Sozialwissenschaftlern von Tavistock, das damals noch "Wellington House" hieß, verfasst und ausgearbeitet.

1941 gab eine andere Rockefeller-Tarnorganisation, das Institute for Pacific Relations (IPR), seinem japanischen Pendant in Tokio große Summen. Das Geld wurde dann von Richard Sorge, einem russischen Meisterspion, an ein Mitglied der kaiserlichen Familie weitergeleitet, um Japan zu einem Angriff auf die Vereinigten Staaten in Pearl Harbor zu bewegen. Auch hier war Tavistock der Urheber aller Veröffentlichungen des IPR.

Auch wenn es noch nicht offensichtlich war, wie Spengler in seinem 1936 erschienenen Monumentalwerk feststellte, markierte es den Anfang vom Ende der alten Ordnung. Im Gegensatz zu den meisten etablierten Geschichtsdarstellungen war die "russische" Revolution gar keine russische Revolution, sondern eine ausländische Ideologie, die in erster Linie vom Komitee der 300 und seinem Arm, dem Tavistock-Institut, unterstützt wurde und die einer verblüfften, unvorbereiteten und bestürzten Romanow-Familie gewaltsam aufgezwungen wurde.

Es war politische Kriegsführung, niedere Kriegsführung und

psychologische Kriegsführung, in der sich Tavistock gut auskannte.

Wie Winston Churchill bemerken sollte: "Sie transportierten Lenin in einem versiegelten Lastwagen wie einen Pestbazillus von der Schweiz nach Russland", und dann, einmal etabliert, "ergriffen Lenin und Trotzki Russland an den Haaren."

Es ist viel über den "versiegelten Lastwagen", den "versiegelten Waggon", den "versiegelten Zug" geschrieben worden (aber fast immer nur am Rande, als ob es sich um ein bloßes Postskriptum der Geschichte handelte), der Lenin und seine bolschewistischen Revolutionäre sicher mitten durch das vom Krieg zerrissene Europa transportierte und sie in Russland absetzte, wo sie ihre importierte bolschewistische Revolution begannen, die fälschlicherweise als "Russische Revolution" bezeichnet wird.

Die Dokumente, die der Autor im Wellington House studieren durfte, und die Enthüllungen in den Papieren von Arnold Toynbee und Bruce Lockhart führten zu der Schlussfolgerung, dass ohne Toynbee, Bruce Lockhart vom britischen Geheimdienst MI6 und ohne die Komplizenschaft von mindestens fünf europäischen Nationen, die dem Petersburger Hof angeblich loyal und freundlich gesinnt waren, die erbarmungslose bolschewistische Revolution noch im Keim erstickt worden wäre.

Da sich dieser Bericht zwangsläufig auf die Beteiligung von Tavistock an der Affäre beschränken muss, wird er nicht so vollständig sein, wie wir es gerne dargestellt hätten. Nach Milners privaten Unterlagen nahmen seine Helfer über Tavistock Kontakt zu einem anderen Sozialisten, Fritz Platten, auf. (Milner war ein führender fabianischer Sozialist, obwohl er Sydney und Beatrice Webb verachtete.) Es war Platten, der die Logistik der Reise plante und sie bis zur Ankunft der Revolutionäre in Petrograd beaufsichtigte.

Dies wurde durch die Wilhelmstraßen-Akten bestätigt und untermauert, zu denen wir größtenteils Zugang hatten und die nur von bestimmten Personen gelesen werden konnten. Sie stimmten ziemlich genau mit Bruce Lockharts Bericht in seinen privaten Papieren überein, ebenso wie mit dem, was Lord Alfred Milner über die hinterhältige Affäre, die Russland verriet, zu sagen hatte. Es zeigte sich, dass Milner viele Kontakte zu den bolschewistischen

Exilanten hatte, darunter auch zu Lenin. Lenin wandte sich an Lord Milner, als er Geld für die Revolution brauchte. Mit einem Empfehlungsschreiben von Platten bewaffnet, traf sich Lenin mit Lord Milner und legte seinen Plan für den Sturz der Romanows und des christlichen Russlands dar.

Milner stimmte unter der Bedingung zu, dass er seinen Agenten Bruce Lockhart vom MI6 entsenden konnte, um das Tagesgeschäft zu überwachen und über Lenin Bericht zu erstatten.

Lord Rothschild und die Rockefellers verlangten, Sydney Reilly nach Russland schicken zu dürfen, um den Transfer der russischen Bodenschätze und der in der Zentralbank gehaltenen Goldrubel nach London zu überwachen. Lenin und später auch Trotzki stimmten dem zu.

Um das Geschäft zu besiegeln, gab Lord Milner Lenin im Namen der Rothschilds 60 Millionen Pfund in Goldsovereigns, während die Rockefellers rund 40 Millionen Dollar beisteuerten.

Zu den Ländern, die an der Affäre um den "versiegelten Zug" beteiligt waren, gehörten Großbritannien, Deutschland, Finnland, die Schweiz und Schweden. Die Vereinigten Staaten waren zwar nicht direkt beteiligt, aber sie müssen von den Vorgängen gewusst haben. Immerhin wurde auf Anweisung von Präsident Wilson ein nagelneuer amerikanischer Pass für Leo Trotzki (der eigentlich Lev Bronstein hieß) ausgestellt, damit er in Ruhe reisen konnte, obwohl Trotzki kein US-Bürger war.

Lenin und seine Landsleute bekamen von den höchsten deutschen Regierungsfunktionären einen privaten, gut ausgestatteten Eisenbahnwagen zur Verfügung gestellt, der durch Vereinbarungen mit den Bahnhöfen entlang der Strecke stets verschlossen blieb. Platten war der Verantwortliche und legte die Regeln für die Reise fest, von denen einige in den Wilhelmstraßen-Akten aufgeführt sind:

> ➤ Der Wagen sollte während der gesamten Fahrt verschlossen bleiben.

> ➤ Niemand durfte den Wagen ohne Plattens Erlaubnis betreten.

> ➤ Der Zug würde einen zusätzlichen Gebietsstatus erhalten.

An den Grenzen sollten keine Pässe verlangt werden.

➢ Die Tickets würden zu den regulären Preisen gekauft.

➢ Keine "Sicherheitsfragen", die vom Militär oder der Polizei eines Landes auf der Reise aufgeworfen werden.

Nach den Akten der Wilhelmstraße wurde die Reise von General Ludendorff und Kaiser Wilhelm genehmigt und abgesegnet. Ludendorff ging sogar so weit zu sagen, dass er den Bolschewiken die Einreise nach Russland durch die deutschen Linien garantieren würde, wenn Schweden sich weigerte, sie passieren zu lassen! Wie sich herausstellte, erhob die schwedische Regierung keinen Einspruch, ebenso wenig wie die finnische Regierung.

Einer der bemerkenswerten Revolutionäre, die sich bei der Ankunft des Zuges an der deutschen Grenze zur Schweiz dem Zug anschlossen, war Radek, der in der blutigen bolschewistischen Revolution eine führende Rolle spielen sollte. Es gab auch einige heitere Momente. In den Wilhelmstraßen-Akten wird beschrieben, wie der Wagen in Frankfurt seine Lokomotive verfehlte, was dazu führte, dass er etwa 8 Stunden lang hin und her geschoben wurde.

Die Gruppe musste in der deutschen Ostseestadt Sasnitz aussteigen, wo ihnen von der deutschen Regierung eine "anständige Unterkunft" gewährt wurde. Die schwedische Regierung stellte ihnen freundlicherweise eine Fähre nach Malmö zur Verfügung, von wo aus sie nach Stockholm segelten, wo eine "nette" Unterkunft für eine Übernachtung auf die bolschewistische Gruppe wartete, und dann ging es weiter zur finnischen Grenze.

Dort verließ der unerschrockene Platten die übermütige Gruppe, und die letzte Reise nach Russland wurde mit dem Zug nach Petrograd unternommen. So endete eine epische Reise, die in Zürich in der Schweiz begann, in Petrograd. Lenin war auf der Bildfläche erschienen und Russland stand kurz vor dem Untergang. Und während dieser ganzen Zeit hielten Bernays und Lippmann und ihre Mitarbeiter im Wellington House (Tavistock) einen stetigen Strom von Gehirnwäsche-Propaganda aufrecht, von der man mit Sicherheit annehmen kann, dass sie einen Großteil der Welt düpierte.

KAPITEL 2

Europa stürzt in den Abgrund

Nach dem Ersten Weltkrieg und dem Ende der bolschewistischen Revolution war Europa gezwungen, sich nach dem Tavistock-Entwurf zu verändern. Als Europa dank des von den Briten ausgelösten und angezettelten Ersten Weltkriegs vom Abgrund in das Ende seiner Welt stürzte, oder vielleicht sollte man besser sagen, wie Zombies dahinwatschelte, bis die letzten der Ära in der Dunkelheit des Abgrunds verschwanden, wurden die erzwungenen Veränderungen sehr deutlich.

Dies ist kein Buch über den Ersten Weltkrieg an sich. Über die Ursachen und Auswirkungen der größten Tragödie, die der Menschheit je widerfahren ist, sind Hunderttausende von Worten geschrieben worden, und doch ist sie nicht angemessen behandelt worden und wird es wahrscheinlich auch nie. In einem Punkt sind sich viele Autoren - mich eingeschlossen - einig.

Der Krieg wurde von Großbritannien aus blankem Hass auf Deutschlands rasanten Aufstieg zu einer wirtschaftlichen Großmacht im Wettbewerb mit Großbritannien begonnen, und Lord Edward Grey war der Hauptarchitekt des Krieges.

Die Tatsache, dass sie unpopulär war und von einer großen Mehrheit des britischen Volkes nicht gebilligt wurde, erforderte "besondere Maßnahmen", eine neue Abteilung, um die Herausforderung zu bewältigen. Das ist im Wesentlichen der Grund, warum das Wellington House ins Leben gerufen wurde.

Aus diesen kleinen Anfängen entwickelte sich bis zum Jahr 2005 das riesige Tavistock Institute of Human Relations, die weltweit führende Einrichtung für Gehirnwäsche und eine äußerst unheilvolle Kraft. Dass es bekämpft und aus dem Verkehr gezogen werden muss, wenn die Vereinigten Staaten als konstitutionelle Republik mit einer republikanischen Regierungsform, die den 50

Bundesstaaten garantiert ist, überleben sollen, ist die wohlüberlegte Meinung einer Reihe von Mitgliedern des US-Senats, die bei der Vorbereitung dieses Buches konsultiert wurden, aber darum baten, nicht genannt zu werden.

Die Folgen des Ersten Weltkriegs und die gescheiterten Versuche, einen Völkerbund zu gründen, haben die Kluft zwischen der alten und der neuen westlichen Zivilisation nur noch deutlicher gemacht. Die wirtschaftliche Katastrophe des Nachkriegsdeutschlands hing wie der Rauch eines Scheiterhaufens über der westlichen Kultur und trug zu dem düsteren, traurigen und ängstlichen Klima bei, das in den 1920er Jahren begann.

Die Historiker sind sich einig, dass alle Kriegsparteien in unterschiedlichem Maße wirtschaftlich geschädigt wurden, obwohl Russland einigermaßen verschont blieb, um dann von den Bolschewiken zerstört zu werden, während Deutschland und Österreich am stärksten betroffen waren. In den 1920er Jahren herrschte in Europa (zu dem ich auch Großbritannien zähle) und in den Vereinigten Staaten eine seltsame Art von Zwangsfröhlichkeit. Sie wurde auf die "rebellische Jugend" und die allgemeine "Kriegs- und Politikverdrossenheit" zurückgeführt. In Wirklichkeit reagierten die Menschen auf die weitreichende Durchdringung und innere Konditionierung durch die Meister von Tavistock.

In der Zeit zwischen dem Ende des Ersten Weltkriegs und 1935 waren sie genauso geschockt wie die Soldaten, die die Hölle der Schützengräben mit Schüssen und Granaten um sich herum überlebt hatten, nur dass es jetzt wirtschaftliche Schüsse und Granaten und gewaltige Veränderungen in den gesellschaftlichen Sitten waren, die ihre Sinne betäubten.

Das Endergebnis der "Behandlung" war jedoch das gleiche. Die Menschen haben ihre Diskretion in den Wind geschlagen, und die moralische Fäulnis, die 1918 in Gang gesetzt wurde, dauert an und gewinnt an Dynamik. Im Zustand der erzwungenen Fröhlichkeit sah niemand den Weltwirtschaftscrash und die anschließende Weltdepression kommen.

Die meisten Historiker sind sich einig, dass dieser Zustand konstruiert war, und wir glauben, dass Tavistock bei den fieberhaften Werbekampagnen verschiedener Gruppierungen in dieser Zeit eine Rolle spielte. Zur Untermauerung unserer Behauptung, dass der Zusammenbruch und die Depression ein konstruiertes Ereignis waren. Siehe Anhang zu den Ereignissen.

Spengler sagte voraus, was geschehen würde, und wie sich herausstellte, waren seine Vorhersagen erstaunlich zutreffend. Die "dekadente Gesellschaft" und die "lockeren Frauen", die durch die "Flappers" und Männer in Mänteln mit Flachmann gekennzeichnet waren, verlangten und bekamen eine Aufweichung der weiblichen Sittsamkeit, die sich in höheren Saumabschlüssen, hochgesteckten Haaren und übermäßigem Make-up äußerte, sowie in Frauen, die in der Öffentlichkeit rauchten und tranken. Als das Geld knapper wurde und die Schlangen vor den Suppenküchen und Arbeitsämtern länger wurden, wurden die Hemden kürzer, während die Schriften von Sinclair Lewis, F. Scott Fitzgerald, James Joyce und D.H. Lawrence für Aufsehen sorgten, enthüllten die neuesten Broadway-Shows und Nachtklub-Auftritte mehr als je zuvor die verborgenen Reize der Frauen und stellten sie der Öffentlichkeit zur Schau.

Die Modeschöpfer stellten 1919 in der Zeitschrift New Yorker fest, dass "die Saumabschlüsse in diesem Jahr zehn Zentimeter über dem Boden liegen und sehr gewagt sind".

KAPITEL 3

Wie sich die "Zeiten" geändert haben

Aber das war nur der Anfang. Als Hitler 1935 an die Macht kam, garantiert durch die unmöglichen Bedingungen, die Deutschland in Versailles auferlegt worden waren, stiegen auch die Saumhöhen auf schwindelerregende Kniehöhe, außer in Deutschland, wo Hitler von der deutschen Frau Bescheidenheit verlangte und sie auch bekam, zusammen mit gesundem Respekt, was nicht in das Buch von Tavistock passte.

Die Menschen, die überhaupt nicht nachdachten, sagten, dass sie es hassen, wie sich "die Zeiten ändern", aber was sie nicht wussten und nicht wissen konnten, war, dass die Zeiten nach einer sorgfältig ausgearbeiteten Tavistock-Formel geändert wurden. Überall sonst in Europa und Amerika war die Revolte im Gange, als sich das "Emanzipations"-Fieber ausbreitete.

In den Vereinigten Staaten waren es die Stummfilmidole, die den Weg wiesen, aber das war nichts im Vergleich zu dem, was in Europa geschah, wo jedes einzelne "Vergnügen" genossen wurde, einschließlich der Homosexualität, die lange Zeit im Dunkeln verborgen war und in der höflichen Gesellschaft nie erwähnt wurde.

Die Homosexualität tauchte zusammen mit der Lesbierin auf, um diejenigen zu schockieren, die noch in der alten Ordnung verharrten, und es schien, als wolle man sie absichtlich beleidigen.

Eine Untersuchung dieser Verirrung zeigte, dass Homosexualität und Lesbianismus nicht aus einem inneren oder latenten Verlangen heraus wuchsen, sondern als Mittel, um das alte Establishment mit seinen starren Ordnungsregeln zu "schockieren". Auch die Musik litt darunter und ging in Form von Jazz und anderen "dekadenten" Formen "vor die Hunde".

Tavistock befand sich nun in der entscheidenden Phase der

Entwicklung seines Plans, der vorsah, die Frau auf eine nie für möglich gehaltene Herabsetzung der Moral und des weiblichen Verhaltens zu reduzieren. Die Völker befanden sich in einem Zustand der Erstarrung, "wie unter Schock" angesichts der radikalen Veränderungen, die ihnen aufgezwungen wurden und die nicht mehr aufzuhalten zu sein schienen, wobei sich das völlige Fehlen weiblicher Sittsamkeit in erlernten Verhaltensweisen widerspiegelte, die die 1920er und 1930er Jahre wie eine Sonntagsschullehrertagung für Frauen aussehen ließen. Die "sexuelle Revolution", die in dieser Zeit die Welt erfasste, und die damit einhergehende geplante Degradierung der Frau waren nicht mehr aufzuhalten.

Einige Stimmen wurden gehört, vor allem G.K. Chesterton und Oswald Spengler, aber sie reichten nicht aus, um den Angriff des Tavistock-Instituts, das "der westlichen Zivilisation den Krieg erklärt" hatte, abzuwehren. Die Auswirkungen der "weitreichenden Durchdringung und der inneren Konditionierung" waren überall zu beobachten. Der moralische, spirituelle, rassische, wirtschaftliche, kulturelle und intellektuelle Bankrott, in dem wir uns heute befinden, ist kein soziales Phänomen oder das Ergebnis von etwas Abstraktem oder Soziologischem, das einfach "passiert" ist. Vielmehr war er das Ergebnis eines sorgfältig geplanten Tavistock-Programms.

Was wir erleben, ist kein Zufall, keine historische Verirrung. Vielmehr ist es das Endprodukt einer bewusst herbeigeführten sozialen und moralischen Krise, die sich überall und in Persönlichkeiten wie Mick Jagger, Oprah Winfrey, Britney Spears, "Reality"-Fernsehshows, "Musik", die ein Amalgam aller niederen Instinkte zu sein scheint, Fox News (Faux News), fast pornografische Filme in den Mainstream-Kinos, Werbung, in der Anstand und Bescheidenheit in den Wind geschlagen werden, lautes ungehobeltes Verhalten an öffentlichen Orten, insbesondere in amerikanischen Restaurants, zeigt; Katie Curic und eine ganze Reihe anderer weiblicher Nicht-Persönlichkeiten, die plötzlich zu hochbezahlten "Fernsehmoderatoren" oder Talkshow-Moderatoren "erschaffen" wurden, die alle darauf trainiert wurden, mit einer harten, knirschenden, monotonen Stimme zu sprechen, der es völlig an Kadenz fehlt, so als ob sie mit zusammengebissenen Kiefern sprechen würden, und zwar auf eine Art und Weise, die hart, schrill und unangenehm für die Ohren ist. Während die Nachrichtensprecher und "Anchormen" im Fernsehen immer Männer waren, gab es plötzlich nicht mehr als ein Dutzend Männer in diesem Bereich.

Wir sehen es an den nicht existierenden "Stars" in der Filmindustrie, die Filme mit einem immer niedrigeren kulturellen Standard produzieren. Wir sehen es auch in der Verherrlichung von Ehen zwischen Rassen, Scheidung auf Verlangen, Abtreibung und unverhohlenem homosexuellem und lesbischem Verhalten, im Verlust religiöser Überzeugungen und im Familienleben der westlichen Zivilisation. Solche "Stars" wie Ellen DeGeneres, die absolut kein Talent und nichts von kulturellem Wert zu bieten haben, werden als Vorbilder für beeinflussbare junge Mädchen gehalten, die zunehmend mit bis zu 75 Prozent ihres Körpers entblößt zur Schau gestellt werden. Wir sehen es an der massiven Zunahme von Drogensucht und allen möglichen sozialen Übeln, wie in Kanada, wo ein "Gesetz" verabschiedet wurde, das die "Ehe" von Homosexuellen und Lesben unter dem fadenscheinigen Deckmantel der "Bürgerrechte" legalisiert.

Wir sehen es in der umfassenden Korruption des politischen Systems und dem verfassungsmäßigen Chaos, wo das Repräsentantenhaus und der Senat eklatante Verstöße gegen das höchste Gesetz des Landes zulassen, und zwar auf jeder Ebene der Regierung und nirgendwo so sehr wie in der Exekutive, wo jeder Präsident seit Roosevelt sich Befugnisse angemaßt hat, zu denen der Präsident nicht berechtigt ist. Wir sehen es an der unerlaubten Aneignung von Kriegsbefugnissen durch den Präsidenten, obwohl solche Befugnisse der Exekutive von der US-Verfassung ausdrücklich verweigert werden.

Wir sehen es in einer neuen Dimension des verfassungsmäßigen Ungehorsams, der sich zu einer hässlichen Liste von "Gesetzen" gesellt, die nicht von der Verfassung autorisiert sind. Eines der jüngsten und schockierendsten ist die eklatante Überschreitung der Befugnisse des Obersten Gerichtshofs der USA, der die Rechte der Bundesstaaten aufhob und George Bush, den Jüngeren, zum Präsidenten wählte. Dies war wohl einer der brutalsten Schläge gegen die Verfassung und die gröbste Verletzung des 10th Zusatzartikels zur US-Verfassung in der Geschichte der Vereinigten

Staaten. Dennoch ist das amerikanische Volk so benommen und geschockt, dass kein Protest geäußert wurde, keine Massendemonstrationen, keine Aufrufe, den Obersten Gerichtshof in die Schranken zu weisen. Allein bei diesem einen Vorfall erwies sich die Macht von Tavistocks "weitreichender Durchdringung und innerer Konditionierung" als großer Triumph.

Nein, dieser Zustand des Zerfalls unserer Republik, in dem wir uns im Jahr 2005 befinden, hat sich nicht einfach so entwickelt; er ist vielmehr das Endprodukt eines sorgfältig geplanten sozialtechnischen Gehirnwäscheprojekts von ungeheurem Ausmaß. Die Wahrheit spiegelt sich im Todeskampf der einstmals größten Nation der Welt wider.

Die von den Sozialwissenschaftlern von Tavistock verfassten Papiere zur physiologischen Konditionierung funktionieren gut. Ihre Reaktion ist einprogrammiert. Sie können nicht anders denken, es sei denn, Sie geben sich größte Mühe.

Sie können auch keine Schritte unternehmen, um sich aus diesem Zustand zu befreien, wenn Sie nicht zuerst den Feind und seinen Plan zur Auflösung der Vereinigten Staaten und Europas im Besonderen und der westlichen Welt im Allgemeinen identifizieren können. Dieser Feind heißt Tavistock Institute for Human Relations und befindet sich seit seinen frühesten Tagen im Krieg mit der westlichen Zivilisation, bevor es in Wellington House Form und Substanz fand und sich von dort aus zu seinen heutigen Einrichtungen an der Sussex University und der Tavistock Clinic in London entwickelte. Bevor ich diese Einrichtung 1969 entlarvte, war sie in den Vereinigten Staaten unbekannt. Sie ist zweifellos die weltweit führende Einrichtung für Gehirnwäsche und Sozialtechnik.

Wir werden sehen, was es in seinen Anfängen im England der Vorkriegszeit, im Vorfeld des Zweiten Weltkriegs und in der Zeit nach dem Zweiten Weltkrieg bis heute erreicht hat. Während des Zweiten Weltkriegs hatte das Tavistock-Institut seinen Sitz bei der Physiological Warfare Division der britischen Armee. Wir haben uns mit der Geschichte des Instituts während seiner Gründungsjahre im Wellington House befasst und gehen nun auf die Aktivitäten vor und nach dem Zweiten Weltkrieg ein.

KAPITEL 4

Social Engineering und die Sozialwissenschaftler

Dr. Kurt Lewin war ihr Haupttheoretiker, der sich auf die Lehre und Anwendung der topologischen Psychologie spezialisierte, die die fortschrittlichste Methode der Verhaltensmodifikation war und ist. Lewin wurde von Generalmajor John Rawlings Reese, Eric Trist, W.R. Bion, H.V. Dicks und einigen der "Großen" der Gehirnwäsche und des Social Engineering wie Margaret Meade und ihrem Mann Gregory Bateson unterstützt. Bernays war der Top-Berater bis zu dem Zeitpunkt, als George Bush vom Obersten Gerichtshof ins Weiße Haus gesetzt wurde. Wir wollen nicht zu technisch werden und werden daher nicht auf die Einzelheiten eingehen, wie sie die Wissenschaften der Sozialwissenschaftler angewandt haben. Die meisten werden den allgemeinen Begriff der "Gehirnwäsche" als allgemeine Erklärung für die Aktivitäten dieser "Mutter aller Think Tanks" akzeptieren.

Es wird Sie nicht überraschen zu erfahren, dass Lewin und sein Team das Stanford Research Center, die Wharton School of Economics, das MIT und das National Institute of Mental Health gegründet haben, neben zahlreichen anderen Institutionen, die man gerne für "amerikanische" Einrichtungen hält. Im Laufe der Jahre steuerte die Bundesregierung Millionen und Abermillionen von Dollar zu Tavistock und seinem erweiterten Netz von miteinander verbundenen Institutionen bei, während die amerikanischen Unternehmen und die Wall Street die gleichen Beträge beisteuerten.

Wir wagen die Behauptung, dass es ohne das erstaunliche Wachstum und die fortschrittlichen Techniken der Massengehirnwäsche, die vom Tavistock-Institut entwickelt wurden, weder den Zweiten Weltkrieg noch einen der darauf folgenden Kriege gegeben hätte, und schon gar nicht die beiden

Golfkriege, von denen der zweite im November 2005 immer noch tobt.

Bis zum Jahr 2000 gab es in Amerika kaum einen Lebensbereich, in den die Tentakel von Tavistock nicht vorgedrungen waren, und zwar auf allen Regierungsebenen von der lokalen bis zur föderalen Ebene, in der Industrie, im Handel, im Bildungswesen und in den politischen Institutionen der Nation. Jeder mentale und psychologische Aspekt der Nation wurde analysiert, aufgezeichnet, profiliert und in Computerspeichern abgelegt.

Was dabei herausgekommen ist, nennt Tavistock "eine Drei-System-Reaktion", und das ist die Art und Weise, wie Bevölkerungsgruppen auf Stress reagieren, der aus "erfundenen Situationen" resultiert, die zu Krisenmanagementübungen werden. Was wir in den USA und Großbritannien haben, ist eine Regierung, die eine Situation schafft, die von ihren Bürgern als Krise angesehen wird, und die Regierung verwaltet dann diese "Krise".

Ein Beispiel für eine "erfundene Situation" war der japanische Angriff auf Pearl Harbor im Dezember 1941. Der Angriff auf Pearl Harbor wurde, wie hier bereits erläutert, durch die Überweisung von Rockefeller-Geld an Richard Sorge, den Meisterspion, und dann an ein Mitglied der kaiserlichen Familie "eingefädelt", um Japan zu veranlassen, die ersten Schüsse abzufeuern, damit die Regierung Roosevelt die Vereinigten Staaten in den Zweiten Weltkrieg führen konnte.

Die wirtschaftliche Strangulierung Japans durch Großbritannien und die Vereinigten Staaten, die einseitig die Versorgung der japanischen Inselfabrik mit lebenswichtigen Rohstoffen unterbanden, hatte einen Punkt erreicht, an dem beschlossen wurde, dem ein Ende zu setzen.

Tavistock spielte eine enorme Rolle bei der Entstehung der massiven Welle antijapanischer Propaganda, die die Vereinigten Staaten über den Krieg gegen Japan in den Krieg in Europa führte.

Unerträglicher wirtschaftlicher Druck wurde auf Japan ausgeübt, während sich die Roosevelt-Regierung gleichzeitig weigerte, "zu verhandeln", bis die Regierung in Tokio keinen anderen Ausweg mehr sah als den Angriff auf Pearl Harbor. Roosevelt hatte die Pazifikflotte ohne jeden stichhaltigen oder strategischen Grund aus ihrem sicheren Hafen in San Diego nach Pearl Harbor verlegt und sie damit in die Reichweite der japanischen Marine gebracht.

Ein anderes Beispiel ist jüngeren Datums: der Golfkrieg, der begann, als ein Aufschrei über die angeblichen Bestände des Irak an nuklearen und chemischen Waffen, den so genannten "Massenvernichtungswaffen", laut wurde. Die Bush-Administration und die Blair-Regierung wussten, dass es sich um eine "erfundene Situation" handelte, die jeglicher Grundlage oder Grundlage entbehrte; sie wussten, dass es solche Waffen nicht gab. Es gab unbestreitbare Beweise dafür, dass Husseins Waffenprogramm nach dem Golfkrieg 1991 und durch fortgesetzte brutale Sanktionen zunichte gemacht worden war.

Kurz gesagt, die beiden westlichen "Führer" wurden in einem Netz von Lügen ertappt, doch die Macht des Komitees der 300 und die Gehirnwäsche von Tavistock ist so groß, dass sie im Amt blieben, obwohl es eine anerkannte Tatsache ist, dass aufgrund ihrer Lügen mindestens eine Million Iraker und mehr als 2000 amerikanische Soldaten tot und 25.999 verwundet sind (Zahlen des russischen Militärgeheimdienstes GRU), von denen 53 Prozent verstümmelt sind, wobei die Kosten bis Oktober 2005 mehr als 550 Milliarden Dollar betragen.

Die Zahl der irakischen Todesopfer entspricht der Gesamtzahl der beiden Golfkriege, von denen die meisten Zivilisten sind, die aufgrund des Mangels an Nahrungsmitteln, sauberem Wasser und Medikamenten infolge der von der britischen und der US-Regierung unter dem Deckmantel der Vereinten Nationen verhängten kriminellen Sanktionen starben.

Mit der Verhängung von Sanktionen gegen den Irak hat die UNO ihre eigene Charta verletzt und ist seither eine verkrüppelte Institution, der es an Glaubwürdigkeit fehlt.

Es gibt keine Parallele in der Geschichte, in der ein Mann, der das höchste Amt innehatte, als Lügner und Betrüger entlarvt wurde und dennoch an der Macht bleiben konnte, als ob nichts sein Amt befleckt hätte, ein Zustand, der die Macht der "weitreichenden Durchdringung und inneren Konditionierung" des Tavistock-Instituts über das amerikanische Volk demonstriert, die es dazu bringen würde, eine solch schwülstige, entsetzliche Situation gefügig zu akzeptieren, ohne jemals vor Wut auf die Straße zu gehen.

Nun, sagte Henry Ford, dass "die Menschen die Regierung verdienen, die sie bekommen", wenn die Menschen nichts tun, um diese Regierung aus dem Amt zu jagen, wie es das Recht des amerikanischen Volkes unter ihrer US-Verfassung ist, dann verdienen sie es, dass Lügner und Betrüger ihre Nation und ihr Leben führen.

Andererseits durchläuft das amerikanische Volk möglicherweise eine der drei Phasen dessen, was Dr. Fred Emery, einst leitender Psychiater bei Tavistock, einmal als "soziale Umweltturbulenzen" bezeichnet hat. Emery sagte: "Große Bevölkerungsgruppen zeigen die folgenden Symptome, wenn sie heftigen sozialen Veränderungen, Stress und Turbulenzen ausgesetzt sind, die in klar definierte Kategorien eingeteilt werden können:

Oberflächlichkeit ist der Zustand, der sich manifestiert, wenn die bedrohte Bevölkerungsgruppe mit oberflächlichen Parolen reagiert, die sie als Ideale auszugeben versucht".

Es findet nur sehr wenig "Ego-Investition" statt, was die erste Phase zu einer "maladaptiven Reaktion" macht, da, wie Emery feststellte, "die Ursache der Krise nicht isoliert und identifiziert wird" und die Krise und die Spannungen nicht abgebaut werden, sondern so lange andauern, wie die Kontrolleure es wollen. Die zweite Phase der Krisenreaktion (da die Krise anhält) ist die "Fragmentierung", ein Zustand, in dem Panik ausbricht, der "soziale Zusammenhalt" zerbricht, mit dem Ergebnis, dass sich sehr kleine Gruppen bilden und versuchen, sich selbst vor der Krise zu schützen, ohne Rücksicht auf die Kosten oder den Aufwand für andere fragmentierte, kleine Gruppen. Diese Phase bezeichnet Emery als "passive Fehlanpassung", wobei die Ursache der Krise noch immer nicht erkannt wird.

In der dritten Phase wenden sich die Opfer von der Quelle der ausgelösten Krise und den daraus resultierenden Spannungen ab. Sie unternehmen "Fantasiereisen der inneren Migration, der Introspektion und der Besessenheit mit sich selbst". Dies nennt Tavistock "Dissoziation und Selbstverwirklichung". Emery führt weiter aus, dass "die passiven Fehlanpassungsreaktionen nun mit "aktiven Fehlanpassungsreaktionen" gekoppelt sind.

Emery stellt fest, dass in den letzten 50 Jahren Experimente in angewandter Sozialpsychologie und das daraus resultierende "Krisenmanagement" alle Aspekte des Lebens in Amerika erfasst haben und die Ergebnisse in den Computern der großen "Denkfabriken" wie der Stanford University gespeichert sind. Die Szenarien werden von Zeit zu Zeit herausgenommen, verwendet und überarbeitet, und, so Tavistock, "die Szenarien sind derzeit in Betrieb".

Übersetzt bedeutet dies, dass Tavistock die Mehrheit des amerikanischen Volkes profiliert und einer Gehirnwäsche unterzogen hat. Sollte ein Teil der amerikanischen Öffentlichkeit jemals in der Lage sein, die Ursache der Krisen zu erkennen, die diese Nation in den letzten siebzig Jahren überrollt haben, wird die von Tavistock errichtete sozialtechnische Struktur zusammenbrechen. Aber das ist noch nicht geschehen. Tavistock ertränkt die amerikanische Öffentlichkeit weiterhin in seinem Meer der geschaffenen öffentlichen Meinung.

Das von den Sozialwissenschaftlern von Tavistock entwickelte Social Engineering wurde in den beiden Weltkriegen dieses Jahrhunderts, insbesondere im Ersten Weltkrieg, als Waffe eingesetzt. Die Meinungsforscher, die es entwickelt haben, haben ganz offen zugegeben, dass sie bei der amerikanischen Bevölkerung dieselben Mittel und Methoden anwenden, die sie bei feindlichen Bevölkerungen eingesetzt und mit ihnen experimentiert haben.

Heute ist die Manipulation der öffentlichen Meinung durch Umfragen zu einer zentralen Technik in den Händen der Sozialingenieure und Kontrolleure der Sozialwissenschaftler geworden, die bei Tavistock und seinen zahlreichen "Think Tanks" in den Vereinigten Staaten und Großbritannien beschäftigt sind.

KAPITEL 5

Haben wir das, was H.G. Wells "eine unsichtbare Regierung" nannte?

Wie ich bereits erwähnt habe, begann die moderne Wissenschaft der öffentlichen Meinungsbildung durch fortgeschrittene Techniken der Manipulation der Massenmeinung in einer der fortschrittlichsten Propagandafabriken des Westens, die sich in Großbritannien im Wellington House befand. Diese Einrichtung, die sich zu Beginn des Ersten Weltkriegs dem Social Engineering und der öffentlichen Meinungsbildung widmete, stand unter der Schirmherrschaft der Lords Rothmere und Northcliffe sowie des späteren Studiendirektors des Royal Institute of International Affairs (RIIA), Arnold Toynbee. Wellington House hatte eine amerikanische Sektion, deren prominenteste Mitglieder Walter Lippmann und Edward Bernays waren. Wie sich später herausstellte, war Bernays der Neffe von Sigmund Freud, eine Tatsache, die sorgfältig vor der Öffentlichkeit verborgen wurde.

Gemeinsam konzentrierten sie sich auf Techniken zur "Mobilisierung" der Unterstützung für den Ersten Weltkrieg in der Masse der Bevölkerung, die gegen einen Krieg mit Deutschland war. In der öffentlichen Wahrnehmung war Deutschland ein Freund des britischen Volkes und kein Feind, und das britische Volk sah keine Notwendigkeit, gegen Deutschland zu kämpfen. War es nicht so, dass Königin Victoria die Cousine von Kaiser Wilhelm II. war? Toynbee, Lippmann und Bernays bemühten sich, die Briten von der Notwendigkeit eines Krieges zu überzeugen, indem sie die Techniken der neuen Wissenschaft und der Massenmanipulation über die Kommunikationsmedien für ihre Propagandazwecke einsetzten, die mit der Bereitschaft zur Lüge einhergingen, die gerade erst in Gang gekommen war, nachdem sie im Anglo-Buren-Krieg (1899-1902) viele Erfahrungen gesammelt hatte.

Es war nicht nur die britische Öffentlichkeit, deren Wahrnehmung der Ereignisse geändert werden musste, sondern auch eine widerspenstige amerikanische Öffentlichkeit.

Zu diesem Zweck waren Bernays und Lippmann maßgeblich daran beteiligt, Woodrow Wilson dazu zu bewegen, den Creel-Ausschuss zu gründen, der das erste methodische Instrumentarium für die Verbreitung erfolgreicher Propaganda und für die Wissenschaft der Meinungsumfragen zur Sicherung der "richtigen" Meinung schuf.

Von Anfang an waren die Techniken so konzipiert, dass die Meinungsforschung (öffentliche Meinungsbildung) auf einem offensichtlichen, aber auffälligen Merkmal beruhte: - es ging um die Meinungen der Menschen, nicht um ihr Verständnis der wissenschaftlichen Prozesse. Die Meinungsforscher haben also absichtlich ein im Wesentlichen irrationales Element des Verstandes in den Mittelpunkt des öffentlichen Interesses gerückt. Dies war eine bewusste Entscheidung, um das Realitätsverständnis der Masse der Menschen in einer zunehmend komplexen Industriegesellschaft zu untergraben.

Wenn Sie schon einmal "Fox News" gesehen haben, wo den Zuschauern die Ergebnisse einer Umfrage darüber präsentiert werden, "was die Amerikaner denken", und Sie dann eine Stunde lang den Kopf schütteln und sich fragen, was die Ergebnisse der Umfrage über Ihre eigenen Denkprozesse aussagen, dann haben Sie sich noch verwirrter gefühlt als sonst.

Der Schlüssel zum Verständnis von Fox News und der Umfrage könnte darin liegen, was Lippmann zu diesen Themen zu sagen hatte. In seinem 1922 erschienenen Buch "Public Opinion" (Öffentliche Meinung) beschrieb Lippmann die Methodik der psychologischen Kriegsführung von Tavistock.

In einem einleitenden Kapitel, "Die Welt draußen und die Bilder in unseren Köpfen", betonte Lippmann, "dass das Studienobjekt des Sozialanalytikers der öffentlichen Meinung die Realität ist, wie sie durch die innere Wahrnehmung oder die Bilder dieser Realität definiert wird. Die öffentliche Meinung befasst sich mit indirekten, ungesehenen und rätselhaften Tatsachen, und es gibt nichts Offensichtliches an ihnen. Die Situationen, auf die sich die öffentliche Meinung bezieht, sind nur als Meinungen bekannt.

"Die Bilder in den Köpfen dieser Menschen, die Bilder von sich selbst, von anderen, von ihren Bedürfnissen, Zielen und Beziehungen, sind ihre öffentliche Meinung. Diese Bilder, nach denen Gruppen von Menschen oder Einzelpersonen im Namen von Gruppen handeln, sind die öffentliche Meinung mit Großbuchstaben. Das innere Bild führt die Menschen im Umgang mit der Außenwelt so oft in die Irre."

Aus dieser Einschätzung lässt sich leicht der nächste entscheidende Schritt von Bernays ableiten, nämlich dass die Eliten, die die Gesellschaft leiten, die Ressourcen der Massenkommunikation einsetzen können und dies auch tun, um den "Herdengeist" zu mobilisieren und zu verändern.

Ein Jahr nach Lippmanns Buch verfasste Bernays das Buch Crystallizing Public Opinion. Dem folgte 1928 ein Buch mit dem schlichten Titel: Propaganda.

Im ersten Kapitel, "Das organisierte Chaos", schreibt Bernays: Die bewußte und intelligente Manipulation der Organisation, der Gewohnheiten und der Meinungen der Massen ist ein wichtiges Element der demokratischen Gesellschaft. Diejenigen, die diesen unsichtbaren Mechanismus der Gesellschaft manipulieren, bilden eine unsichtbare Regierung, die die wahre herrschende Macht in unserem Land ist.

Wir werden regiert, unser Verstand wird geformt, unser Geschmack geformt, unsere Ideen vorgeschlagen, größtenteils von Männern, von denen wir noch nie gehört haben... Unsere unsichtbaren Regierenden sind sich in vielen Fällen der Identität ihrer Mitstreiter im inneren Kabinett nicht bewusst.

Wie auch immer man zu diesem Zustand stehen mag, es bleibt eine Tatsache, dass wir in fast jedem Akt unseres täglichen Lebens, sei es in der Politik oder in der Wirtschaft, in unserem sozialen Dirigenten oder in unserem ethischen Denken, von der relativ kleinen Zahl von Personen beherrscht werden - einem unbedeutenden Bruchteil unserer hundertundzwanzig Millionen - die die mentalen Prozesse und sozialen Muster der Massen verstehen. Sie sind es, die die Drähte ziehen, die den öffentlichen Geist kontrollieren, die alte soziale Kräfte nutzen und neue Wege erfinden, um die Welt zu binden und zu lenken.

In Propaganda betonte Bernays nach seinem Lob der "unsichtbaren Regierung" die nächste Phase, die den Propagandatechniken folgen würde:

In dem Maße, in dem die Zivilisation komplexer geworden ist und die Notwendigkeit einer unsichtbaren Regierung immer deutlicher zutage getreten ist, wurden die technischen Mittel erfunden und entwickelt, mit denen sich die Meinung reglementieren lässt. Mit der Druckerpresse und der Zeitung, dem Telefon, dem Telegrafen, dem Radio und den Flugzeugen können sich Ideen schnell und sogar augenblicklich in ganz Amerika verbreiten.

Um seinen Standpunkt zu untermauern, zitierte Bernays den Mentor der "Manipulation der öffentlichen Meinung", H. G. Wells. Er zitierte einen Artikel in der New York Times aus dem Jahr 1928, in dem Wells die "modernen Kommunikationsmittel" begrüßte, weil sie "eine neue Welt politischer Prozesse" eröffneten und es ermöglichten, "den gemeinsamen Entwurf" zu "dokumentieren und gegen Perversion und Verrat zu schützen". Für Wells bedeutete das Aufkommen der "Massenkommunikation" bis hin zum Fernsehen fantastische neue Wege der sozialen Kontrolle, die die kühnsten Träume der früheren Massenmanipulationsfanatiker der britischen Fabian Society übertrafen. Wir werden später auf dieses äußerst wichtige Thema zurückkommen.

KAPITEL 6

Die Massenkommunikation führt die Meinungsforschungsindustrie ein

Die Anerkennung von Wells' Idee verschaffte Bernays einen wichtigen Platz in der Hierarchie der US-amerikanischen Meinungsforscher. 1929 erhielt er eine Stelle bei CBS, das kurz zuvor von William Paley übernommen worden war.

Mit dem Aufkommen der Massenkommunikation entstand auch die Industrie für Meinungsumfragen und -stichproben, um die Wahrnehmung der Massen für die Medienmafia (Teil der "unsichtbaren Regierung", die hinter den Kulissen die Fäden zieht) zu organisieren.

In den Jahren 1935-36 war die Meinungsforschung in vollem Gange. Im selben Jahr begann Elmo Roper mit seinen Umfragen für das Fortune-Magazin FOR, die sich zu seiner Kolumne "What People Are Thinking" für die New York Herald Tribune entwickelten.

George Gallup initiierte das amerikanische Institute of Public Opinion; - 1936 eröffnete er das britische Institute of Public Opinion. Gallup sollte sein Hauptquartier an der Princeton University aufschlagen, wo er mit dem von Hadley Cantril geleiteten Komplex Office of Public Opinion Research/Institute for International Social Research/Psychology Department zusammenarbeitete, der eine immer wichtigere Rolle bei der Entwicklung der psychologischen Profiling-Methoden spielen sollte, die später bei der Herstellung der Wassermann-Verschwörung eingesetzt werden sollten.

Im gleichen Zeitraum 1935-36 wurden erstmals Meinungsumfragen bei Präsidentschaftswahlen durchgeführt, und zwar auf Betreiben von zwei Zeitungen im Besitz der Familie Cowles, der Minneapolis

Star-Tribune und dem Des Moines Register. Die Cowles sind immer noch im Zeitungsgeschäft tätig.

Sie haben ihren Sitz in Spokane, Washington, und sind aktive Meinungsmacher. Ihre Unterstützung für den Irak-Krieg von Bush war ein entscheidender Faktor.

Es ist nicht sicher, wer die Praxis der "Berater des Präsidenten" eingeführt hat - Personen, die nicht von den Bürgern gewählt werden und die sie nicht überprüfen können, die aber über die Innen- und Außenpolitik der Nation entscheiden. Woodrow Wilson war der erste amerikanische Präsident, der von dieser Praxis Gebrauch machte.

Meinungsforschung und der Zweite Weltkrieg

Dies alles waren kleine Vorstufen zur nächsten Phase, die durch zwei wichtige, sich überschneidende Entwicklungen ausgelöst wurde: die Ankunft des emigrierten Experten für psychologische Kriegsführung Kurt Lewin in Iowa und die Beteiligung der Vereinigten Staaten am Zweiten Weltkrieg.

Der Zweite Weltkrieg bot den aufstrebenden Wissenschaftlern der Tavistock-Sozialwissenschaften einen enormen Spielraum für Experimente. Unter der Leitung von Lewin wurde die Schlüsselgruppe zusammengestellt, die nach dem Zweiten Weltkrieg die in der Kriegsführung entwickelten Techniken gegen die Bevölkerung der Vereinigten Staaten einsetzen sollte. Tatsächlich erklärte Tavistock 1946 der Zivilbevölkerung der Vereinigten Staaten den Krieg und befindet sich seither in einem Kriegszustand.

Die von Lewin, Wells, Bernays und Lippmann dargelegten Grundkonzepte blieben als Wegweiser für die Manipulation der öffentlichen Meinung bestehen; der Krieg gab den Sozialwissenschaftlern die Möglichkeit, sie in hochkonzentrierter Form anzuwenden und eine große Zahl von Institutionen unter ihrer Leitung zusammenzubringen, um die Ziele ihrer Experimente zu fördern.

Das zentrale Institut, das für die Bildung der "öffentlichen Meinung" verantwortlich war, war das Committee on National Moral.

Angeblich wurde es gegründet, um Unterstützung für den Krieg zu mobilisieren, ähnlich wie Präsident Wilson sein Management-Komitee gegründet hatte, um den Ersten Weltkrieg zu "managen". In Wirklichkeit bestand der Zweck des Komitees darin, ein intensives Profil sowohl der "Achsenmächte" als auch der amerikanischen Bevölkerung zu erstellen, um ein Mittel zur sozialen Kontrolle zu schaffen und aufrechtzuerhalten.

Das Komitee wurde von mehreren führenden Persönlichkeiten der amerikanischen Gesellschaft geleitet, darunter Robert P. Bass, Herbert Bayard Swope und andere bekannte Persönlichkeiten. Sein Sekretär war der Ehemann von Margaret Meade, Gregory Bateson, einer der Hauptinitiatoren der berüchtigten "MK-Ultra"-LSD-Experimente der CIA, die von einigen Experten als Startschuss für die amerikanische Gegenkultur aus Drogen, Rock und Sex angesehen werden.

Zum Kuratorium des Ausschusses gehörten der Meinungsforscher George Gallup, der Geheimdienstler Ladislas Farago und der Tavistock-Psychologe Gardner Murphy.

Der Ausschuss führte eine Reihe von Sonderprojekten durch, von denen das wichtigste eine umfassende Studie darüber war, wie man am besten eine psychologische Kriegsführung gegen Deutschland führen könnte. Die wichtigsten Mitarbeiter, die für die Entwicklung des Projekts "Öffentliche Meinung" entscheidend waren, waren:

➤ Kurt K. Lewin, Bildung und Geschichte; Psychologie; Sozialwissenschaften

➤ Professor Gordon W. Allport, Psychologie

➤ Professor Edwin G. Borin, Psychologie

➤ Professor Hadley Cantril, Psychologie

➤ Ronald Lippitt, Sozialwissenschaften

➤ Margaret Mead, Anthropologie, Sozialwissenschaften; Jugend und Kindesentwicklung

Das Personal des Ausschusses bestand aus mehr als 100 Wissenschaftlern und mehreren für das Projekt wichtigen Meinungsforschungsinstituten.

Ein solches spezielles Projektteam war im Office and Strategic Services (OSS) (dem Vorläufer der CIA) angesiedelt und bestand aus Margaret Mead, Kurt Lewin, Ronald Lippitt, Dorwin Cartwright, John K. French und Meinungsforschern wie Samuel Stouffer (später Vorsitzender der Laboratory Social Relations Group an der Harvard University), Paul Lazarsfeld vom Sociology Department der Columbia University, der zusammen mit dem Profiler Harold Lasswell eine "Meinungsforschungs"-Methode für die OSS entwickelte, die auf einer detaillierten "Inhaltsanalyse" der lokalen Presse feindlicher Länder und Rensis Likert basierte.

Likert, der unmittelbar vor dem Krieg bei der Prudential Insurance Company in leitender Position tätig war, hatte als Forschungsdirektor der Life Insurance Agency Management Association die Techniken der Profilerstellung perfektioniert. Dadurch war er in der Lage, mit dem Leiter der U.S. Strategic Bombing Survey, dem ehemaligen Leiter der Prudential Life Insurance Company, in Kontakt zu treten. Von 1945 bis 1946 war Likert Leiter der Abteilung für Moral der Strategic Bombing Survey, und in dieser Position hatte er enorme Möglichkeiten zur Erstellung von Profilen und zur Manipulation der öffentlichen Meinung.

KAPITEL 7

Die Bildung der öffentlichen Meinung

Den Aufzeichnungen des Tavistock-Instituts zufolge spielte die Strategic Bombing Survey eine Schlüsselrolle dabei, Deutschland durch ein hochdiszipliniertes Programm systematischer Bombardierungen deutscher Arbeiterwohnungen in die Knie zu zwingen, was Sir Arthur Harris von der RAF nur zu gerne ausführte.

Darüber hinaus leitete Likert von 1939 bis 1945 die Abteilung für Programmerhebungen des Landwirtschaftsministeriums, in der wichtige Studien über die Techniken der "Massenüberzeugung" durchgeführt wurden. Oder anders ausgedrückt, "die öffentliche Meinung den gewünschten Zielen anzupassen". Man kann nur darüber spekulieren, wie viele Bürger glaubten, dass ihre Unterstützung für die Kriegsanstrengungen der "Alliierten" aus ihrer eigenen Meinung resultierte.

Einer von Likerts wichtigsten Helfern in der Abteilung war der Lewin-Schützling und künftige Tavistock-Mitarbeiter Dorwin Cartwright, der das Lehrbuch "Some Principles of Mass Persuasion" verfasste, das noch heute verwendet wird.

Eine weitere wichtige Agentur für die öffentliche Meinungsbildung war das Office of War Information (OWI), das während eines Großteils der Kriegsanstrengungen von Gardner Cowles geleitet wurde. Bernays wurde als Berater ins OWI geholt. Aus der hier beschriebenen Verflechtung entstand nach dem Zweiten Weltkrieg das Netzwerk der wichtigsten "Meinungsforschungsinstitute". Seitdem haben sie eine mächtige und entscheidende Rolle im amerikanischen Leben gespielt. Gallup, der aus dem Kuratorium des Komitees für Nationale Moral hervorging, baute seine Tätigkeit aus und wurde zum wichtigsten Befehlshaber der Meinungsforschungsinstitute für die Einführung neuer Politiken des Komitees der 300, die er als "Umfrageergebnisse" ausgab.

Bernays spielte in der Nachkriegszeit mehrere Schlüsselrollen. Im Jahr 1953 schrieb er ein Papier für das Außenministerium, in dem er die Einrichtung eines Büros für psychologische Kriegsführung durch das Außenministerium empfahl. 1954 war er Berater der US-Luftwaffe, der Teilstreitkraft, die am stärksten unter dem Einfluss der Strategic Bombing Survey-Leute stand.

In den frühen 1950er Jahren war Bernays als PR-Berater für die United Fruit (United Brands) Corporation tätig, eines der führenden Unternehmen im Kommunikations- und Sicherheitsapparat (Eisenhowers "militärisch-industrieller Komplex"), das damals damit beschäftigt war, seine Macht über die US-Politik zu konsolidieren.

Bernays führte die Propagandakampagne durch, in der behauptet wurde, Guatemala würde unter "kommunistische Kontrolle" geraten, was zu einem von den USA inszenierten Staatsstreich in diesem Land führte. Im Jahr 1955 schrieb Bernays ein Buch über seine Erfahrungen mit dem Titel "The Engineering of Consent".

Das Buch wurde zur virtuellen Tavistock-Blaupause für die US-Regierung, um jedes Land zu stürzen, dessen Politik für die sozialistische Diktatur der Eine-Welt-Regierung inakzeptabel war.

In der Nachkriegszeit war Bernays Mitglied der Society for Applied Anthropology, einer von Margaret Meads Institutionen zur sozialen Kontrolle in den USA, und der Society for the Psychological Study of Social Issues, einer von John Rawlings Reese, einem Gründungsmitglied von Tavistock, ins Leben gerufenen Gruppe, die "psychiatrische Schocktruppen" unter der amerikanischen Bevölkerung einsetzen sollte.

Eine ihrer ersten Aktionen war die Entschärfung der Homosexualität in Florida, eine Maßnahme, die von Anita Bryant, die keine Ahnung hatte, womit sie sich anlegte, erbittert bekämpft wurde.

Die zweite ihrer Aktionen war die Einführung des Themas, dass nicht-weiße Menschen intelligenter sind als Weiße, worauf wir später noch eingehen werden.

Likert wechselte an die Universität von Michigan, um das Institut für Sozialforschung (ISR) zu gründen, das das Massachusetts Center for the Study of Group Dynamics, die wichtigste Tavistock-Filiale in den USA zu Beginn der Nachkriegszeit, übernahm.

Tavistocks ISR war das Zentrum einer Reihe kritischer Profiling-
und "Meinungsforschungs"-Untergruppen, darunter das Center for
research in the Utilization of Scientific Knowledge, das von Likerts
OSS-Kollegen und Lewin-Schülern, Ronald Lippitt, gegründet
wurde.

Projektleiter Donald Michael war ein führender Akteur im Club of
Rome, und eine zweite Untergruppe, das Survey Research Center,
war Likerts persönliche Schöpfung, die sich zur aufwändigsten
Einrichtung in den USA für die "Erhebung" (Schaffung) von
Einstellungen und Trends in der Bevölkerung entwickelte, zu denen
vor allem die Herabwürdigung und Degradierung der Frau und die
Förderung der überlegenen intellektuellen Fähigkeiten von Nicht-
Weißen nach Lewins sorgfältig ausgearbeiteten Skripten gehörten.

Robert Hutchins wurde in dieser Zeit berühmt, und sein engster
Mitarbeiter in diesen frühen Jahren war William Benton, der 1929
zusammen mit Chester Bowles die bekannte Werbefirma Benton
and Bowles gründete. Benton nutzte Benton and Bowles als Mittel
zur Entwicklung der Wissenschaft der Massenkontrolle durch
Werbung.

Es war Bentons Pionierarbeit, die von Douglass Cater unterstützt
wurde, die zur Entwicklung der aufkeimenden Kontrolle von
Tavistock über die US-Medienpolitik durch das Aspen Institute in
Colorado führte, dem amerikanischen Sitz des sozialistischen One
World Government Committee of 300.

Am Rande möchte ich erwähnen, dass die Wissenschaft der
Kontrolle der Massenmedien durch Werbung heute so fest verankert
ist, dass sie zum wichtigsten Bestandteil der Meinungsbildung
geworden ist. In den frühen Nachkriegstagen hat Hollywood sie in
fast alle seine Filme eingebaut.

Die Werbung (Gehirnwäsche) erfolgte durch den Typ und die
Marke des Autos, das der Held fuhr, die Zigarettenmarke, die der
aalglatte Lawrence Harvey rauchte, die Kleidung und das Make-up
der Hauptdarstellerin, die mit jedem Jahr gewagter wurden, bis wir
heute, im Jahr 2005, eine Frau haben, die durch die fast nackten
Brüste von Britney Spear und den nackten Bauch, der durch die
engen Jeans, die sie oft trägt, entblößt wird, die gesellschaftlichen

Sitten, die Hollywood so gerne missachtet, entwürdigt wird.

KAPITEL 8

Entwürdigung der Frauen und Verfall der Moral

Das Tempo der Entwürdigung der Frau hat sich in bemerkenswerter Weise beschleunigt, seit der Saum bis zum Knie reicht. Dies zeigt sich in Bereichen wie der Beinahe-Pornographie in Mainstream-Filmen und Seifenopern, und wir wagen zu behaupten, dass der Tag nicht mehr fern ist, an dem solche Szenen "total und obligatorisch" sein werden.

Dieser Rückgang der attraktiven weiblichen Sprache kann auf die Tavistock-Methode und ihre Vertreter Cantril, Likert und Lewin zurückgeführt werden. Eine weitere auffällige Veränderung war die Zunahme von Filmen, in denen interrassische Partnerschaften und sexuelle Begegnungen gezeigt wurden, gepaart mit der Forderung nach "Menschenrechten" für Lesben in der unverhohlensten Form.

Für diese Aufgabe wurden spezielle Personen ausgewählt und geschult. Die wohl bekannteste von ihnen ist Ellen Degeneres, die unter dem Vorwand, in Talkshows und "Diskussionsgruppen" zum Thema "gleichgeschlechtliche Liebe", d. h. Begegnungen zwischen zwei Frauen, die eine Art von Sexualpraktiken beinhalten, interviewt zu werden, Hunderttausende von Dollar an kostenloser Werbung erhielt.

Benton, der Pionier auf dem Gebiet der Entwürdigung der Frau, hatte als Mentor den führenden Sozialwissenschaftler auf dem Gebiet der Profilierungstheorie am Tavistock-Institut, Harold Lasswell, der 1940 zusammen mit Benton die American Policy Commission gründete. Lasswells gemeinsame Unternehmung mit Benton stellte die deutlichste Verbindung zwischen Aspens verborgenen sozialistischen Eine-Welt-Regierungsoperationen in Amerika und dem Tavistock-Institut dar. Aspen wurde zum Hauptsitz des Komitees der 300 Zweigstellen in den Vereinigten Staaten.

Hedley Cantril, Likert und Lewin spielten mit ihren Methoden der humanistischen Psychologie und der angewandten Gehirnwäsche eine immer wichtigere Rolle bei der Nutzung der "Meinungsforschung", um Paradigmenwechsel und Werteverschiebungen in der Gesellschaft herbeizuführen, wie sie gerade beschrieben wurden, allerdings in einem erweiterten Rahmen und auf allen Ebenen der Gesellschaft, die die westliche Zivilisation, wie sie seit Jahrhunderten bekannt war, umfasste.

Cantrils Heimatbasis, von der aus er seine Kriegsoperationen gegen das amerikanische Volk durchführte, war das Büro für Meinungsforschung an der Princeton University, das 1940 gegründet wurde, im selben Jahr, in dem Cantril sein Buch mit dem Titel The Invasion From Mars schrieb, eine detaillierte Analyse darüber, wie die Bevölkerung der Region New York-New Jersey mit Angst und Panik auf Orson Wells' 1938 ausgestrahlten "Krieg der Welten" reagierte.

Wie hätten sie wissen können, dass sie Teil eines Profiling-Projekts waren, da man davon ausgehen kann, dass 1938 nicht einer von fünf Millionen Amerikanern jemals von Hadley Cantril oder dem Tavistock-Institut gehört hatte. Es wäre interessant herauszufinden, wie viele Amerikaner jetzt im Jahr 2005 von Tavistock gehört haben?

Die meisten würden sich an Orson Wells erinnern, aber die Wahrscheinlichkeit ist groß, dass neunundneunzig Prozent der Bevölkerung dem Namen Cantril keine Bedeutung beimessen oder das Tavistock-Institut nicht kennen.

Lassen Sie uns die Ereignisse der Nacht des 30. Oktober[th] 1938 nacherzählen, denn dieselben Techniken wurden von der Bush-Regierung, dem Verteidigungsministerium und der CIA eingesetzt, um die öffentliche Wahrnehmung der Ereignisse zu beeinflussen, die zur Invasion des Irak im Jahr 2003 führten, und sie werden auch 2005 noch angewendet.

1938 hatte sich Orson Wells mit dem englischen Autor H.G. Wells, einem ehemaligen MI6-Agenten, und seinem Buch "The War of the Worlds" einen Ruf als Meister der Inszenierung falscher Nachrichten geschaffen.

In der Radioadaption von Wells' Werk unterbrach der andere Wells das Radioprogramm in New Jersey mit der Ankündigung, dass gerade Marsmenschen gelandet seien. "Die Invasion der Marsmenschen hat begonnen", sagte Orson Wells.

Während der vierstündigen Produktion wurde nicht weniger als viermal verkündet, dass es sich bei dem, was das Radiopublikum hörte, um eine fiktive Nachstellung dessen handelte, was wäre, wenn die Geschichte von H.G. Wells zum Leben erweckt worden wäre. Aber das nützte nichts. Millionen von Menschen wurden von Panik ergriffen und verließen in Panik ihre Häuser, legten Straßen und Kommunikationssysteme lahm.

Was war der Zweck des "Hoax"? In erster Linie ging es darum, die Wirksamkeit der Methoden von Cantril und Tavistock in der Praxis zu testen, und - was vielleicht noch wichtiger war - die Weichen für den bevorstehenden Krieg in Europa zu stellen, in dem die "Nachrichtensendungen" eine entscheidende Rolle bei der Informationsbeschaffung und -verbreitung spielen würden, da sie eine etablierte Quelle für verlässliche Informationen und ein Forum zur Steuerung der öffentlichen Meinung darstellten.

Zwei Tage nach der Nachrichtensendung "Martian Invasion" warf ein Leitartikel in der New York Times unter der Überschrift "Terror by Radio" ungewollt ein Licht auf das, was Tavistock für das amerikanische Volk in dem sich abzeichnenden Krieg im Sinn hatte: "Was als Unterhaltung begann, hätte leicht in einer Katastrophe enden können", hieß es in dem Leitartikel. Die Verantwortlichen des Rundfunks hatten eine Verantwortung und "sollten zweimal darüber nachdenken, bevor sie Nachrichtentechniken mit einer so furchterregenden Fiktion vermischen."

Was die "Times" versehentlich mitbekommen hatte, war die Welle der Zukunft, gesehen durch die Augen der Theoretiker von Tavistock. Von nun an sollte die "Vermischung von Nachrichtentechniken mit Fiktion, die so erschreckend ist", dass sie als Tatsache angesehen wird, für die Absolventen von Tavistock zur Standardpraxis werden. Alle Nachrichtensendungen sollten "Nachrichten und Fiktion" so geschickt miteinander vermischen, dass das eine vom anderen nicht mehr zu unterscheiden war.

Tatsächlich setzte Tavistock seine neu erprobte Theorie ein Jahr später in die Praxis um, als die Bevölkerung der europäischen Städte

London, München, Paris und Amsterdam von Kriegsangst ergriffen wurde, obwohl Neville Chamberlain erfolgreich einen Krieg verhinderte, indem er dieselben Techniken einsetzte, die im Oktober 1938 in den Radiosendungen zum "Krieg der Welten" verwendet wurde.

KAPITEL 9

Wie Einzelpersonen und Gruppen auf die Vermischung von Fakten und Fiktion reagieren

Cantril kam zu dem Schluss, dass die Öffentlichkeit genau so reagierte, wie es seine Experimente zur Profilerstellung vermuten ließen. Dieser Sonntagabend, der 30. Oktober 1938, sollte zu einem Meilenstein in seinen Akten werden und einen Paradigmenwechsel in der Art und Weise, wie "Nachrichten" fortan präsentiert werden sollten, einläuten. Etwas mehr als sieben Jahrzehnte später wird die Welt immer noch mit Nachrichten gefüttert, die mit Fiktion vermischt sind - einer Fiktion, die in vielen Fällen erschreckend ist. Die westliche Welt hat drastische Veränderungen erfahren, die ihr unfreiwillig aufgezwungen wurden, so dass sie zu einer Welt geworden ist, die sich so sehr von dem unterscheidet, was sie in jener Oktobernacht 1938 war, dass sie "ein anderer Planet" ist. Wir werden auf dieses wichtige Thema später in diesem Werk zurückkommen.

Nach dem Zweiten Weltkrieg ließ sich Cantril ganz auf den Tavistock-Chefguru und Gründer John Rawlings Reese und sein World Tensions Project bei der UNESCO der Vereinten Nationen ein.

Profile darüber, wie Einzelpersonen und Gruppen auf internationale Spannungen reagierten, wurden auf der Grundlage einer geschickten Vermischung von Fakten und erschreckender Fiktion formuliert, um eine Kampagne zur Einführung von "Weltbürgern" (einer sozialistisch-kommunistischen Diktatur der Eine-Welt-Regierung) vorzubereiten, die eingesetzt wurde, um nationale Grenzen, Sprache und Kultur zu schwächen und den Nationalstolz und die Souveränität der Nationalstaaten zu diskreditieren, um das Kommen der sozialistischen Neuen Weltordnung - der Eine-Welt-Regierung - vorzubereiten, von der Präsident Woodrow Wilson sagte, Amerika würde die "Demokratie" sichern.

Diese jungen Amerikaner aus Arkansas und North Carolina mit ihren frischen Gesichtern wurden in dem Glauben nach Europa geschickt, sie würden "für ihr Land kämpfen", ohne zu wissen, dass die "Demokratie", in die Wilson sie schickte, um "die Welt zu sichern", eine sozialistisch-internationale kommunistische Eine-Welt-Regierungsdiktatur war.

John Rawlings Reese war der Herausgeber von Tavistocks Zeitschrift Journal of Humanistic Psychology. Ihre gemeinsame Denkweise wird in der 1955 erschienenen Monographie "Toward a Humanistic Psychology" als eine Weiterentwicklung von Cantrils Unterstützung für die Auffassung der "Persönlichkeit" des bei Tavistock ausgebildeten Gordon Airport gesehen. Wie er es in dem 1947 erschienenen Buch Understanding Man's Social Behavior in einem Kapitel über "Kausalität" ausdrückte. Cantrils Methodik basierte auf der Vorstellung, dass "die besondere Umgebung, in der das Wachstum stattfindet, dem jeweiligen Individuum eine besondere Richtung für das Wachstum gibt."

Cantrils Bemühungen sind ein gutes Beispiel für die Auflösung der Grenzen zwischen vermeintlich neutraler Meinungsbildung und sozialer Meinungsmache;

Tavistocks Engagement für die Erzwingung großer Veränderungen in der Persönlichkeit und im Verhalten in allen Bereichen der anvisierten Bevölkerungsgruppen, wie wir sie zu beschreiben versucht haben.

Cantril ernannte einen Vorstand, der die Arbeit unterstützen sollte, zu dem unter anderem folgende Personen gehörten

- ➤ Warren Bennis, ein Anhänger des Tavistock-Direktors Eric Trist.

- ➤ Marilyn Ferguson, angeblich die Autorin von The Aquarian Conspiracy;

- ➤ Jean Houston, Leiter des Instituts für Gehirnforschung, Mitglied des Club of Rome und Autor von Mind Games.

- ➤ Aldous Huxley, der das MK-Ultra LSD-Programm überwachte, das 20 Jahre lang lief.

> Willis Harman, ein Direktor der Stanford University und Mentor von "The Changing Images of Man", das später als "The Aquarian Conspiracy" getarnt wurde und als Werk von Marilyn Ferguson ausgegeben wurde.

> Michael Murphy, Leiter des Esalen-Instituts, das von Huxley und anderen als Zentrum für "Sensibilitätstraining" und Drogenexperimente gegründet wurde.

> James F.T. Bugenthal, ein Initiator von Projekten zur Schaffung von Sekten in Esalen.

> Abraham Maslow, der führende Vertreter der irrationalistischen "Denkkraft" und Gründer der AHP im Jahr 1957.

> Carl Rogers, Maslows Mitarbeiter bei der AHP im Jahr 1957.

Die herrschende Ideologie der AHP wurde durch eine Buchbesprechung in einer Ausgabe der Zeitschrift The Journal of Humanistic Psychology von 1966 veranschaulicht.

In seiner Rezension von Maslows Buch The Psychology of Science (Die Psychologie der Wissenschaft) begrüßte Willis Harman ein Jahr vor seiner Stanford-Forschungsstudie von 1967-69 die "Herausforderung für die Wissenschaft" durch "außersinnliche Wahrnehmung, Psychokinese, Mystizismus und bewusstseinserweiternde Drogen" (insbesondere LSD und Mesacalin). Er lobte Maslows "neue Wissenschaft", da sie "Hypnose, Kreativität, Parapsychologie und psychedelische Erfahrungen" in den Vordergrund rücken und das wissenschaftliche Interesse von der "äußeren" Welt auf die Untersuchung des "inneren Raums" verlagern würde.

Dies war Cantrils ursprünglicher Gedanke der "besonderen Persönlichkeit", der zu seinem logischen Abschluss gebracht wurde. Cantril gebührt der "Ruhm und die Ehre", einen gewaltigen Paradigmenwechsel in der Denk- und Verhaltensweise der westlichen Welt erzwungen zu haben.

Sicherlich hätte Oswald Spengler keine Schwierigkeiten gehabt, sie als eine der Ursachen für den Untergang des Abendlandes zu identifizieren, den er 1936 vorausgesagt hatte.

Änderungen in der "kognitiven und verhaltensbezogenen Struktur" vornehmen.

Unabhängig von der jeweiligen ideologischen Färbung, die die Wissenschaftler der Meinungsforschungsinstitute nach dem Zweiten Weltkrieg begleitete, findet sich in Cartwrights Papier Some Principles of Mass Persuasion, das für die Division of Program Surveys des Landwirtschaftsministeriums erstellt wurde, die unveränderliche Vorstellung von Social Engineering durch "Stichprobenmethoden" und "Meinungsforschung".

Das Papier trug den Untertitel "Selected Findings of Research on the Sale of United States War Bonds" (Ausgewählte Ergebnisse der Untersuchung über den Verkauf von US-Kriegsanleihen), aber wie Cartwright deutlich macht, war der kriegsbezogene Aspekt der Untersuchung nur ein Vorwand für eine Analyse der Grundsätze, wie die Wahrnehmung so verändert werden kann, dass sie den Zielen der Kontrolleure entspricht.

Es wäre rätselhaft, was der Verkauf von Kriegsanleihen mit der Landwirtschaft zu tun hat, aber das war Teil von Cartwrights Methodik. Es handelte sich um eine Synthese der Bernays-Lippmann-Cantril-Cartwright-Hypothese, die in einem Umfeld des Zweiten Weltkriegs verdichtet wurde. Der Artikel wurde in der Zeitschrift von Tavistock veröffentlicht. Human Relations veröffentlicht, was den Leser sofort aufhorchen lassen sollte.

"Unter den vielen technologischen Fortschritten des vergangenen Jahrhunderts, die zu Veränderungen in der sozialen Organisation geführt haben", begann Cartwright, "verspricht die Entwicklung der Massenkommunikationsmittel die weitreichendste zu sein. Diese verstärkte gegenseitige Abhängigkeit der Menschen bedeutet, dass die Möglichkeiten zur Mobilisierung von sozialen Massenaktionen stark zugenommen haben. Es ist vorstellbar, dass eine einzige überzeugende Person durch den Einsatz von Massenmedien die Weltbevölkerung ihrem Willen unterwerfen kann." Wir glauben nicht, dass Cartwright bei dieser Aussage an Jesus Christus gedacht hat.

Unter der Überschrift "Schaffung einer bestimmten kognitiven Struktur" fährt Cartwright fort:

Grundsatz eins: "Praktisch alle Psychologen halten es für eine

Binsenweisheit, dass das Verhalten eines Menschen von seiner Wahrnehmung der Welt, in der er lebt, geleitet wird.... Aus dieser Formulierung folgt, dass eine Möglichkeit, das Verhalten eines Menschen zu ändern, darin besteht, seine kognitive Struktur zu verändern. Die Veränderung der kognitiven Struktur von Individuen durch die Massenmedien hat mehrere Voraussetzungen. Diese lassen sich in Form von Prinzipien formulieren."

Cartwright, der seine Ausführungen mit Beispielen aus der Anwendung seiner Studie auf den Verkauf von Kriegsanleihen im Zweiten Weltkrieg untermauerte, erläuterte anschließend die Grundsätze: "Die 'Botschaft' (d.h. Informationen, Fakten usw.) muss die Sinnesorgane der zu beeinflussenden Personen erreichen... Totale Reizsituationen werden auf der Grundlage eines Eindrucks ihrer allgemeinen Eigenschaften ausgewählt oder abgelehnt", usw. Eine zweite Reihe von Grundsätzen befasste sich eingehender mit den Methoden zur Veränderung der "kognitiven Struktur".

Prinzip Zwei: "Nachdem die 'Botschaft' die Sinnesorgane erreicht hat, muss sie als Teil der kognitiven Struktur der Person akzeptiert werden." Cartwright stellte in diesem Abschnitt fest, dass "jede Bemühung, das Verhalten durch eine Veränderung dieser kognitiven Struktur zu ändern, die Kräfte überwinden muss, die dazu neigen, die gegenwärtige Struktur aufrechtzuerhalten.

Nur wenn eine gegebene kognitive Struktur der Person als unbefriedigend für ihre Anpassung erscheint, ist sie wahrscheinlich bereit, Einflüsse zu empfangen, die darauf abzielen, diese Struktur zu verändern".

Unter dem Titel "Schaffung einer besonderen Motivationsstruktur" analysierte Cartwright "die sozialen Verwicklungen, die die Gouverneure des U.S. Federal Reserve System in Washington über einen längeren Zeitraum in Aufruhr versetzten."

KAPITEL 10

Umfragen werden erwachsen

Die Tavistock-Klinik in London war der Ort, an dem sich Sigmund Freud nach seiner Ankunft aus Deutschland niedergelassen hatte und an dem sein Neffe Edward Bernays später Hof hielt.

So wurde England zum weltweiten Zentrum für Massen-Gehirnwäsche und sozialtechnische Experimente, die sich in den Nachkriegskliniken in den gesamten Vereinigten Staaten verbreiteten.

Während des Zweiten Weltkriegs war Tavistock das Hauptquartier des British Army's Psychological Warfare Bureau (Büro für psychologische Kriegsführung), das über das britische Special Operation Executive (SOE) (später bekannt als MI6) den Streitkräften der Vereinigten Staaten die Politik in Sachen psychologischer Kriegsführung diktierte.

Gegen Ende des Krieges übernahmen Mitarbeiter von Tavistock die World Federation of Mental Health und die Psychological Warfare Division des Supreme Headquarters, Allied Expeditionary Force (SHAEF) in Europa.

Der Cheftheoretiker von Tavistock, Dr. Kurt Lewin, kam in die Vereinigten Staaten, um die Harvard Psychological Clinic, das MIT-Forschungszentrum für Gruppendynamik und das Institut für Sozialforschung an der Universität Michigan zu gründen. Seine Kollegen Cartwright und Cantrill schlossen sich ihm an, um in der psychologischen Abteilung des Office of Strategic Services (OSS), dem Office of Naval Research (ONI), dem U.S. Strategic Bombing Survey und dem Committee of National Moral eine entscheidende Rolle zu spielen.

Darüber hinaus wurde eine große Zahl einflussreicher Personen auf höchster politischer Ebene in Dr. Lewins Theorie der topologischen

Psychologie geschult, die bis heute die weltweit fortschrittlichste Methode der Verhaltensmodifikation - der Gehirnwäsche - darstellt. Wichtige Kollegen von Kurt Lewin bei Tavistock, Eric Trist, John Rawlings Reese, H.V. Dicks, W.R. Bion und Richard Crossman sowie ausgewählte Mitarbeiter des Strategic Bombing Survey, des Committee on National Moral und des National Defense Resources Council kamen zu Lewin bei der Rand Corporation, dem Stanford Research Institute, der Wharton School, den National Training Laboratories und dem National Institute of Mental Health.

Die Regierung der Vereinigten Staaten begann, mit all diesen Einrichtungen Verträge über Projekte im Wert von mehreren Millionen Dollar abzuschließen. Über einen Zeitraum von vierzig Jahren wurden von der Bundesregierung Dutzende von Milliarden Dollar zur Finanzierung der Arbeit dieser Gruppen bereitgestellt, während weitere Dutzende von Milliarden Dollar von privaten Stiftungen in diese Einrichtungen geflossen sind.

Im Laufe der Jahre wuchsen diese Einrichtungen, und mit ihnen wuchs auch der Umfang der von ihnen in Auftrag gegebenen Projekte. Jeder Aspekt des geistigen und psychologischen Lebens der amerikanischen Bevölkerung wurde erfasst, aufgezeichnet und in Computerspeichern abgelegt.

Die Institutionen, das Personal und die Netzwerke wurden immer weiter ausgebaut und drangen tief in jeden Winkel der Bundes-, Landes- und Kommunalverwaltungen ein. Ihre hauseigenen Fachleute und Absolventen wurden hinzugezogen, um Strategien für Wohlfahrtsämter, Arbeitsvermittlungsstellen, Gewerkschaften, die Air Force, die Navy, die Army, die National Education Association und psychiatrische Kliniken sowie das Weiße Haus, das Verteidigungsministerium und das Außenministerium zu entwickeln. Sie hat auch umfangreiche Verträge mit der Central Intelligence Agency (CIA).

Zwischen diesen Denkfabriken und den wichtigsten Meinungsforschungsinstituten der USA sowie den großen Medienunternehmen wurden enge Kooperationsbeziehungen aufgebaut. Gallup Poll, die Yankelovich - CBS-New York Times Poll, das National Opinion Research Center und andere führten unablässig psychologische Profile der gesamten Bevölkerung durch und gaben die Ergebnisse zur Auswertung und Verarbeitung an die allgegenwärtigen Sozialpsychologen weiter.

Was die Öffentlichkeit in den Zeitungen als Meinungsumfragen sieht, stellt nur einen Bruchteil der Arbeit dar, die die Meinungsforscher geleistet haben. Ein Schlüssel zur Kontrolle von Tavistock über Schlüsselsektoren des täglichen Regierungsgeschäfts in den USA ist, dass es mit Fox News seit der Übernahme durch Richard Murdoch de facto über einen eigenen Fernsehsender verfügt, eine praktisch lückenlose Propagandamaschine für die Regierung.

Über dieser engmaschigen Gruppe von Sozialpsychologen, Meinungsforschern und Medienmanipulatoren steht eine Elite von mächtigen Gönnern, "die Götter des Olymp" (das Komitee der 300). In informierten Kreisen ist bekannt, dass diese Gruppe alles in der Welt kontrolliert, mit Ausnahme von Russland und neuerdings auch von China.

Sie plant und führt langfristige Strategien auf eine vollkommene, disziplinierte und einheitliche Weise durch. Sie verfügt über mehr als 400 der führenden Fortune-500-Unternehmen in den USA, deren Verbindungen in alle Bereiche der Regierung, des Handels, des Bankwesens, der Außenpolitik, der Geheimdienste und des militärischen Establishments reichen.

Sie hat alle anderen "Machtgruppen" der früheren US-Geschichte absorbiert; die Rothschild-, Morgan- und Rockefeller-Gruppe, das östliche liberale Establishment, verkörpert durch die Familien Perkins, Cabot und Lodge, die Creme des alten ostindischen Opiumhandels, der Milliarden von Dollar einbrachte.

Die Hierarchie besteht aus den alten Familien, die von der Britischen Ostindien-Kompanie abstammen, die mit dem Opiumhandel ein riesiges Vermögen erwirtschaftet hat und von oben nach unten geführt wird, darunter auch europäische Königshäuser.

In den hintersten Winkeln des Geheimdienst-Establishments in Washington bezeichnen altgediente Geheimdienstoffiziere diese furchteinflößende Gruppe in gedämpften Tönen und geheimnisvoller Sprache als das "Komitee der 300". Die Anführer werden "Die Olympier" genannt. Kein US-Präsident wird gewählt oder bleibt im Amt, außer durch ihre Gunst.

Diejenigen, die sich ihrer Kontrolle widersetzen, werden entfernt. Beispiele dafür sind John F. Kennedy, Richard Nixon und Lyndon Johnson. Das Komitee der 300 ist die internationale sozialistische Eine-Welt-Regierung, die die Neue Weltordnung hinter den Kulissen steuert, wo sie bleiben wird, bis sie bereit ist, hervorzutreten und die offene und vollständige Kontrolle über alle Regierungen der Welt in einer internationalen kommunistischen Diktatur zu übernehmen.

KAPITEL 11

Der Paradigmenwechsel im Bildungswesen

In den 1970er Jahren kam es zu einem dramatischen Paradigmenwechsel in den Lehrplänen aller Schulstufen, der offenbar so weit ging, dass Schüler für Kurse in Staatsbürgerkunde anstelle von Lesen, Schreiben und Rechnen Schulnoten erhielten. Eine Epidemie von "Gelegenheitssex" und Drogenkonsum überschwemmte Jugendliche im Schulalter und erfasste das ganze Land.

Im Juli 1980 fand in Toronto, Kanada, unter der Schirmherrschaft der First Global Conference on the Future eine große internationale Konferenz statt, an der 4.000 Sozialingenieure, Kybernetikexperten und Zukunftsforscher aus allen Think Tanks teilnahmen. Die Konferenz stand unter der Leitung des milliardenschweren Vorsitzenden des Tavistock-Instituts, Maurice Strong, der das Thema vorgab:

"Es ist an der Zeit, vom Nachdenken und vom Dialog zum Handeln überzugehen. Diese Konferenz wird den Startschuss für diese wichtige Aktion in den 1980er Jahren geben."

Strong war Vorsitzender von Petro-Canada, einem von mehreren "Flaggschiff"-Unternehmen der "Olympier". Sein Hintergrund war der britische Geheimdienst MI6, bei dem er während des Zweiten Weltkriegs den Rang eines Obersts innehatte. Strong und sein Firmennetzwerk waren stark in den äußerst lukrativen Opium-Heroin-Kokain-Handel involviert. Strong und Aldous Huxley waren für die LSD-Plage verantwortlich, die in den Vereinigten Staaten und später in Europa grassierte. Er war ein ehemaliger Direktor des Umweltprogramms der Vereinten Nationen.

Einer der Hauptredner der "Olympioniken" auf der Konferenz war Dr. Aurelio Peccei, Vorsitzender des Club of Rome, einer Denkfabrik der NATO.

Die North Atlantic Treaty Organization (NATO) wurde im Rahmen der Aquarian Conspiracy gegründet, einem Projekt der Sozialwissenschaftler der Stanford University unter der Leitung von Willis Harmon. Die NATO wiederum gründete und förderte einen neuen Zweig mit dem Namen "Club of Rome". Der Name sollte verwirren und täuschen, da er nichts mit der katholischen Kirche zu tun hatte.

Ohne auf die technischen Einzelheiten des Club of Rome (im Folgenden als "Club" bezeichnet) einzugehen, bestand sein Zweck darin, ein Gegengewicht gegen die postindustrielle landwirtschaftliche und militärische Expansion zu bilden, eine so genannte "postindustrielle landwirtschaftliche Nullwachstumsgesellschaft", die Amerikas aufkeimende Fertigungsindustrien und die wachsende Fähigkeit zur mechanisierten landwirtschaftlichen Nahrungsmittelproduktion aufhalten sollte. Die Mitgliedschaften im Club und in der NATO waren austauschbar.

Stanford Research, das Tavistock-Institut und andere Zentren für angewandte Sozialpsychiatrie schlossen sich ihm an. Im Jahr 1994 unterzeichnete Tavistock einen großen Vertrag mit der NASA, um die Auswirkungen ihres Raumfahrtprogramms zu bewerten. Der Club selbst wurde erst 1968 als Teil der Forderung nach einer Neuen Weltordnung innerhalb einer Eine-Welt-Regierung gegründet. Der Club wurde zu einem Instrument, um den Industrienationen Grenzen des Wachstums aufzuzwingen, und die Vereinigten Staaten waren das erste Land, das ins Visier genommen wurde.

Dies war in der Tat einer der ersten Schritte zur Umsetzung des "300"-Ziels, die USA in einen Zustand des Feudalismus, eine Feudalgesellschaft, zurückzuführen. Eine der Industrien, gegen die der Club wetterte, war die Atomenergie, und sie waren erfolgreich darin, den Bau aller Atomkraftwerke zu stoppen, was dazu führte, dass die Nachfrage das Angebot an elektrischer Energie um tausend Jahre überstieg. Die NATO war ihr Militärbündnis, das Russland in Schach halten sollte.

Auf der Tagesordnung der oben erwähnten Sitzung von 1980 standen folgende Punkte:

> ➢ Die Befreiungsbewegung der Frauen.

> Schwarzes Bewusstsein, Rassenmischung, Enttabuisierung von Mischehen, wie sie von der Anthropologin Margaret Meade und Gregory Bateson von Tavistock propagiert wurde.

> Bei diesem Treffen wurde beschlossen, ein aggressives Programm zu starten, um "farbige Ethnien" als den weißen Menschen der westlichen Zivilisation überlegen darzustellen. Aus diesem Forum gingen Oprah Winfrey und eine ganze Reihe schwarzer Menschen hervor, die für ihre Rollen ausgewählt und ausgebildet wurden, um "gemischte Ethnien" als den Weißen überlegen darzustellen.

> Dies zeigte sich auch in Filmen, in denen schwarze Filmstars plötzlich so häufig auftraten, dass sie zu bekannten Namen wurden. Es war auch zu beobachten, wenn ein Schwarzer Mensch in eine hohe Autoritätsposition gegenüber Weißen versetzt wurde, wie z. B. ein Richter oder ein Bezirksleiter des FBI und des Militärs, CEOs großer Unternehmen usw.

> Rebellion der Jugend gegen vermeintliche gesellschaftliche Missstände.

> Zunehmendes Interesse an der sozialen Verantwortung von Unternehmen.

> Die Kluft zwischen den Generationen impliziert einen Paradigmenwechsel.

> Die technikfeindliche Voreingenommenheit vieler junger Menschen.

> Experimentieren mit neuen Familienstrukturen und zwischenmenschlichen Beziehungen, in denen Homosexualität und Lesbianismus "normalisiert" und "nicht anders als andere Menschen auf allen Ebenen der Gesellschaft akzeptabel" wurden, zwei lesbische "Mütter".

> Das Aufkommen der falschen Naturschutz- und Ökologiebewegungen wie "Greenpeace".

> Ein wachsendes Interesse an östlichen religiösen und philosophischen Perspektiven.

> Ein neues Interesse am "fundamentalistischen" Christentum.

> Die Gewerkschaften verlagern den Schwerpunkt auf die Qualität des Arbeitsumfelds.

> Ein zunehmendes Interesse an Meditation und anderen spirituellen Disziplinen Die "Kabala" sollte die christliche Kultur verdrängen, und es wurden besondere Menschen ausgewählt, die Kabala zu lehren und zu verbreiten. Frühe auserwählte Schüler waren Shirley McLean, Roseanne Barr und später Madonna und Demi Moore.

> Die zunehmende Bedeutung von "Selbstverwirklichungsprozessen".

> Neuerfindung der Musik, "Hip-Hop" und "Rap", durch Gruppen wie "Ice Cube".

> Eine neue Sprachform, in der das Englische so verstümmelt wird, dass es unverständlich ist. Das überträgt sich auch auf die Nachrichtenleser im Fernsehen zur Hauptsendezeit.

Diese disparaten Tendenzen stehen für die Entstehung eines Klimas sozialer Umwälzungen und tiefgreifender Veränderungen, da sich ein neues Menschenbild durchzusetzen beginnt, das radikale Veränderungen in der westlichen Zivilisation mit sich bringt.

Ein "führerloses", aber mächtiges Netzwerk, "die unsichtbare Armee", begann mit der Arbeit, um einen "inakzeptablen" Wandel in den Vereinigten Staaten herbeizuführen. Die Mitglieder dieses Netzwerks waren die "Schocktruppen", die alle Formen der Norm radikalisierten und mit bestimmten Schlüsselelementen der westlichen Zivilisation brachen. Unter den "Olympiern" war dieses Netzwerk als "Wassermann-Verschwörung" bekannt, und seine Anhänger sollten als "unsichtbare Stoßtruppen" bezeichnet werden.

Dieser gigantische, unwiderrufliche Paradigmenwechsel überrollte Amerika, während wir schliefen, und fegte das alte mit neuen politischen, religiösen und philosophischen Systemen hinweg. Es war das, was die Bürger der Neuen Weltordnung - der Eine-Welt-Regierung - von nun an an den Tag legen würden, ein neuer Geist - der Aufstieg einer neuen Ordnung ohne Nationalstaaten, Stolz auf den Ort und Stolz auf die Ethnie, eine Kultur der Vergangenheit, die für den Mülleimer der Geschichte bestimmt ist und niemals wiederbelebt werden wird.

Wir wissen aus Erfahrung, dass diese Arbeit wahrscheinlich mit Spott und Unglauben aufgenommen wird. Manche werden uns sogar bemitleiden. Begriffe wie "verrückt" werden verwendet werden, um diese Arbeit zu beschreiben. Dies ist die übliche Reaktion, wenn die Beweggründe der Tavistock-Sozialwissenschaftler, Gehirnwäscher, Meinungsmacher und Sozialpsychologen für ihren Krieg gegen die Vereinigten Staaten nicht bekannt sind. Wahrscheinlich wissen 90% der amerikanischen Bevölkerung nicht, dass Tavistock der deutschen Zivilbevölkerung den Krieg erklärt hat, um den Zweiten Weltkrieg zu beenden.

Als dieser Konflikt 1946 endete, zogen die Tavistock-Praktiker der Massen-Gehirnwäsche und der Meinungsbildung in den Krieg gegen das amerikanische Volk.

Wenn Sie so reagieren, wenn Sie dieses Exposé lesen, fühlen Sie sich nicht schlecht, - dann verstehen Sie, dass es die Art und Weise ist, wie man von Ihnen erwartet, zu reagieren. Wenn die Motivation weit hergeholt und wenig glaubwürdig erscheint, auch unverständlich, dann "existiert" die Motivation nicht. Wenn das der Fall ist, dann gibt es die Aktion, die sich daraus ableitet, nicht; ergo gibt es "die Olympioniken" nicht und es gibt keine Verschwörung.

Aber Tatsache ist, dass es eine gigantische Verschwörung gibt. Zweifellos könnte Kurt Lewin, der führende Wissenschaftler bei Tavistock und Haupttheoretiker aller Think Tanks, sie klarer erklären, als wir es bisher tun konnten, wenn er es wollte. Seine Praxis beruht auf der von ihm so genannten "topologisch-psychologischen" Doktrin. Lewin ist der Mann, auf dessen Theorien die Schlachten der psychologischen Kriegsführung im Zweiten Weltkrieg so erfolgreich ausgetragen wurden, der Mann, der die strategische Bombenerhebung plante und durchführte, die Deutschland im Zweiten Weltkrieg durch die groß angelegte Zerstörung von 65 Prozent der deutschen Arbeiterwohnungen, auf die wir gerade ganz kurz eingegangen sind, die Niederlage brachte.

KAPITEL 12

Lewins Doktrin des "Identitätswechsels"

Die Lewin-Lehre ist für den Laien nicht leicht zu verstehen. Im Grunde genommen sagte Lewin, dass alle psychologischen Phänomene in einem Bereich auftreten, der als "psychologischer Phasenraum" definiert ist. Dieser Raum besteht aus zwei voneinander abhängigen "Feldern", der "Umwelt" und dem "Selbst".

Das Konzept der "kontrollierten Umgebung" entstand aus der Studie, dass man, wenn man eine feste Persönlichkeit hat (eine, die sich vorhersagbar profilieren lässt) und dieser Persönlichkeit ein bestimmtes Verhalten entlocken will, nur die dritte Variable der Gleichung kontrollieren muss, um das gewünschte Verhalten zu erzeugen.

Dies war die Norm in sozialpsychologischen Formeln. Der MI6 verwendet sie, und fast jede Art von Verhandlungssituation, wie z. B. Aufstandsbekämpfungsoperationen der Armee, Arbeitsverhandlungen und diplomatische Verhandlungen, nutzten sie bis in die 1960er Jahre.

Nach 1960 änderte Tavistock die Gleichung, indem er den Schwerpunkt stärker auf die Technik der kontrollierten Umgebung legte - nicht auf das Verhalten, sondern auf die gewünschte Persönlichkeit. Was Lewin anstrebte, war weitaus drastischer und dauerhafter: die Veränderung der tieferen Strukturen der menschlichen Persönlichkeiten. Kurz gesagt, Lewin gelang es, von der "Verhaltensmodifikation" zur "Identitätsveränderung" überzugehen.

Der Identitätswechsel wurde von den Nationen der Welt übernommen. Die Nationen arbeiteten daran, sich eine "neue Persönlichkeit" zuzulegen, die die Sichtweise der Welt auf sie verändern sollte.

Die Theorie stützte sich auf die ursprünglichen Formulierungen von zwei Tavistock-Theoretikern, die Theorie von Dr. William Sargent in seinem Kampf um den Verstand und Kurt Lewins eigene Arbeit zur Persönlichkeitsregression.

Lewin beobachtete, dass das "innere Selbst des Individuums bestimmte Reaktionen zeigt, wenn es von der Umwelt unter Spannung gesetzt wird. Wenn es keine Spannungen gibt, dann ist das normale innere Selbst einer Person gut differenziert, ausgeglichen, vielseitig und vielseitig".

"Wenn ein vernünftiges Maß an Spannung von der Umwelt ausgeht, dann werden all die verschiedenen Fähigkeiten und Fertigkeiten des inneren Selbst in Alarmbereitschaft versetzt, bereit für wirksame Aktionen. Wenn aber ein unerträgliches Maß an Spannung einwirkt, dann kollabiert diese Geometrie in eine verblendete, undifferenzierte Suppe; eine primitive, eine regressive Persönlichkeit. Der Mensch wird auf ein Tier reduziert; die hoch differenzierten und vielseitigen Fähigkeiten verschwinden. Die kontrollierte Umgebung übernimmt die Persönlichkeit".

Es ist diese Lewin-"Technik", die an den Gefangenen im Gefangenenlager Guantanamo Bay unter Missachtung des Völkerrechts und der US-Verfassung angewendet wird. Das grobe Fehlverhalten der Bush-Administration im Lager ist jenseits der Grenzen der normalen westlichen christlichen Zivilisation, und seine Akzeptanz durch eine fügsame amerikanische Öffentlichkeit könnte das erste Anzeichen dafür sein, dass das amerikanische Volk durch Tavistocks "weitreichende Durchdringung und innerlich gerichtete Konditionierung" so verändert wurde, dass es nun bereit ist, sich auf die Ebene der Neuen Weltordnung in einer Eine-Welt-Regierung herabzulassen, wo eine solch barbarische "Behandlung" als normal angesehen und ohne Protest akzeptiert wird.

Die Tatsache, dass sich Ärzte an der unmenschlichen Folterung von Mitmenschen beteiligt haben und keine Reue empfinden, zeigt, wie tief die Welt bereits gesunken ist.

Dies wurde als Grundlage für das Militärlager in Guantanamo, Kuba, beobachtet, das dort eröffnet wurde, um die strengen Bestimmungen der US-Verfassung zu umgehen und eine kontrollierte Umgebung nach Art von Lewin zu schaffen. Die

Männer, die in diesem psychologischen Gefängnis festgehalten werden, befinden sich jetzt in einem Zustand der Regression, in dem sie auf das Niveau von Tieren reduziert worden sind.

Guantanamo ist die Art von Lager, die nach unserer Vorhersage überall in den Vereinigten Staaten und auf der ganzen Welt errichtet werden wird, wenn die Neue Weltordnung - die Eine-Welt-Regierung - die totale Weltkontrolle übernimmt. Es ist sadistisch, unmenschlich und bestialisch, darauf ausgelegt, den natürlichen Stolz der Opfer zu brechen, den Willen zum Widerstand zu brechen und die Gefangenen auf das Niveau von Bestien zu reduzieren.

Während des ersten Experiments der Weltregierung in der damaligen UdSSR durften die Männer nur die Toiletten benutzen, um dann mitten in der Evakuierung unterbrochen und hinausgejagt zu werden, bevor sie sich reinigen konnten. Abu Graihb und Guantanamo waren ungefähr auf diesem Niveau, als die Kontrolleure einer weltweiten Überprüfung unterzogen wurden. General Miller, der Chefkapo, ist inzwischen von der Bildfläche verschwunden.

"Dissidenten", die darauf bestehen, dass die US-Regierung sich an die Verfassung hält und ihre verfassungsmäßigen Rechte einfordern, werden in Zukunft als "Dissidenten" behandelt werden, genau wie Stalin in Russland "Dissidenten" behandelt hat. Künftige "Guantanamos", die überall in Amerika aus dem Boden schießen, sind ein Vorzeichen für die Zukunft. Darauf können wir uns verlassen.

KAPITEL 13

Der induzierte Niedergang der westlichen Zivilisation zwischen zwei Weltkriegen.

Von allen europäischen Nationen litt Deutschland in der Zeit zwischen den beiden Weltkriegen als die superökonomische, superrassische und superkriegerische Nation am meisten, was auch beabsichtigt war. Der Völkerbund war der "erste Entwurf" der sich anbahnenden Neuen Weltordnung innerhalb einer Eine-Welt-Regierung, und die "Friedensvorschläge" auf der Pariser Friedenskonferenz, die von Tavistock geleitet und kontrolliert wurden, sollten Deutschland verkrüppeln und es zu einer europäischen Macht zweiter Klasse machen, deren Selbstachtung durch die soziale Degradierung zum Pauperismus oder bestenfalls zum Proletarierstatus zerstört wurde.

Es ist kaum verwunderlich, dass das deutsche Volk wild wurde und Hitler die Massenanhängerschaft verschaffte, die er brauchte, um seine latent nationalistische Bewegung in eine Erweckungsbewegung zu verwandeln.

Wir werden nie erfahren, ob sich Tavistock verrechnet hat oder ob er auf diese Weise die Weichen für einen größeren und blutigeren Krieg gestellt hat. Immerhin hatten Meade und Bertrand Russell erklärt, dass eine von "fügsamen" Untertanen bevölkerte Welt benötigt würde. Russell hatte sich über den "kindlichen" Charakter der amerikanischen Neger geäußert, denen er auf seinen Reisen in die Vereinigten Staaten begegnet war. Russell sagte, er ziehe sie den Weißen vor. Er sagte auch, dass die weiße Ethnie, wenn sie überleben wolle, lernen müsse, sich wie ein Kind zu benehmen, wie der Neger. Doch im gleichen Atemzug bezeichnete der Tavistock-Abgesandte die Schwarzen als "nutzlose Esser" und erklärte, dass sie massenhaft ausgerottet werden sollten.

Russell gefiel auch die Fügsamkeit der brasilianischen Bevölkerung, die seiner Meinung nach auf die "Rassenmischung mit den als Sklaven mitgebrachten Afrikanern" zurückzuführen ist.

Es gibt eine Denkschule, die besagt, dass eines der Hauptziele der Unholde, die beide Weltkriege planten, darin bestand, dass sie zum größten Teil von jungen weißen Männern geführt werden sollten. Es ist sicherlich wahr, dass Deutschland, Großbritannien, die USA und Russland Millionen der männlichen Blüte ihrer Bevölkerung verloren haben, die für immer aus dem Bestand der Nationen entfernt wurden, die sie aufbauen wollten. In dem von Tavistock inszenierten Ersten Weltkrieg wurden die Kriegsfronten und Schlachten so angeordnet, dass Russland 9.000.000 Gefallene oder 70 Prozent seiner gesamten militärischen Stärke verlor.

Mit Ausnahme von Russland litt die Aristokratie weit weniger unter den wirtschaftlichen Folgen von Krieg und Revolution als das Bürgertum. Traditionell bestand ein Großteil ihres Reichtums aus Grund und Boden, der während der Inflation nicht so stark an Wert verlor wie andere Sachwerte.

Der Zerfall der Monarchien (außer in England) traf die alte Gesellschaftsordnung der Oberschicht, die der Gesellschaft nicht mehr als Offiziere oder Diplomaten dienen konnte, da ihre Dienste nicht mehr gefragt waren und es weitaus weniger Möglichkeiten für solche Dienste gab als vor dem Krieg.

Einige Mitglieder der russischen Aristokratie nahmen mutig einen proletarischen oder sogar menschenunwürdigen Status an, wie die russischen Taxifahrer, Türsteher der Nachtclubs und Oberkellner im Paris der Nachkriegszeit; andere gingen in die Wirtschaft. Die meisten stürzten jedoch in ein Leben der sozialen Abwertung. Wo die streng bewachte Grenze zwischen den Gesellschaften in den alten monarchischen Hauptstädten und der Kaffeehausgesellschaft einst unüberwindbar war, klafften nun große Lücken, da die Grenzen allmählich verwischten.

Wie der Herzog von Windsor in seinen Memoiren "A King's Story" schreibt:

"Während der so genannten Londoner Saison war das West End von Mitternacht bis zum Morgengrauen ein fast ununterbrochener Ball. Der Abend konnte immer gerettet werden, indem man auf den einen oder anderen der fröhlichen Nachtclubs zurückgriff, die damals so modisch und fast respektabel geworden waren.

(Das Wort "schwul" bedeutete zu dieser Zeit "glücklich". Erst Mitte der fünfziger Jahre wurde es als Euphemismus für Sodomie verwendet.) Der Herzog erklärte auch nicht, dass die "Kraft des Wandels" vom Tavistock-Institut fachkundig angewandt wurde.

Die abnehmende weibliche Bescheidenheit, die sich bald nach dem Ende des Ersten Weltkriegs bemerkbar machte, trat plötzlich überall und mit zunehmender Geschwindigkeit auf. Für die Uninformierten war es ein gesellschaftliches Phänomen. Niemand konnte ahnen, dass Wellington House und seine finsteren Sozialingenieure die Ursache waren.

Begleitet wurde diese testamentarische Emanzipation von einer Bewegung der Revolte, vor allem unter jungen Menschen, gegen jede konventionelle Beschränkung des Geistes oder des Körpers, die inmitten der zerbrochenen Götzenbilder der gefallenen Reiche zu Ende ging. Die Nachkriegsgeneration in Europa lehnte sich gegen alle Sitten und Gebräuche auf, da sie verzweifelt darum kämpfte, die Schrecken des Krieges, die sie erlebt hatte, abzulegen. Ausschnitte fielen, öffentliches Rauchen und Trinken wurde zu einer Form der Revolte. Homosexualität und Lesbianismus wurden demonstrativ, nicht aus innerer Überzeugung, sondern aus Protest gegen das, was geschehen war, und als Rebellion gegen das, was der Krieg zerstört hatte.

Radikaler und revolutionärer Exzess manifestierte sich in Kunst, Musik und Mode. "Jazz" lag in der Luft und "moderne Kunst" galt als "schick". Das verständliche Element in allem war "don't have a care"; es war beunruhigend und unwirklich. Das waren die Jahre, in denen ganz Europa unter Schock stand. Wellington House und Tavistock hatten ihre Arbeit gut gemacht.

Unter dem hektischen Gefühl, von unkontrollierbaren Ereignissen vorwärts getrieben zu werden, lag eine geistige und emotionale Erstarrung. Das Grauen des Krieges, in dem Millionen junger Männer sinnlos abgeschlachtet, verstümmelt, verwundet und vergast wurden, wurde erst jetzt richtig bewusst, so dass es galt, es "aus dem Gedächtnis zu tilgen".

Die Opfer machten den Krieg in seiner grausamen Hässlichkeit nur allzu real, und die Menschen schreckten vor ihm zurück, in Schock und Revolution, in der Verzweiflung, die die Enttäuschung über den Frieden mit sich brachte. Die Europäer mit ihrer überlegenen Kultur, die den Inbegriff der westlichen Zivilisation darstellte, waren in höherem Maße geschockt als die Amerikaner.

Sie verloren ihren Glauben an die Grundlagen des Fortschritts, der ihre Väter und Großväter getragen und ihre Nationen groß gemacht hatte. Und das galt besonders für Deutschland, Russland, Frankreich und England.

Denkende Menschen konnten nicht begreifen, warum die beiden zivilisiertesten und fortschrittlichsten Nationen der Welt sich gegenseitig in Stücke gerissen und Millionen ihrer besten jungen Menschen das Leben genommen hatten. Es war, als ob ein schrecklicher Wahnsinn Großbritannien und Deutschland erfasst hätte.

Für die Eingeweihten war es nicht der Wahnsinn, sondern die Methodik von Wellington House, die die britische Jugend in Atem hielt. Die Angst, dass sich dies wiederholen könnte, hat den Ausbruch des Zweiten Weltkriegs fast verhindert.

Offiziere, die aus dem Gemetzel zurückkehrten, schilderten den Nachrichtenjournalen die Schrecken des Nahkampfes, zu denen es im "Großen Krieg" häufig gekommen war. Sie waren entsetzt und fassungslos, entsetzt und verängstigt. Keiner von ihnen konnte verstehen, warum es überhaupt zu einem Krieg gekommen war. Die dunklen Geheimnisse von Wellington House und den "Olympianern" blieben verborgen, so wie sie auch heute noch verborgen sind.

Wo einst die Kranzniederlegung am Ehrenmal in Whitehall, London, durch den Monarchen von England Trost gebracht hatte, löste sie nun Bitterkeit, Wut und Abscheu aus. Die Weichen für den Zweiten Weltkrieg wurden gestellt, in dem Tavistock eine große, unverhältnismäßige Rolle spielen sollte.

Es gab die wenigen Denker, die etwas zu sagen hatten: Spengler in der Geschichte zum Beispiel, Hemingway, Evelyn Waugh in der Literatur und in Amerika Upton Sinclair und Jack London, aber auch ihre Botschaft war düster, sogar noch düsterer als Spenglers dunkle Vorahnung des unvermeidlichen Niedergangs der westlichen Zivilisation.

Sie wurde durch die Verschlechterung der persönlichen Beziehungen in der Nachkriegszeit bestätigt. Scheidungen und Betrügereien mit der Ehefrau kamen immer häufiger vor. Die schöne Vorstellung von der Frau auf dem Sockel, der sanften und weiblichen Frau mit der lieblichen Stimme voller Kadenzen, der Blume von Gottes Schöpfung, dem Mysterium, war ein verschwindendes Ideal. An ihre Stelle trat das Schrille, das Laute, das Vulgäre mit klappernder, knirschender Sprache, wie es von einer bestimmten populären Morgentalkshow nachgeahmt und populär gemacht wurde.

Niemand konnte wissen, dass dieser traurige Niedergang das Ergebnis der Kriegserklärung Tavistocks an die westliche Weiblichkeit war.

In Europa war der Montparnasse in Paris nach dem Ersten Weltkrieg ein trauriger Ort geworden. Das Wien der Nachkriegszeit, leergefegt von der Flut des Krieges, der so viele seiner Söhne fortgerissen hatte, war noch trauriger. Aber Berlin, einst so geschäftig und sauber, wurde zum Babylon Europas und vielleicht zum traurigsten Ort von allen.

"Wer diese apokalyptischen Monate, diese Jahre miterlebte, wurde angewidert und verbittert, spürte den Gegenschlag, eine schreckliche Reaktion", schrieb der Historiker Zweig.

Der politische, geistige und soziale Bankrott der neuen Machteliten, die die Monarchen, die Aristokraten und die altmodischen bürgerlichen Dynastien ablösten, war in vielerlei Hinsicht spektakulärer als der ihrer Vorgänger, und nirgendwo war er so spektakulär wie in den Vereinigten Staaten, wo die sozialistische Ära unter Franklin D. Roosevelt begann. Diesmal war die Finsternis der Führung jedoch nicht auf einen Kontinent beschränkt oder auf eine bestimmte Gesellschaftsschicht begrenzt.

Das Amerika von Franklin Roosevelt, die geografische Neue Welt, zeigte in Bezug auf die Probleme, mit denen es konfrontiert war, bald, dass die Vereinigten Staaten kaum weniger anachronistisch waren als das Österreich-Ungarn von Franz Joseph gewesen war. Roosevelt war dabei, einen "demokratischen" Sozialismus der Neuen Weltordnung nach dem Vorbild der Fabian Society zu errichten, während die Vereinigten Staaten eine konföderierte konstitutionelle Republik waren, also das genaue Gegenteil.

Weder die Verlagerung des europäischen Macht- und Prestigezentrums von den westlichen Demokratien des ehemaligen Mittelreichs noch die Ablösung der traditionellen herrschenden Klassen in den untergegangenen Monarchien durch die Vereinigten Staaten haben etwas an der Verbesserung des wirtschaftlichen, politischen, sozialen, moralischen oder religiösen Klimas in der Welt nach dem Ersten Weltkrieg geändert. Der Wall Street Crash und die darauf folgende Depression legen ein beredtes, wenn auch stummes Zeugnis für die Wahrheit und Richtigkeit unserer Aussage ab.

Die Art und Weise, wie dieses Ereignis vom Tavistock-Institut inszeniert wurde, ist aus dem im Anhang beigefügten Zeitplan ersichtlich.

KAPITEL 14

Amerika ist kein "Heimatland"

Die Vereinigten Staaten von Amerika sind seit langem der fruchtbarste Boden für die massenhafte Verbreitung von Propaganda, die Bevölkerung wird belogen, betrogen und hinters Licht geführt, wobei die Briten schon immer führend waren, denn das wichtigste Zentrum für Gedankenkontrolle, Gehirnwäsche und Propaganda in der Welt ist das Tavistock Institute of Human Relations. Sein Vorläufer war die Organisation von Lord Northcliffe, der in die Familie Rothschild einheiratete und von Lord Rothmere und den Amerikanern Walter Lippman und Edward Bernays tatkräftig unterstützt wurde.

Aus diesem bescheidenen Anfang im Jahr 1914 entwickelte sich das Tavistock Institute of Human Relations, das in Sachen Propaganda seinesgleichen sucht. Tavistock ist eine Einrichtung, die sich der Verbreitung von Propaganda für jeden Aspekt des Lebens widmet. Tavistock ging an die Propaganda heran, als ob es in die Schlacht ziehen würde, und in gewissem Sinne war es das auch. Es gab keine halben Sachen; es war ein Krieg, in dem alles erlaubt war, solange es den Sieg sicherte.

Wenn man sich die politische Szene ansieht, kann man sich der Tatsache nicht entziehen, dass in den letzten zwei Jahrzehnten die Propaganda und insbesondere die Gedankenkontrolle immer mehr an Tiefe und Umfang gewonnen haben. Die korrekte Anwendung von Propaganda auf jedes Thema, sei es wirtschaftlich oder politisch, ist ein wesentliches Element im Kontrollmechanismus der Regierung.

Stalin sagte einmal, wenn man eine gefügige Bevölkerung wolle, müsse man sie mit Angst und Schrecken erfüllen. In gewissem Sinne ist genau das in den Vereinigten Staaten und Großbritannien geschehen.

Der Zweite Weltkrieg bot unbegrenzte Möglichkeiten, Propaganda zu einer hohen Kunst zu entwickeln. Wenn wir auf die Bemühungen der Roosevelt-Administration zurückblicken, das amerikanische Volk, das zu 87 Prozent gegen einen Kriegseintritt in Europa war, umzustimmen, stellen wir fest, dass Roosevelt trotz allem keinen Erfolg hatte. Die amerikanische Bevölkerung lehnte den Eintritt in den Krieg in Europa ab.

Es bedurfte einer erfundenen Situation, eines erfundenen, vorher gewählten Vorwandes, des japanischen Angriffs auf Pearl Harbor, um die öffentliche Meinung zugunsten des Eintritts Amerikas in den europäischen Krieg umzukehren. Roosevelt behauptete, dass Amerika für die Demokratie und seine Lebensweise kämpfte, was nicht im Geringsten der Wahrheit entsprach; der Krieg wurde geführt, um die Sache des internationalen Sozialismus voranzutreiben und sein Ziel einer neuen Weltordnung in einer Eine-Welt-Regierung zu erreichen.

Propaganda ist nur dann erfolgreich, wenn sie sich an die Gesamtbevölkerung und nicht an Einzelpersonen oder einzelne Gruppen richtet, um eine möglichst große Aufmerksamkeit zu erregen. Sie ist nicht als persönliche Belehrung gedacht. Fakten spielen in der Propaganda keine Rolle, sie soll immer einen Eindruck erwecken. Sie muss einseitig, systematisch und nachhaltig indoktrinieren, dass das, was die Regierung, die Medien und die politischen Führer sagen, die Wahrheit ist. Und sie muss so aufgemacht sein, dass die Menschen das Gefühl haben, dass es ihre Meinung ist.

Daher muss Propaganda auf ein Massenpublikum ausgerichtet sein, bei dem ihre Botschaft ankommt. Nehmen wir ein aktuelles Beispiel für die Art von Propaganda, die in der Regel von einem empfänglichen Publikum angenommen wird. Nach der Katastrophe im World Trade Center schuf Präsident Bush eine neue Regierungsbehörde, die er "Office of Homeland Security" nannte, und ernannte einen Direktor, der diese Behörde leiten sollte.

Das hört sich sehr beruhigend an, bis wir einen Blick auf den 10. Zusatzartikel[th] werfen, der alle Befugnisse, die Herr Bush an sich reißen wollte, den einzelnen Staaten vorbehält.

Die Tatsache, dass Mr. Bush den 10th Zusatzartikel nicht außer Kraft setzen kann, wurde munter ignoriert. Die Propaganda sagt, dass er es kann, und da sie sich an die Massen richtete, glaubten sie eher der Propaganda als ihrer Verfassung, und so gab es kaum wirksamen Widerstand gegen diese grobe Verletzung der Verfassung, insbesondere des 10th Amendment. Bush scheint nach der Stalinschen Direktive gehandelt zu haben: "Wenn du das Volk kontrollieren willst, terrorisiere es zuerst."

Diejenigen, die sich dem Quasi-Gesetz "Heimatschutz" widersetzten, wurden als "unpatriotisch" und "terrorismusfördernd" bezeichnet. Auch hier wurde die absolute Tatsache, dass dieses Scheingesetz überhaupt kein Gesetz ist, sondern reine Propaganda, nie in Frage gestellt, sondern von der unreflektierten Öffentlichkeit akzeptiert. Die öffentliche Meinung wird auf diese Weise gebildet, und die öffentliche Meinung ist es, die die Gesetzgeber dazu bringt, für "Homeland Security" oder andere Scheingesetze zu stimmen, wie Bernays und Lippmann bereits in den ersten Tagen des Wellington House behaupteten. Die Abgeordneten stimmen wie im britischen Parlament nach Parteiproporz ab und nicht auf der Grundlage der US-Verfassung. Sie wussten, dass sie, wenn sie sich dem Präsidenten widersetzten, gute Chancen hatten, bei der nächsten Wahl einen bequemen Job zu verlieren oder von einem schmierigen, schmutzigen "Verwaltungs"-Mann verleumdet zu werden.

Amerika ist nicht ein "Heimatland", sondern 50 verschiedene und getrennte Staaten. In jedem Fall stammt das Wort "Heimatland" direkt aus dem Kommunistischen Manifest. Da das ultimative Ziel der Regierung darin besteht, eine Neue Weltordnung, eine internationale kommunistische Eine-Welt-Regierung zu errichten, sollte uns die Wahl dieses Wortes als Titel für die kommunistische Gesetzgebung nicht überraschen.

Die Befugnis zur Kontrolle des Bildungs- und Sozialwesens und der Polizeigewalt liegt bei den Staaten, wo sie schon immer angesiedelt war, und sie wurde den Staaten zur Zeit des Paktes nicht entzogen. Weder Präsident Bush noch das Repräsentantenhaus und der Senat haben die Macht, dies zu ändern, was das neu geschaffene Amt vorschlug. Nur durch anhaltende, systematische und wiederholte Propaganda haben die Menschen in den Staaten diesen groben Verstoß gegen die Verfassung der USA akzeptiert.

Das Trommelfeuer der Propaganda setzte sich in zahlreichen Artikeln über den Hintergrund und die Erfahrung des "Heimatschutzdirektors" und seine Aufgaben usw. fort, aber es gibt kein einziges Wort über die offenkundige Verfassungswidrigkeit der neuen Abteilung. Es wird Ihnen nicht entgangen sein, dass schon der Titel: "Homeland Security" ein cleveres kleines Stück Propaganda ist. Die Menschen sind inzwischen davon überzeugt, dass die neue Behörde nicht nur verfassungsgemäß, sondern auch notwendig ist. Die Masse der Menschen wurde nun erfolgreich "bewusstseinskontrolliert" (gehirngewaschen).

Diejenigen, die sich mit der Angelegenheit befassen wollen, anstatt nur die CBS-Abendnachrichten zu sehen, werden etwas ganz anderes finden als den Bericht eines unabhängigen Kommentators und die Berichte in der Presse. Wie immer wird eine solche Person in der Minderheit sein, so dass ihre Meinung, selbst wenn sie geäußert wird, nichts an dem Zweck und der Absicht der Einrichtung der neuen Agentur ändern wird. Ich weise Sie darauf hin, dass die Verfassung der Vereinigten Staaten und die Verfassungen der einzelnen 50 Bundesstaaten es verbieten, ihnen einen zentralen föderalen Kontrollmechanismus aufzuerlegen. Der so genannte "Homeland Security"-Gesetzentwurf ist eine Travestie, denn er zerstört die republikanische Regierungsform, die den ursprünglichen Staaten im 10th Amendment gewährt wurde und die ihnen nicht genommen werden kann.

Der so genannte "Homeland Security Act" ist daher null und nichtig und überhaupt kein Gesetz. Dennoch werden die gehirngewaschenen, innerlich gelenkten Opfer von Tavistock ihm gehorchen, als wäre es ein Gesetz.

Kurz gesagt, die Homeland Security Agency ist eine Täuschung und kann nicht zum Gesetz gemacht werden. Keine Maßnahme, die verfassungswidrig ist, kann in ein Gesetz gegossen werden, und der Kongress hat die dringende Pflicht, das "Gesetz", das den "Homeland"- und "Patriot"-Act ins Leben gerufen hat, unverzüglich aufzuheben. Der wichtigste Punkt, an den man sich erinnern sollte, ist, dass Propaganda und Massen-Gehirnwäsche immer im Zusammenhang mit dem Zweck gesehen werden müssen, dem sie dienen sollen. In diesem Fall wird die Bevölkerung davon überzeugt, dass Freiheiten im Austausch für "Schutz" geopfert werden müssen. Henry Clay, der größte Verfassungsgelehrte, der je gelebt hat, nannte diese Masche "eine Doktrin der Notwendigkeit, eine Doktrin aus der Hölle" und verurteilte derartige Versuche aufs Schärfste.

H. V. Dicks lehrte in Tavistock. Er erklärte, dass die Rechte des Einzelnen für das Wohl aller geopfert werden müssen! Das schließt die Maßnahme ein, die das höchste Gesetz des Landes verletzt! Sie muss akzeptiert werden, weil sie zum Wohle aller ist! Am Beispiel der Propaganda und der Gehirnwäsche, die die verzweifelten Bemühungen von Präsident Roosevelt begleiteten, die Vereinigten Staaten über Japan in den Krieg in Europa zu verwickeln, lässt sich dies besser erklären.

Als der erwartete Angriff auf Pearl Harbor stattfand (Roosevelt kannte den Tag und die Uhrzeit, zu der er stattfinden würde), verkündete er in seinen Reden, die das Tavistock-Institut für ihn geschrieben hatte, dass das amerikanische Volk für die höchsten und edelsten Ziele kämpfen würde, die Verteidigung der Nation, die Verteidigung der Freiheit und für die zukünftige Sicherheit und das Wohlergehen der Nation. Wie in solchen Fällen üblich, sprachen die Fakten von ganz anderen Zielen.

Roosevelt sagte nicht, dass das amerikanische Volk in den Krieg ziehen würde, um für die Förderung des internationalen Sozialismus und für die Ziele der neuen Weltordnung - internationaler Kommunismus, eine Weltregierung - zu kämpfen.

Dem amerikanischen Volk wurde gesagt, dass Deutschland die Absicht habe, die Welt zu versklaven. Das war ein sehr guter Satz, denn selbst die am wenigsten gebildeten Menschen wissen, dass Sklaverei eines der schlimmsten Schicksale ist, das die Menschheit erleiden kann. Durch die Einführung des Wortes "Sklaverei" wurde ein Sympathieakkord angeschlagen.

Wieder einmal stand die Propaganda in keinem Verhältnis zu den Tatsachen. Denkende Menschen, die nicht für Propaganda empfänglich sind, hätten erkannt, dass eine kleine Nation wie Deutschland unmöglich die ganze Welt versklaven konnte, selbst wenn sie es gewollt hätte. Die Ressourcen und Arbeitskräfte waren einfach nicht vorhanden. Deutschland verfügte nicht über die riesige Seeflotte, die einen solchen Angriff auf die Vereinigten Staaten zu einer realen Möglichkeit machen würde.

Die Befürworter des Krieges waren sich von Anfang an darüber im Klaren, dass eine anhaltende Propaganda notwendig sein würde, um den Schwung aufrechtzuerhalten. Das gleiche Prinzip verfolgte Vizepräsident Cheney in den Wochen vor dem US-Angriff auf den Irak: Er verdrehte die Tatsachen, verbreitete eine "Angstrhetorik" nach der anderen und verdrehte nachrichtendienstliche Informationen für seine Zwecke. Niemand arbeitete härter als Cheney, um sicherzustellen, dass der Krieg gegen den Irak nicht in letzter Minute verhindert werden konnte.

Es war wichtig, dass Roosevelt die Aufmerksamkeit der Massen auf die "Probleme" lenkte und sie den Menschen nahebrachte, daher die endlosen Presseberichte, die endlos in den Kinos gezeigten "Wochenschauen" und die endlosen Gehirnwäsche-Reden der Politiker.

Die Propaganda muss in einem Medium erfolgen, das auch von der niedrigsten Intelligenzstufe des Volkes leicht verstanden wird, wie z. B. Plakate, auf denen Arbeiter in Munitionsfabriken, Werften, Flugzeugmontagewerken abgebildet sind, die alle an der "Heimatfront" für die "Kriegsanstrengungen" arbeiten, usw.

Nach der WTC-Tragödie wurde ein Großteil dieser Art von Massenhirnwäsche-Propaganda wiederbelebt: "Amerika im Krieg", "die Frontlinie", "und Munitionsdepots", "feindliche Truppenstellungen" erschienen als Untertitel auf fast allen Fernsehbildschirmen.

Die Tatsache, dass sich die Vereinigten Staaten nicht im Krieg befanden, weil der Krieg nicht erklärt worden war, und dass es keine feindlichen "Truppen" gab, sondern nur lose Guerillagruppen, wurde natürlich nicht erwähnt.

Wörterbücher definieren Truppen als "eine Gruppe von Soldaten; eine Armee, im Allgemeinen im Plural". Die Taliban hatten keine Armee und daher auch keine Truppen. Außerdem konnte dem "Terrorismus" oder dem "Bolschewismus" oder irgendeinem anderen "Ismus" nicht der Krieg erklärt werden. Der Krieg kann nur gegen souveräne Nationen erklärt werden, so steht es in der US-Verfassung.

Der Krieg kann nur einem Land oder einer bestimmten Nation von Menschen, die dieses Land bewohnen, erklärt werden. Alles andere ist Tavistock-Schwachsinn, der auf einem mit wehenden Fahnen und martialischer Musik geschmückten Tablett serviert wird. Zu behaupten, die Vereinigten Staaten befänden sich im Krieg mit den Taliban, ist der Gipfel der Täuschung. Um sich im Krieg zu befinden, bedarf es notwendigerweise einer vorherigen Kriegserklärung. Ohne eine Kriegserklärung ist es eine Täuschung, eigentlich gar kein Krieg.

Eine neue Dimension wurde hinzugefügt. Präsident Bush, dem die US-Verfassung Kriegs- und Gesetzgebungsbefugnisse verweigert, wurde plötzlich mit Befugnissen ausgestattet, die in der US-Verfassung nicht vorgesehen waren.

Er begann, sich "Oberbefehlshaber" nennen zu lassen, obwohl ihm dieser vorübergehende Titel nicht zustand, da er vom Kongress nur im Anschluss an eine vollständige Kriegserklärung verliehen werden kann. Das ist nie geschehen.

Auf mystische Weise wurde ihm die Befugnis "erklärt", jede Person seiner Wahl als "feindlichen Kämpfer" zu bezeichnen. Dass eine solche Befugnis weder in der US-Verfassung verankert ist noch ausdrücklich angedeutet wird, störte Bush nicht einen Moment lang: Für ihn war er von nun an das Gesetz.

Die illegale, verfassungswidrige Aneignung von Befugnissen durch einen amtierenden US-Präsidenten, die mit Woodrow Wilson begann, der sich zehn zusätzliche Befugnisse aneignete, zu denen er absolut nicht berechtigt war, weitete sich mit Roosevelt aus, der sich dreißig aneignete, und mit H. V. Bush, der sich fünfunddreißig (und mehr) Befugnisse aneignete, die ihm von der US-Verfassung verweigert werden.

In der Tat sind die Vereinigten Staaten unter der fachkundigen Anleitung des Tavistock-Instituts, dessen "innerlich gerichtete Konditionierung und weitreichende Durchdringung" durch die Gehirnwäsche der amerikanischen Öffentlichkeit dies alles möglich gemacht hat, zu einer gesetzlosen Nation geworden.

Am Rande sei bemerkt, dass das britische Propaganda-Establishment die gleiche Sprache der Lügen gegen die Buren in

Südafrika verwendete, als die Briten den Krieg begannen, um die Kontrolle über die riesigen Goldvorkommen in diesem Land zu erlangen. Die britische Presse war voll von Berichten über die "Burenarmee", obwohl die Buren keine Armee hatten, sondern nur eine Guerillatruppe von Bauern und Bürgern.

Wie Kaiser Wilhelm II. in den Jahren 1913/1914 wurde Paul Kruger, der gottesfürchtige Patriarch der Transvaal-Republik, in der britischen Presse als bösartiger Tyrann verteufelt, der die schwarze Bevölkerung brutal unterdrückte, was nicht im Geringsten der Wahrheit entsprach.

Schließlich wurde durch eine Reihe von Versuchen und Irrtümern im Ersten und Zweiten Weltkrieg eine Formel gefunden, die für den Angriff der USA auf Afghanistan wiederbelebt und angepasst wurde. Sie reichte aus, um die Aufmerksamkeit des Großteils der amerikanischen Bevölkerung auf sich zu ziehen, da sie auf deren psychologisches Niveau abgestimmt war. Die Lektionen, die man in der Kunst der Propaganda in den beiden Weltkriegen gelernt hat, wurden einfach vom europäischen Schauplatz auf den Mainstream der USA und später auf den Irak, Serbien und Afghanistan übertragen.

Die Gehirnwäsche beschränkte sich auf das Wesentliche, verkörpert in simplen Slogans, Schlagworten und stereotypen Formeln, die erstmals 1912 von Lord Northcliffe im Wellington House in London entwickelt wurden. Das britische Volk musste dazu erzogen werden, dass die Deutschen "der Feind" waren. Alles Böse und Grausame wurde den Deutschen zugeschrieben, so dass die Masse der Briten zu glauben begann, die Deutschen seien tatsächlich grausame Barbaren, die vor nichts zurückschrecken würden. Überall tauchten Plakate auf, auf denen die "Boche-Schlächter" abgebildet waren, die belgische Frauen und Kinder töteten.

KAPITEL 15

Die Rolle der Medien bei der Propaganda

Da die Medien eine große Rolle bei der Propaganda spielten, ist es vielleicht eine gute Idee zu sehen, wo dies begann und wie es dazu kam, dass die Medien in den USA heute fast vollständig ein vollständig kontrolliertes Propagandaorgan sind. Die Zeit vor dem Ersten Weltkrieg war eine klassische Serie von Ereignissen, bei denen Persönlichkeiten manipuliert wurden, wobei die britischen und amerikanischen Zeitungen die größten Übeltäter waren. Wie in allen Kriegen muss jemand dämonisiert werden, um die Öffentlichkeit zu mobilisieren. Im Jahr 1913 war es Kaiser Wilhelm II. von Deutschland, der vor, während und nach diesem schrecklichen Krieg dämonisiert wurde.

Einer der Hauptverantwortlichen für die Propaganda jener Zeit war Lord Nortcliffe, der bekannte Pressebaron, ein Verwandter der Rothschilds und ein Deutschlandhasser. Northcliffe leitete das Wellington House als wichtiges Zentrum für antideutsche Propaganda und hegte einen besonderen Hass auf Wilhelm II, der ein Cousin von Königin Victoria aus der berüchtigten Dynastie der Schwarzen Welfen von Venedig war.

Northcliffe beschimpfte Wilhelm II. bei jeder sich bietenden Gelegenheit, insbesondere dann, wenn der Kaiser über die militärische Macht und Stärke Deutschlands sprach. Wilhelm neigte zu kindischer Prahlerei, und die meisten europäischen Regierungen kannten ihn als einen Mann, der gerne "Soldat spielte" und sich in ausgefallenen Uniformen kleidete. Wilhelm war ganz eindeutig kein Mann des Militärs. Als Rothschild ärgerte dies Northcliffe, der zu "warnen" begann, dass "Deutschlands Platz an der Sonne", wie der Kaiser ihn zu nennen pflegte, eine Gefahr für das übrige Europa darstelle. Dass diese Behauptung jeglicher Grundlage entbehrte, schien Northcliffe nicht zu stören, der sie bis zu einem Punkt maximierte, an dem sie wunderbar anzusehen war.

Die Wahrheit ist, dass Deutschland zu dieser Zeit keine Bedrohung darstellte und der Kaiser auch kein mächtiger Krieger war, der darauf wartete, zuzuschlagen, sondern eher ein Mann, der zu Nervenzusammenbrüchen neigte, von denen er drei in fünf Jahren hatte, und einen fast nutzlosen, verkümmerten Arm, der überhaupt nicht das Bild eines kriegerischen Mannes abgab. Am ehesten kann man sagen, dass Wilhelm ein kriegerischer Mann war, denn er liebte es, sich in extravagant geschmückte Uniformen zu kleiden. In Wahrheit hatte Wilhelm II. nur wenig oder gar keine Kontrolle über das deutsche Militär, eine Tatsache, die Northcliffe wohlbekannt war, die er jedoch zu ignorieren beschloss.

Damit stand der Kaiser auf der gleichen Stufe wie der britische Monarch, König Georg V., der keine Kontrolle über die britische Expeditionsarmee hatte. Das hielt Northcliffe nicht davon ab, den deutschen Cousin von Königin Victoria scharf anzugreifen und ihn für eine ganze Reihe von Gräueltaten verantwortlich zu machen, die angeblich von der deutschen Armee auf ihrem Weg durch Belgien verübt wurden. Natürlich war es ein Fehler des deutschen Oberkommandos, in das neutrale Belgien einzumarschieren, aber sie waren nur auf der Durchreise und hatten nicht vor, das Land zu besetzen.

Es war alles Teil eines taktischen Plans, um auf Paris zu marschieren und dabei eine "Abkürzung" durch Belgien zu nehmen, um die französische Armee zu überrumpeln. Mit der absichtlichen Tötung von Zivilisten wäre nichts zu gewinnen gewesen, wie das deutsche Oberkommando betont hat. Northcliffe bezeichnete den Kaiser als "größenwahnsinnig" mit einem "Hunger nach der Weltherrschaft", der in jedem Fall die Möglichkeiten jeder europäischen Macht überstieg. 1940 beschuldigte Churchill Hitler, denselben Wunsch zu haben, "die Welt zu beherrschen", obwohl er wusste, dass dies falsch war. Churchill erklärte Hitler auch zu einem "Wahnsinnigen", obwohl er wusste, dass seine Charakterisierung des Kanzlers falsch war.

Northcliffe ließ sich jedoch nicht entmutigen und ließ seine Medienvertreter Wilhelm II. ständig als "den tollwütigen Hund Europas" bezeichnen.

Das Haus Wellington engagierte einen Karikaturisten, der Wilhelm II. regelmäßig als geifernden, wahnsinnigen Hund, als affenähnliches Wesen, darstellte. Die billigen Karikaturen wurden in Buchform aufgelegt und erhielten in der Presse schnell einen Status, der absolut unsinnig war. Die Karikaturen waren von schlechtem Geschmack und noch schlechterer Ausführung. Das Buch war das, was die Engländer "a penny horrible" zu nennen pflegten.

Northcliffe bewies die Macht der Presse und brachte die Medien dazu, das Buch in den höchsten Tönen zu loben. Lord Asquith, der Premierminister, wurde überredet, ein Vorwort zu dem Buch zu schreiben, das im Grunde eine absolute Farce war. Präsident Wilson lud den "Künstler", einen Niederländer namens Raemakers, ins Weiße Haus ein, als er sich auf einer Buchverkaufstour durch die USA befand. Wie zu erwarten war, lobte Wilson den Karikaturisten und gab dem Buch seinen Segen.

Sogar die legendäre Zeitschrift "Punch" beteiligte sich an der Kampagne, um Wilhelm in einem äußerst ungünstigen Licht darzustellen. Es schien, als ob keine Zeitschrift dem Druck des Abwasserstroms entgehen konnte, der sich aus dem Wellington House ergoss. Es war Propaganda in ihrer rohesten Form.

Es dauerte nicht lange, bis die Wirkung auf die Bevölkerung abfärbte, die darauf bestand, dass der Kaiser "gehängt" werden sollte, und ein Geistlicher ging sogar so weit zu sagen, dass er Deutschland verzeihen würde, solange alle Deutschen erschossen würden. Auch Hollywood machte sich bald daran, den Kaiser, von dem es nichts wusste, zu verdammen. Den Anfang machte der Film Meine vier Jahre in Deutschland, der auf einem Buch des US-Botschafters in Berlin, James W. Gerard, basierte. Der Film wurde als sachlicher Bericht über die Kriegsvorbereitungen des Kaisers dargestellt. Wilhelm erhielt den IQ eines paranoiden sechsjährigen Kindes und wurde als ein Mann dargestellt, der auf einem Steckenpferd reitet. Hunderte Male wurden vernichtende Beschreibungen seiner Behinderung wiederholt.

Noch schlimmer war die Hollywood-Version der Geschichte mit dem Titel Die Bestie von Berlin, in der der Kaiser schadenfroh über abgeschlachtete belgische Zivilisten und lachend über torpedierte Schiffe dargestellt wurde. Nichts von alledem war wahr, aber es erfüllte seinen Zweck und schürte einen erbitterten Hass gegen die Deutschen und alles Deutsche, der sich in den USA mit erstaunlicher Geschwindigkeit verbreitete.

Sie war die Grundlage für die schlimmste Propaganda, die es je gegeben hat, und wurde von der britischen Regierung nicht nur zu Hause, sondern auch dort, wo es am meisten zählte, in den Vereinigten Staaten, unerbittlich betrieben. Das Haus Wellington rechnete damit, dass die Vereinigten Staaten Deutschland auf dem Schlachtfeld besiegen würden.

In den späten 1990er Jahren war es für die Masse der amerikanischen Bevölkerung nur ein kleiner Schritt, dasselbe von den Taliban und dem irakischen Präsidenten Hussein zu glauben, mit dem die Taliban nicht verbunden waren. (In der Tat hassten sie sich gegenseitig.)

Die grundlegende Frage: "Waren die Taliban als Ganzes und das afghanische Volk, unabhängig von den Taliban, für den heimtückischen Bombenanschlag auf das WTC verantwortlich?" Gibt es die Taliban wirklich? Oder ist Osama bin Laden nur ein weiterer Kaiser Wilhelm II? Vielleicht finden wir in fünfzig Jahren die Wahrheit heraus. In der Zwischenzeit hat das Tavistock-Institut die Propagandakarte bis zum Äußersten ausgespielt, und wieder einmal war es erfolgreich.

Nach dem Ende des Krieges hielt sich der Mythos Kaiser Wilhelm II. hartnäckig. Die gleiche Propagandamaschinerie, die ihn vor und während des Krieges verteufelt hatte, wich erst am 13. Juli 1959, dem 100.th Jahrestag des Geburtstags von Kaiser Wilhelm II.

Darin wurde erklärt, wie das britische Volk mit blutigen Berichten über den Kaiser terrorisiert wurde, der belgischen Kindern mit seinem Schwert die Arme abschlug, während Kolonnen deutscher Soldaten in den belgischen Dörfern, durch die sie zogen, Frauen vergewaltigten, wobei keiner dieser Berichte auch nur annähernd der Wahrheit entsprach.

Selbst intelligente Mitglieder des britischen Parlaments fielen auf den unerbittlichen Sturm des Hasses herein, den Northcliffe und sein Team, zu dem auch die Amerikaner Lippmann und Bernays gehörten, entfachten. Die BBC-Dokumentation, so gut sie auch war, machte jedoch keine Anstalten zu erklären, wie der Mythos eines monströsen Kaiser Wilhelm plötzlich wie aus dem Nichts auftauchen und die Schlagzeilen der Zeitungen beherrschen konnte?

Genauso wenig konnte mir bisher jemand erklären, wie Osama bin Laden plötzlich auf der Bildfläche erschien und in erstaunlich kurzer Zeit zum Bösewicht in der Art des Kaisers wurde. Wie konnte das geschehen?

Es ist eine historische Tatsache, dass Präsident Wilson die Gesetzesvorlage zur Gründung der Federal Reserve Banken gerade noch rechtzeitig vor Beginn des Ersten Weltkriegs ins Repräsentantenhaus einbrachte. Ohne Papierdollar, die nach Belieben gedruckt wurden, wäre der Krieg wohl kaum zustande gekommen.

Wie konnte der Kaiser plötzlich aus der Karikaturfigur, die aus Tausenden von Zeitungen, Zeitschriften und Plakatwänden starrte, lebendig werden? Wir wissen heute, dass er das Produkt der riesigen Propagandamaschine des britischen Kriegsministeriums war, die geheim blieb, weil sie bis heute eine große Geheimorganisation ist. Die Maschinerie ist heute noch genauso geheim wie 1913, auch wenn es einigen von uns gelungen ist, einen Teil der Verhüllung zu lüften.

Eine Sache, die wir bei unseren Nachforschungen herausgefunden haben, ist, dass das Tavistock-Institut die Geburtsstätte einiger der absurdesten Lügen war, die jemals fabriziert und als Wahrheit ausgegeben wurden.

KAPITEL 16

Die wissenschaftliche Propaganda kann die Auserwählten täuschen.

Die meisten Menschen auf der Welt haben sicherlich schon einmal von der "Bestie von Berlin" gehört und davon, wie die "Alliierten" ihrem Wahnsinnstreiben in Europa ein Ende setzten. Die meisten Menschen haben in letzter Zeit auch von der "Bestie von Bagdad" gehört.

Aber wie viele haben schon von dem Namen Sir Harold Nicholson gehört, einem angesehenen Gelehrten, dessen gründliche Untersuchung von buchstäblich Hunderttausenden von Dokumenten aus den Jahren 1912 bis 1925 Kaiser Wilhelm II. absolut von der Auslösung des Ersten Weltkriegs entlastete?

Wie viele Menschen wissen das? Stellen Sie es auf die Probe. Versuchen Sie es bei Ihrer lokalen Talkshow, und sehen Sie, was passiert. So beherrschte der Mythos des Kaisers mehr als fünfundzwanzig Jahre lang die Schlagzeilen und bewirkte, dass sich Millionen von Menschen in Großbritannien und Amerika gegen Deutschland wandten - ein ungerechtes und unglückliches Nebenprodukt der riesigen Propagandamaschine, die das britische Volk seit ihrer Eröffnung im Jahr 1913 im Griff hat. Wir sprechen von Wellington House und seinem Nachfolger, dem Tavistock Institute for Human Relations.

Das Erstaunliche an diesem Mythos ist, wie lange er sich gehalten hat. Aber der Zweck der Propaganda besteht ja gerade darin, einen Mythos, eine Lüge oder eine Fehlinformation aufrechtzuerhalten, die noch lange nach dem Vergessen der Wahrheit weiterlebt. Japan wird für immer für Pearl Harbor und die "Vergewaltigung von Nanking" verantwortlich gemacht werden, während Churchill für immer als großer Mann und nicht als brutaler Kriegstreiber gepriesen werden wird.

So wie Colin Powell vor kurzem den Irak besuchte und mit einer Schlagzeile über die "Vergasung von Kurden" durch Hussein während des irakisch-iranischen Krieges herauskam.

In Wahrheit handelte es sich bei den gasgefüllten Raketen, die auf das kurdische Dorf fielen, um Phosgen, einen Typ, den der Irak nicht besitzt, der aber im Arsenal des Irans vorhanden war. Während einer irakischen Offensive feuerten die Iraner eine große Anzahl gasgefüllter Raketen auf irakische Stellungen ab, von denen jedoch einige bei den Kurden entlang der Grenze einschlugen. Dies wurde durch den Bericht des U.S. Military College of War bestätigt, der den Irak vollständig entlastete.

Doch obwohl die Anschuldigung gründlich widerlegt wurde, wiederholte Karen Hughes 2005, fast 30 Jahre später, während einer Goodwill-Tour durch Malaysia als Vertreterin von Präsident George Bush die Lüge und verschönerte sie, indem sie behauptete, dass "30.000 Kurden" von "Saddam Hussein" zu Tode vergast worden seien. Ein Mitglied des Publikums widersprach ihrer Aussage, und am nächsten Tag sah sich Hughes gezwungen, ihre Geschichte zurückzuziehen, indem sie erklärte, sie habe sich "falsch ausgedrückt". Eine Untersuchung des Vorfalls ergab, dass Hughes tatsächlich die Lügen glaubte, die sie immer wieder von Präsident Bush, Premierminister Blair, Außenminister Colin Powell und Verteidigungsminister Donald Rumsfeld gehört hatte, was uns viel über die Macht der Propaganda sagen sollte.

Der von der Kriegsschule berichtete Sachverhalt wurde später von der US-Armee und von einer zweiten US-Quelle bestätigt. Ist dies der Welt bekannt? Wir bezweifeln es. Die Wahrheit wird vergessen, während die Lüge weiterlebt. So wird Colin Powells Propaganda gegen den Irak den Weg der Propaganda gegen Kaiser Wilhelm II. gehen, und zwar über 100 Jahre lang, während die Wahrheit in dem Moment starb, als die erste Propagandaschlagzeile in den Zeitungen erschien. Darin liegt der Wert der Propaganda. Die Sozialwissenschaftler von Tavistock wissen das, und heute können sie jedes Publikum so profilieren, dass es Lügen akzeptiert, die am besten zu seiner Wahrnehmung passen, ohne die dahinter stehenden Probleme zu verstehen.

Auf diese Weise wurde eine "moralisch korrekte" Position und ein solider Rückhalt für den Angriff auf Afghanistan geschaffen. Nur wenige Amerikaner haben jemals Zweifel daran geäußert, ob das, was ihre Regierung in Afghanistan tat, im Einklang mit der amerikanischen Verfassung stand. Es gab kein Referendum und kein Mandat zur Bestätigung oder Verweigerung der Zustimmung der Bevölkerung zur Afghanistan-Politik der Bush-Regierung.

Für Propaganda-Gehirnwäsche braucht man kein Mandat. Die Tatsache, dass keiner der angeblichen Entführer der Flugzeuge, die gegen die Zwillingstürme eingesetzt wurden, aus Afghanistan stammte, ist der amerikanischen Öffentlichkeit völlig entgangen. 74 Prozent von ihnen glauben immer noch, dass die "Al-Qaida" es getan hat und dass sie in Afghanistan lebt! Derselbe Prozentsatz der Amerikaner wurde einer Gehirnwäsche unterzogen und glaubt, dass die Taliban und Präsident Hussein zusammenarbeiteten, um die Tragödie herbeizuführen! Das amerikanische Volk weiß nicht, dass Saddam Hussein nichts mit der Taliban-Führung zu tun haben würde.

Warum lässt sich das amerikanische Volk auf diese Weise behandeln? Warum lässt es zu, dass Politiker es belügen, betrügen, hintergehen, verheimlichen, ausweichen, verschleiern und ständig täuschen? Was wir uns gut merken sollten, ist die Art und Weise, wie Woodrow Wilson das amerikanische Volk behandelt hat, nämlich wie Schafe.

Auf die Frage, warum er eine kleine Schafherde auf dem Rasen des Weißen Hauses weiden ließ, antwortete Wilson: "Sie erinnern mich an das amerikanische Volk." Wilson hatte den Ehrgeiz, Amerika in den Ersten Weltkrieg zu stürzen, und er benutzte die Lügen des Weißen Hauses (Propaganda) gegen die Andersdenkenden (die Masse des Volkes), um sie zu überzeugen, ihre Ansichten zu ändern.

Roosevelt wiederholte den Trick, um die USA durch Lügen und Propaganda (die meistens dasselbe sind) in den Zweiten Weltkrieg zu ziehen, was im "Erfolg" von Pearl Harbor gipfelte. Die gleiche Masche wurde von Präsident Clinton angewandt. Im Vorfeld und während des ungerechten Krieges gegen Serbien bestand Clintons gesamte Überzeugungsarbeit aus Lügen und Desinformation, von Fehlinformationen ganz zu schweigen.

Kein Wunder, dass Rumsfelds Äußerungen stets mit Misstrauen betrachtet werden. Auf die Frage, welche Rolle die Propaganda spiele, antwortete Rumsfeld lapidar: "Regierungsbeamte, das Verteidigungsministerium, dieser Verteidigungsminister und die Leute, die mit mir zusammenarbeiten, sagen dem amerikanischen Volk die Wahrheit."

KAPITEL 17

Propaganda und psychologische Kriegsführung

Eine Liste von Papieren der US-Regierung, von denen einige verfügbar sind und andere nicht, zeigt auf eindrucksvolle Weise, wie sehr die Nationen der Welt (einschließlich der Vereinigten Staaten) durch die Anwendung von Propagandamethoden auf einer erstaunlichen Bandbreite von Ebenen kontrolliert wurden.

Wegen der Fülle des Materials kann ich bestenfalls die Titel nennen und den Inhalt umschreiben. Ich hoffe, dass die Informationen, die wir zusammengestellt haben, das amerikanische Volk aus seiner schlummernden Apathie aufrütteln und ihm klar machen werden, wie weit es auf dem Weg ist, Sklaven der sozialistischen Neuen Weltordnung in einer Eine-Welt-Regierung zu werden.

Offizielle Definitionen: Eine nützliche Sammlung von Begriffen und Definitionen, wie sie vom Washingtoner Machtapparat verwendet werden. Ausnahmslos jedes einzelne der hier zitierten Programme stammt von Tavistock.

Sozialwissenschaften und politische Intervention: Was sich als projektbezogene "Entwicklungshilfe" ausgibt, kann in Wirklichkeit eine gefährliche Manipulation der Kultur und der sozialen Beziehungen in der südlichen Hemisphäre sein.

Aufgrund des enormen finanziellen Vorteils, den die Geber von "Hilfsgütern" genießen, sind sie oft in der Lage, umfangreiche psychosoziale Studien über die Zielgruppen durchzuführen und sie in einer Weise auszubeuten, die den meisten Menschen nicht einmal in ihren schlimmsten Albträumen einfallen würde.

Es ist typisch für alles, was John Rawlings Reese in Tavistock gelehrt hat, und es wurde in jeden Aspekt des amerikanischen Lebens übertragen Shock and Awe: Achieving Rapid Dominance - Dies ist der Text der National Defense University (1996), der zur

Theorie hinter der Intervention der USA im Nahen Osten und dem Krieg gegen den Irak im März und April 2003 wurde. "Shock and Awe", so heißt es in dem Text, soll das "nichtnukleare Äquivalent" der Bombardierung von Hiroshima und Nagasaki im Jahr 1945 sein.

In dem inzwischen vergriffenen Studienführer über diese schreckliche Tragödie heißt es: "Die Wirkung dieser Waffen reichte aus, um sowohl die Denkweise des japanischen Durchschnittsbürgers als auch die Einstellung der Führung durch diesen Zustand von Schock und Ehrfurcht zu verändern. Die Japaner konnten die zerstörerische Kraft eines einzigen Flugzeugs einfach nicht begreifen. Dieses Unverständnis erzeugte einen Zustand der Ehrfurcht."

Neben dem Einsatz massiver Feuerkraft zu psychologischen Zwecken wird in der Veröffentlichung auch ausführlich auf Propagandaoperationen eingegangen. "Der wichtigste Mechanismus, um diese Dominanz zu erreichen, besteht darin, dem Gegner ausreichende Bedingungen von "Schock und Ehrfurcht" aufzuerlegen, um ihn zu überzeugen oder zu zwingen, unsere strategischen und militärischen Ziele zu akzeptieren", so die Autoren. "Es liegt auf der Hand, dass Täuschung, Verwirrung, Fehlinformation und Desinformation, möglicherweise in großem Umfang, eingesetzt werden müssen.

Psychological Warfare in Combat: Dies ist der vollständige Text der berüchtigten "Shock and Awe"-Doktrin, die 1996 von der National Defense University in Washington veröffentlicht wurde. Das Konzept besteht darin, die vollständige Kontrolle über den Willen des Gegners sowie über die Wahrnehmung und das Verständnis der Zielpersonen zu erlangen und den Feind buchstäblich handlungs- und reaktionsunfähig zu machen.

Es ist erwähnenswert, dass all diese Wörter und Beschreibungen in Lehrbüchern zu finden sind, die zur Konditionierung von Studenten verwendet werden, die an Kursen teilnehmen, die von John Rawlings Reese im British Army Psychological Warfare Bureau geleitet werden, wo Rawlings ein Meistertheoretiker war.

Die "Shock & Awe"-Doktrin wird als eine Strategie beschrieben, die auf die systematische Zerstörung militärischer Fähigkeiten durch Zermürbung abzielt und gegebenenfalls überwältigende

Gewalt einsetzt, um den Gegner zu schockieren, zu entnerven und schließlich moralisch zu vernichten.

Die Internationale Konferenz über Bevölkerung und Entwicklung (ICPD): Ein Aktionsprogramm, das auf der Konferenz vorgestellt wurde, rief zu massiven Propagandaanstrengungen auf, wobei die Massenmedien, Nichtregierungsorganisationen, kommerzielle Unterhaltungsangebote und akademische Einrichtungen genutzt werden sollten, um die Menschen in den Entwicklungsländern zu einer Änderung ihrer Fertilitätspräferenzen zu "überreden".

Eine Überarbeitung des ursprünglichen Textes, die hinzugefügt wurde, um den Vertretern der Entwicklungsländer entgegenzukommen, drängt darauf, dass Kommunikationsaktivitäten, die von Gebern "zu Befürwortungszwecken oder zur Förderung bestimmter Lebensstile" durchgeführt werden, so gekennzeichnet werden sollten, dass sich die Öffentlichkeit ihres Zwecks bewusst ist, und dass "die Identität der Sponsoren in angemessener Weise angegeben werden sollte".

Trotz dieser Empfehlung, die den Gebern keine verbindlichen Beschränkungen auferlegt, bleibt der Abschnitt "Kommunikation" des Dokuments ein sehr gefährlicher und politisch brisanter Teil der Agenda der Neuen Weltordnung.

Das Population Communication Project: Die US-Behörde für internationale Entwicklung (USAID) hat Dutzende von Millionen Dollar in eine Kampagne zur Beeinflussung der "Massenmedien" gesteckt, bei der Taktiken verwendet werden, die von militärischen psychologischen Kriegshelfern übernommen wurden. USAID ist nur eine von Hunderten von US-Regierungsstellen, die Tavistock mit der Ausarbeitung ihrer Programme beauftragt haben.

Der Auftragnehmer, der in diesem Fall stellvertretend für USAID tätig war, hatte auch einen Vertrag mit der US-Armee über die Ausarbeitung von Handbüchern für psychologische Operationen.

Enter-Educate: Einsatz von Unterhaltung als Propaganda: Das junge Publikum ist wahrscheinlich empfänglicher für Botschaften, die im Rahmen von "Unterhaltung" präsentiert werden, als für andere Mitteilungen, die dazu neigen könnten, die Legitimität fremder Ideen in Frage zu stellen.

So ist der Ansatz der Unterhaltungspropaganda zu einem großen Teil der internationalen Bevölkerungskontrollbemühungen von USAID geworden. Auch hier sind literarische Millionen von Dollar an Tavistock für Programme geflossen, die von Enter-Educate-Mitarbeitern unterrichtet wurden.

Wenn Propaganda nach hinten losgeht: Eine 1994 im Norden Nigerias durchgeführte Studie über Einstellungen und Verhalten im Bereich der Familienplanung. Einem veröffentlichten Bericht zufolge verdeutlichte die negative Reaktion "die Ablehnung von Außenseitern, von Familienplanung im Allgemeinen und von US-gesponserten Familienplanungsprogrammen im Besonderen."

Nigeria Bilateral Population Program: (Dokument des U.S. State Department). Das wichtigste Planungsdokument der US-Regierungsstrategie zur Bevölkerungskontrolle in Nigeria.

Es wird auch als wichtiger Teil der Propaganda in der psychologischen Kriegsführung verwendet, die in den Programmen der US-Regierung zur Untergrabung der politischen Bewegungen in Lateinamerika, der Antikriegsbewegung und der politischen Basisorganisation eingesetzt wird. Der Auftrag, dieses Programm zu schreiben, wurde an Tavistock vergeben.

Postmoderne Kriegsführung: Ein Menü von Ressourcen über politische/psychologische Kriegsführung, verdeckte Aktivitäten und Völkermord.

Städtische Entflechtung und andere Taktiken: Der Inhalt ist so teuflisch, dass ich ihn zumindest vorerst nicht veröffentlichen möchte.

Soziale Beeinflussung: Propaganda und Überredung: - Einige nützliche Hintergrundinformationen.

Psychologische Operationen im Guerillakrieg: Das von Tavistock erstellte taktische Handbuch der CIA für paramilitärische Kräfte in Mittelamerika. Die CIA hat Tavistock unter Vertrag und arbeitet sehr eng mit ihm zusammen.

Institut für Propagandaanalyse: Eine Sammlung von Dokumenten mit grundlegenden Fakten über verdeckte

Beeinflussungskampagnen. Auch hier ist das Institut lediglich eine Clearingstelle für Tavistock-Daten und Gehirnwäschemethoden für den Masseneinsatz.

Die Nachrichtendienststellen der Vereinigten Staaten Offizielle Beschreibungen und Aufgaben der Nachrichtendienststellen der US-Regierung, die mit der Sammlung oder Analyse von Informationen befasst sind.

Secrecy & Government Bulletins: Eine Sammlung von Dokumenten, die für Offenheit in der Regierung eintreten.

Reporters Collective: Eine Quelle für verlässliches Forschungsmaterial über internationale Institutionen und ihre Rolle als Vorwand für die wohlhabenden, mächtigen Nationen, die ihre Politik kontrollieren. Viele der aufgeführten Institutionen haben ihre Führungskader von den Sozialwissenschaftlern von Tavistock ausbilden lassen.

Propaganda, Verbreitung von Ideen und Informationen mit dem Ziel, bestimmte Einstellungen und Handlungen hervorzurufen oder zu verstärken: Da Propaganda häufig mit der Verzerrung von Tatsachen und dem Appell an Leidenschaften und Vorurteile einhergeht, wird sie oft als ausnahmslos falsch oder irreführend angesehen. Wie in den Handbüchern von Tavistock dargelegt, liegt der wesentliche Unterschied in der Absicht des Propagandisten, das Publikum zu der von ihm vertretenen Haltung oder Handlung zu bewegen. Wilson und Roosevelt waren Beispiele für diese Binsenweisheit, da beide in der Kunst der Diplomatie durch Täuschung geschult waren, wie Bukanin den Begriff bereits 1814 erklärte.

KAPITEL 18

Wilson bringt die USA dank Propaganda in den Ersten Weltkrieg

Die massiven modernen Propagandatechniken, die zu einem vertrauten Bestandteil insbesondere der amerikanischen und britischen Regierungen geworden sind, begannen mit dem Ersten Weltkrieg (1914-1918). Von Beginn des Krieges an bemühten sich sowohl deutsche als auch britische Propagandisten um die Sympathie und Unterstützung der Vereinigten Staaten. Die deutschen Propagandisten wandten sich an die vielen deutschstämmigen Amerikaner und an die irischstämmigen Amerikaner, die Großbritannien traditionell feindlich gegenüberstanden und in Amerika lebten. Die Propaganda war nach heutigen Maßstäben eher grob, aber was ihr an Finesse fehlte, wurde durch den schieren Umfang des riesigen Outputs des Wellington House wettgemacht.

Bald jedoch war Deutschland praktisch vom direkten Zugang zu den Vereinigten Staaten abgeschnitten. Danach hatte die britische Propaganda in den Vereinigten Staaten kaum noch Konkurrenz, und sie wurde geschickter betrieben als die der Deutschen, die keine Entsprechung in Form von Wellington House, Bernays oder Lippmann hatten.

Sobald er in den Krieg eingetreten war, organisierte Woodrow Wilson das Committee on Public Information, eine offizielle Propagandaagentur, um die öffentliche Meinung in den USA zu mobilisieren. Dieser Ausschuss erwies sich als äußerst erfolgreich, insbesondere beim Verkauf von Freiheitsanleihen. Und das ist kein Wunder. Sein Programm wurde von Tavistock für das Weiße Haus geschrieben und weitgehend von London aus gesteuert.

Die Ausnutzung der Vierzehn Punkte von Präsident Woodrow Wilson durch die Alliierten, die einen gerechten Frieden sowohl für die Sieger als auch für die Besiegten zu versprechen schienen, trug wesentlich dazu bei, dass sich innerhalb der Mittelmächte ein Widerstand gegen die Fortsetzung des Krieges herauskristallisierte.

An anderer Stelle haben wir die Lügen und Verzerrungen der Bryce-Kommission ausführlich beschrieben, die nach wie vor eines der beunruhigendsten Beispiele für unverhohlene Lügen ist, die erfolgreich als Wahrheit ausgegeben wurden. Die Rolle, die die Amerikaner im Wellington House, dem damals wichtigsten Propagandazentrum der Welt, gespielt haben, wird ebenfalls an anderer Stelle erläutert.

Die Propagandaaspekte des Zweiten Weltkriegs ähnelten denen des Ersten Weltkriegs, mit dem Unterschied, dass der Zweite Weltkrieg, der ebenfalls von Großbritannien begonnen und von den internationalen Bankiers finanziert wurde, ein größeres Ausmaß hatte. Das Radio spielte eine wichtige Rolle, wobei die "Nachrichtensendungen" stets eine Mischung aus Fakten und Fiktion darstellten. Die Propagandaaktivitäten in Übersee waren intensiver. Das Tavistock-Institut konnte alle wertvollen Lektionen, die es 1914-1919 gelernt hatte, in die Praxis umsetzen, und es nutzte seine Erfahrungen auf vielfältige Weise in den alten wie auch in den neuen Ländern.

Sowohl Deutschland als auch das Vereinigte Königreich versuchten erneut, die amerikanische Meinung zu beeinflussen. Deutsche Propagandisten spielten mit antibritischen Gefühlen, stellten den Krieg als Kampf gegen den Kommunismus dar und präsentierten Deutschland als unbesiegbaren Vorkämpfer einer neuen Welle des Antikommunismus. Deutsche Agenten unterstützten auch Bewegungen in den Vereinigten Staaten, die den "Isolationismus" befürworteten, ein beschreibendes Etikett für alle Amerikaner, die gegen einen Krieg mit Deutschland waren.

Die deutschen Propagandabemühungen waren dem Fachwissen von Wellington House und Tavistock oder den Ressourcen Großbritanniens (das von der Roosevelt-Administration heimlich mit riesigen Geldbeträgen unterstützt wurde) nicht gewachsen und erwiesen sich einmal mehr als unwirksam.

Der sorgfältig geplante Angriff auf Pearl Harbor war Roosevelt, Stimson und Knox schon Monate vor dem eigentlichen Angriff bekannt.

Der Dezember 1941 war ein Geschenk des Himmels für Roosevelt, der verzweifelt versucht hatte, die USA dazu zu bringen, an der Seite Großbritanniens in den Krieg zu ziehen, insbesondere nach dem japanischen Angriff auf Pearl Harbor; die amerikanische Bevölkerung wurde durch Propaganda und glatte Lügen davon überzeugt, dass Deutschland der Aggressor war.

Die eindringlichen Warnungen des berühmten Fliegers Lindbergh und einer Reihe anderer Anti-Kriegs-Senatoren, dass Roosevelt nicht zu trauen sei und dass die USA, wie schon im Ersten Weltkrieg, kein Recht hätten, sich in den Krieg in Deutschland einzumischen, wurden durch die Propaganda abgeschwächt. Auch die "erfundene Situation" in Pearl Harbor veränderte die öffentliche Meinung, was Roosevelt sehr wohl wusste. Die alliierten Propagandamaßnahmen, die von Tavistock ausgingen, zielten darauf ab, die Völker der Achsenmächte von ihren Regierungen zu trennen, denen man die alleinige Schuld am Krieg zuschrieb. Radiosendungen und aus der Luft abgeworfene Flugblätter trugen die Propaganda der Alliierten zum Feind.

Die offiziellen Propagandaagenturen der USA während des Zweiten Weltkriegs waren das Office of War Information (OWI), das mit der Verbreitung von Tavistock-"Informationen" im In- und Ausland beauftragt war, und das Office of Strategic Service (OSS), Vorläufer der CIA und eine Schöpfung von Tavistock, das mit der psychologischen Kriegsführung gegen den Feind beauftragt war.

Im Obersten Hauptquartier des europäischen Einsatzgebietes wurden das OWI und das OSS von der Abteilung für psychologische Kriegsführung unter der Leitung von Sozialwissenschaftlern des Tavistock-Instituts mit den militärischen Aktivitäten koordiniert.

In der Zeit des Kalten Krieges - einem ausgeprägten Interessenkonflikt zwischen den Vereinigten Staaten und der Sowjetunion nach dem Zweiten Weltkrieg - war die Propaganda weiterhin ein wichtiges Instrument der nationalen Politik.

Sowohl der demokratische als auch der kommunistische Staatenblock versuchten, durch anhaltende Kampagnen die großen Massen unentschlossener Völker auf ihre Seite zu ziehen und so ihre Ziele zu erreichen, ohne auf einen bewaffneten Konflikt zurückzugreifen. Jeder Aspekt des nationalen Lebens und der Politik wurde für Propagandazwecke ausgenutzt.

Der Kalte Krieg war auch durch den Einsatz von Überläufern, Prozessen und Geständnissen zu Propagandazwecken gekennzeichnet. In diesem Propagandakrieg schienen die kommunistischen Länder zunächst klar im Vorteil zu sein. Da ihre Regierungen alle Medien kontrollierten, konnten sie ihre Bevölkerung weitgehend von westlicher Propaganda abschirmen.

Gleichzeitig konnten die stark zentralisierten Regierungen aufwändige Propagandakampagnen planen und Ressourcen für die Durchführung ihrer Pläne mobilisieren. Sie konnten auch auf die Hilfe kommunistischer Parteien und Sympathisanten in anderen Ländern zählen. Die demokratischen Staaten hingegen konnten weder verhindern, dass ihre Bevölkerung der kommunistischen Propaganda ausgesetzt wurde, noch konnten sie all ihre Ressourcen mobilisieren, um ihr zu begegnen. Dieser offensichtliche Vorteil für kommunistische Regierungen schwand in den 1980er Jahren, als sich die Kommunikationstechnologie weiterentwickelte. Die Unfähigkeit, die Verbreitung von Informationen zu kontrollieren, war ein wichtiger Faktor für den Zerfall vieler kommunistischer Regime in Osteuropa am Ende des Jahrzehnts. Die United States Information Agency (USIA), die 1953 gegründet wurde, um Propaganda und kulturelle Aktivitäten im Ausland durchzuführen, betreibt die "Voice of America", ein Radionetzwerk, das Nachrichten und Informationen über die Vereinigten Staaten in mehr als 40 Sprachen in alle Teile der Welt sendet.

KAPITEL 19

Wiederholt sich die Geschichte? Der Fall von Lord Bryce

Angesichts der Tatsache, dass Historiker den Irak-Krieg entweder verteidigen oder verdammen, ist es vielleicht an der Zeit, über den Fall von Viscount James Bryce nachzudenken, dem hoch angesehenen Historiker, der sich verkauft hat und als überzeugter, heimtückischer und reueloser Lügner in sein Grab gegangen ist. Vor seiner unglücklichen Verstrickung mit Wellington House genoss Bryce weithin Respekt als ehrlicher Historiker.

Von Beginn des Ersten Weltkriegs an füllten Berichte über deutsche Gräueltaten die britischen und amerikanischen Zeitungen. Der weitaus größte Teil von ihnen wurde im Wellington House vorbereitet und über die Medienkanäle verbreitet. Meistens stammten sie von "Augenzeugenberichten" von "Reportern und Fotografen", die den Marsch der deutschen Armee durch Belgien begleiteten, um die französischen Verteidigungsanlagen bei ihrem Vorstoß auf Paris zu umgehen.

Augenzeugen berichteten, dass deutsche Infanteristen belgische Säuglinge auf ihren Bajonetten aufspießen, während sie unter dem Gesang von Kriegsliedern marschieren. Es gab viele Berichte über belgische Jungen und Mädchen mit amputierten Händen (angeblich, um zu verhindern, dass sie Gewehre benutzen). Die Berichte über Frauen mit amputierten Brüsten häuften sich noch schneller.

An der Spitze der Hitparade der Gräueltaten standen Vergewaltigungsgeschichten. Ein Augenzeuge behauptete, die Deutschen hätten in einer eroberten belgischen Stadt zwanzig junge Frauen aus ihren Häusern gezerrt und sie auf dem Dorfplatz auf Tische gespannt, wo jede von mindestens zwölf "Hunnen" vergewaltigt wurde, während der Rest der Division zusah und jubelte. Auf britische Kosten tourte eine Gruppe von Belgiern durch die Vereinigten Staaten und erzählte diese Geschichten weiter.

Präsident Woodrow Wilson empfing sie feierlich im Weißen Haus. Ihre Geschichte erschütterte Amerika. Niemand dachte daran, ihre Schilderung der Vergewaltigung, der sie beigewohnt hatten, zu überprüfen. Ihre Berichte über die Brutalität, die sie angeblich erlitten hatten, wurden nie in Frage gestellt.

Die Deutschen dementierten diese Geschichten wütend. Das taten auch amerikanische Reporter in der deutschen Armee. Im Jahr 1914 hatte Wilson die Berichterstatter auf dem Schlachtfeld noch nicht "gemanagt", anders als George Bush bei der Invasion des Irak im Jahr 2002. In der britischen Armee gab es keine "eingebetteten" Reporter. Tavistock hatte noch nicht gelernt, wie man die Wahrheit zensiert, indem man ausgewählte Reporter in die Truppen "einbettet".

Als in England Berichte britischer Journalisten veröffentlicht wurden, die Zweifel an den "Gräueltaten" aufkommen ließen, kam Northcliffe auf die Idee, Lord Bryce zum Leiter einer Untersuchungskommission zu ernennen, die die Berichte über die deutschen Gräueltaten untersuchen und ihm Bericht erstatten sollte. Der Vorschlag stammte eigentlich von Edward Bernays und wurde von Walter Lippmann gebilligt.

Anfang 1915 machte die britische Regierung die Sache dann offiziell und beauftragte Viscount Bryce mit der Leitung einer königlichen Kommission, die die Berichte über die Gräueltaten untersuchen sollte. Bryce war einer der bekanntesten Historiker der damaligen Zeit; er hatte viel gelobte Bücher über die amerikanische Regierung und die irische Geschichte geschrieben, in denen er das harte Schicksal des irischen Volkes unter der britischen Herrschaft wohlwollend schilderte. Im Jahr 1907 hatte er mit dem anglo-irischen Diplomaten Roger Casement zusammengearbeitet, um die entsetzliche Ausbeutung der indianischen Bevölkerung am Amazonas durch eine britische Kautschukfirma aufzudecken.

Von 1907 bis 1913 war er britischer Botschafter in Washington, wo er eine beliebte, ja sogar geliebte Persönlichkeit wurde.

Es wäre schwer gewesen, einen angeseheneren Gelehrten zu finden, der den Ruf der Ehrlichkeit und Integrität genoss. Bryce und seine sechs Kommissionskollegen, eine Mischung aus angesehenen

Anwälten, Historikern und Juristen, "analysierten" 1.200 Aussagen von "Augenzeugen", die behaupteten, alle Arten von grausamem deutschen Verhalten gesehen zu haben.

Fast alle Zeugenaussagen stammten von Belgiern, die als Flüchtlinge nach England geflohen waren, und es gab einige Aussagen von belgischen und britischen Soldaten, die in Frankreich gesammelt worden waren. Doch die Kommissare verhörten keinen einzigen dieser Augenzeugen, sondern überließen diese Aufgabe "Herren mit juristischen Kenntnissen und Erfahrungen" - Anwälten. Da die behaupteten Verbrechen in einem Gebiet stattfanden, das nach wie vor als Kriegsgebiet galt, wurde keiner der Berichte vor Ort untersucht.

Kein einziger Zeuge wurde namentlich identifiziert; die Kommissare begründeten dies im Falle der Belgier mit der Angst vor deutschen Repressalien gegen Familienangehörige. Aber auch die Zeugen unter den britischen Soldaten blieben anonym, ohne ersichtlichen Grund. Dennoch behauptete Bryce in seiner Einleitung, dass er und seine Kommissionskollegen die Beweise "streng geprüft" hätten. Niemand ahnte, dass militärische Zeugen überhaupt nicht "geprüft" werden sollten, geschweige denn, dass sie streng geprüft werden sollten. Für diesen schwerwiegenden Lapsus, den Tavistock inzwischen nicht als Lüge, sondern als "Falschaussage" bezeichnet, wurde nie ein Grund genannt.

Der Bryce-Bericht wurde am 13. Mai 1915 veröffentlicht. Das britische Propaganda-Hauptquartier im Wellington House in der Nähe des Buckingham-Palastes sorgte dafür, dass er an praktisch jede Zeitung in Amerika ging. Die Wirkung war überwältigend, wie die Schlagzeile und die Untertitel der New York Times deutlich machen.

DEUTSCHE GRAUSAMKEITEN SIND
BEWIESEN FINDET DER BRYCE-AUSSCHUSS

Nicht nur individuelle Verbrechen, sondern auch
vorsätzliche Tötungen in Belgien

JUNG UND ALT VERSTÜMMELT

Frauen überfallen, Kinder brutal ermordet,
Brandstiftung und Plünderung systematisch

TAVISTOCK INSTITUT FÜR MENSCHLICHE BEZIEHUNGEN

VON BEAMTEN GEBILLIGT

Wilder Beschuss auf Rotes Kreuz und Weiße
Flagge: Gefangene und Verwundete erschossen

ZIVILISTEN, DIE ALS SCHUTZSCHILDE BENUTZT WERDEN.

Am 27. Mai 1915 berichten Wellington House-Agenten in Amerika nach London über das Ergebnis ihrer massiven Propaganda-Initiative: "Selbst in Zeitungen, die den Alliierten feindlich gesinnt sind, gibt es nicht den geringsten Versuch, die Richtigkeit der behaupteten Tatsachen in Frage zu stellen. Das Ansehen von Lord Bryce in Amerika schließt Skepsis aus."

Charles Masterman, Chef des Wellington House, sagte zu Bryce: "Ihr Bericht hat Amerika erfasst".

Zu den wenigen Kritikern des Bryce-Berichts gehörte Sir Roger Casement. "Man braucht sich nur an James Bryce, den Historiker, zu wenden, um Lord Bryce, den Partisanen, zu verurteilen", schrieb Casement in einem wütenden Essay, "The Far Extended Baleful Power of the Lie".

Zu diesem Zeitpunkt war Casement bereits zu einem vehementen Verfechter der irischen Unabhängigkeit geworden, so dass seine abweichende Meinung, die als parteiisch abgetan wurde, nur von wenigen beachtet wurde.

Clarence Darrow, der berühmte ikonoklastische amerikanische Anwalt, der sich darauf spezialisiert hatte, Freisprüche für vermeintlich schuldige Klienten zu erwirken, war ein weiterer Skeptiker. Er reiste später im Jahr 1915 nach Frankreich und Belgien und suchte vergeblich nach einem einzigen Augenzeugen, der auch nur eine der Bryce-Geschichten bestätigen konnte. Darrow wurde immer skeptischer und kündigte an, dass er demjenigen, der einen belgischen oder französischen Jungen, dessen Hände von einem deutschen Soldaten amputiert worden waren, oder ein einzelnes Kind beiderlei Geschlechts, das von deutschen Truppen mit dem Bajonett aufgespießt worden war, vorweisen konnte, 1.000 Dollar zahlen würde - eine sehr hohe Summe im Jahr 1915 - mehr als 17.000 Dollar im Jahr 21st Jahrhundert Geld.

Es gab keine Interessenten, kein einziges "Opfer" meldete sich, um

die Belohnung in Anspruch zu nehmen, obwohl Darrow einen
beträchtlichen Teil seines eigenen Geldes dafür ausgegeben hatte,
die Belohnung weit und breit zu bewerben.

Nach dem Krieg wurde Historikern, die die Unterlagen zu Bryces
Geschichten einsehen wollten, mitgeteilt, dass die Akten auf
mysteriöse Weise verschwunden seien. Kein Regierungsbeamter
oder -ministerium bot sich an, eine Suche nach den
"verschwundenen" Dokumenten zu starten.

Diese eklatante Verweigerung, die "streng geprüften" Dokumente
einer neueren, gründlich unparteiischen Prüfung zu unterziehen,
veranlasste die meisten Historiker, 99 Prozent von Bryces
Gräueltaten als Fälschungen abzutun. Einer nannte den Bericht "an
sich eine der schlimmsten Gräueltaten des Krieges". Die neuere
Forschung hat den Prozentsatz der Fälschungen im Bryce-Bericht
verringert, weil sich herausstellte, dass mehrere tausend belgische
Zivilisten, darunter auch einige Frauen und Kinder, im Sommer
1914 von den Deutschen erschossen wurden und Bryce einige der
schlimmsten Exzesse, wie die Hinrichtungen in der Stadt Dinant,
mehr oder weniger genau zusammenfasste.

Doch selbst diese Gelehrten geben zu, dass Bryces Bericht durch die
Vergewaltigungen, Amputationen und aufgespießten Säuglinge
"ernsthaft verunreinigt" war. Sie schoben diesen schweren Fehler
auf Hysterie und Kriegsbegeisterung.

Dies läuft darauf hinaus, Bryce einen Freifahrtschein zu erteilen.
Die Zahl der Korrekturen, die von den Kritikern von Darrows
Berichten vorgenommen werden mussten, lag bei weniger als einem
Prozent und konnte Bryce nicht entlasten. Wie seinerzeit festgestellt
wurde, waren 99 Prozent des Berichts der Bryce-Kommission
Lügen. Die Korrespondenz zwischen den Mitgliedern des Bryce-
Ausschusses hat das "Verschwinden" der Dokumente überlebt; sie
lässt ernsthafte Zweifel an den Erzählungen über Verstümmelungen
und Vergewaltigungen erkennen. Diese ernsthaften Zweifel wurden
nie in Großbritannien und Amerika in der Art der Berichte über die
Brutalität des Wellington House verbreitet. Einer der Sekretäre des
Ausschusses gab zu, dass er zahlreiche englische Adressen von
belgischen Frauen erhalten hatte, die angeblich durch deutsche
Vergewaltigungen geschwängert worden waren, aber trotz
intensiver Suche keine einzige auf der Liste ausfindig machen

konnte.

Sogar die groß angekündigte Geschichte über einen Abgeordneten, der zwei schwangeren Frauen Unterschlupf gewährte, erwies sich als Fälschung. Bryce wischte diese negativen Beweise offenbar beiseite, so wie es Bush und Blair oft taten, wenn ein paar Reporter ihren Job machten und unangenehme Fragen stellten.

Lord Bryce, der Gelehrte, hätte wissen müssen - und hat es mit ziemlicher Sicherheit auch gewusst -, dass die Geschichten vom Aufspießen von Babys, von Vergewaltigungen und vom Abschneiden der Brüste ermordeter Frauen ebenso wie Massenvergewaltigungen auf Feldern und öffentlichen Plätzen zu den jahrhundertealten Standardfabeln von "Hass auf den Feind" gehören.

Selbst bei einer oberflächlichen Betrachtung der Feldzüge Napoleons in Europa wurden Hunderte solcher "Gräueltaten" festgestellt, von denen sich nur ein sehr geringer Teil als wahr herausstellte.

Bryce, der gelehrte Historiker, der gelehrte, vertrauenswürdige Gelehrte mit dem Ruf der Ehrlichkeit, hätte solche Erfindungen von vornherein zurückweisen müssen. Er wusste mit Sicherheit, dass die überwiegende Mehrheit der "Gräuel"-Geschichten von Wellington House (dem Vorläufer des Tavistock-Instituts) stammte. Anstatt ihre Herkunft zu untersuchen und sie dann als Propaganda abzutun, fasste Bryce sie alle in einem "Bericht" zusammen, in dem er sie als allgemein zutreffend bezeichnete und dann eine allgemeine Verurteilung der deutschen Armee und des deutschen Volkes aussprach. Dies erinnert an Herrn G.W. Bush und seine allgemeine Einstufung, dass die gesamte Bevölkerung mehrerer muslimischer Staaten zu einer "Achse des Bösen" gehöre.

Warum hat Bryce die Erfindungen nicht abgetan und sich auf die deutschen Hinrichtungen von Zivilisten konzentriert? Wie wir bereits festgestellt haben, wusste er, dass der Großteil der "Vorfälle" Produkte des Wellington House waren; und hätte er dies getan, so hätte dies ein sehr heikles Thema eröffnet, nämlich die breite Nutzung der Propaganda durch die britische Regierung.

Es gab einen wichtigen Grund, warum Bryce sich dafür entschied, einen ehrenvollen Weg aufzugeben, anstatt seinen Ruf zu beschmutzen: Ein hoher Prozentsatz der belgischen Armee bestand 1914/1915 aus "Home Guards" (Partisanen), die keine Uniformen trugen, sondern nur ein Abzeichen an ihrem Hemd oder Hut. Die Deutschen, die verzweifelt versuchten, im Westen den Sieg zu erringen, bevor die einmarschierende russische Armee ihre leicht gehaltenen Linien im Osten durchbrach, waren wütend über diese scheinbar zivilen Kämpfer und zeigten ihnen gegenüber keine Gnade.

Dass die deutsche Armee nach den Kriegsregeln der damals geltenden Genfer Konventionen berechtigt war, das Feuer auf Zivilisten zu erwidern oder sogar zu eröffnen, wurde in der Presse nie erwähnt.

Tatsache ist, dass "Partisanen" von 1915 bis 1945 Freiwild waren. Zivilisten, selbst mit Abzeichen an der Mütze, waren nicht befugt, auf Soldaten in Uniform zu schießen, und es wurde ihnen auch kein Schutz gewährt. Ja, so lauteten die Kriegsregeln in den Genfer Konventionen, und Lord Bryce und seine Kommissare wussten das. Auch wurde diese wichtige Tatsache in England und Amerika nicht in der Weise propagiert, wie es die Propaganda tat, die erfolgreich die Herzen und Köpfe der britischen und amerikanischen Bevölkerung erobert hatte.

Einige deutsche Feldkommandeure verloren offensichtlich den Verstand und übten exzessiv Vergeltung an ganzen Städten, wie z. B. Dinant.

Aber selbst für diese Männer konnte eine Art von Verteidigung organisiert werden. Die anschließende Debatte darüber, was die Genfer Konvention erlaubte, hätte den Zeitungslesern ein Gähnen entlockt. Sie wollten das, was Bryce ihnen gab - Blut und Lust, Vergewaltigung und Schrecken, die von den deutschen "Bestien" ("Boche") an Frauen und kleinen Kindern und "unbewaffneten Zivilisten" verübt wurden. Sie wollten den Beweis, dass der deutsche "Hunne" ein Barbar, eine wilde Bestie war. Und wenn die Öffentlichkeit nicht getäuscht worden wäre, wären das Wellington House und die Kriegsanstrengungen der britischen Regierung in große Schwierigkeiten geraten.

Der Bryce-Bericht hat England zweifellos geholfen, den Krieg zu gewinnen. Zweifellos beeinflusste er die Meinung der amerikanischen Öffentlichkeit und überzeugte Millionen von Amerikanern und anderen Neutralen - er wurde in 27 Sprachen übersetzt -, dass die Deutschen hässliche Bestien in Menschengestalt waren. Niemand außer einigen "voreingenommenen" Außenseitern wie Sir Roger Casement und Clarence Darrow hat Lord Bryce jemals die bösartigen Lügen vorgeworfen, die er in der Welt verbreitet hatte. Kein gerecht denkender Mensch konnte Bryce jemals verzeihen, dass er sich selbst beschmutzt hatte.

Bei all dem blieb das Haus Wellington im Hintergrund - nur wenige Menschen wussten von seiner Existenz, geschweige denn von seiner entscheidenden Rolle, aber es hatte eine wichtige Aufgabe erfüllt und der Gehirnwäsche einen mächtigen Schlag versetzt. Was Bryce betrifft, so ging er mit königlichen und akademischen Ehren beladen in sein Grab, ein besudelter, überragender Lügner, ein Mann, der sich selbst beschmutzt hatte und an dessen Händen das Blut von Millionen klebte, ein brillanter Schurke, ein Dieb, der die Wahrheit von einer Öffentlichkeit stahl, die ein Recht darauf hatte, sie zu erfahren, und dem es gelang, der Entdeckung und Entlarvung und der völligen Verurteilung zu entgehen, die Judas Iskariot allgemein zuteil wurde.

Aus der Perspektive von hundert Jahren sollten wir diesen Mann viel härter beurteilen. Der Bryce-Bericht hatte offensichtliche Verbindungen zu der britischen Entscheidung, die Blockade gegen Deutschland nach dem Waffenstillstand 1918 sieben Monate lang aufrechtzuerhalten, was den Hungertod von schätzungsweise 600.000 älteren und sehr jungen Deutschen zur Folge hatte - alles Teil des Plans, Deutschland so zu schwächen, dass es nie wieder eine "Bedrohung" für die "Alliierten" sein würde.

Die Propagandalügen des Wellington House über die deutsche Armee waren bei weitem die größte Gräueltat des Ersten Weltkriegs und ließen jeden deutschen Mann und jede deutsche Frau nach Rache gieren. Indem er blinden Hass auf Deutschland schürte, säte Bryce die Drachenzähne des Zweiten Weltkriegs.

KAPITEL 20

Die schwarze Kunst der erfolgreichen Lüge: Golfkrieg 1991

Vor diesem Hintergrund war das, was wir im Golfkrieg um 1991 erlebten, erschreckend genug, um uns sehr eindringlich an den Ursprung der schwarzen Kunst der erfolgreichen Lüge zu erinnern, die von Lord Bryce praktiziert wurde, und daran, zu was für einem angeborenen, wissenden Lügner er sich entwickelt hatte. Es erinnerte auch daran, wie Wellington House und dann Tavistock die Gehirnwäsche als Kriegsmittel einsetzten. Das war einer der entscheidenden Faktoren, die mich dazu brachten, dieses Werk zu schreiben und Tavistock und seinen schädlichen, verhängnisvollen Einfluss zu entlarven.

Im Golfkrieg schloss das US-Verteidigungsministerium alle Nachrichtenmedien aus und ernannte seinen eigenen Sprecher, der seine grob unwahre Version der Ereignisse über Fernsehsendungen verbreitete. Ich nannte den Mann "Pentagon Pete", und er sprach munter von "Kollateralschäden", einer neuen Tavistock-Phrase, die zum ersten Mal überhaupt ausprobiert wurde. Es dauerte lange, bis die Öffentlichkeit begriff, was damit gemeint war: menschliche Verluste, Tod von Menschen und Zerstörung von Eigentum.

Dann gab es eine Pause, in der CNN die Erlaubnis erhielt, über den Erfolg der "Patriot"-Raketenabwehr beim Abschuss irakischer SCUDS zu berichten, was, wie sich herausstellte, eine weitere Propagandaübung der Basis war. Nach Angaben von CNN wurde jede Nacht mindestens eine SCUD, die Israel angriff, abgeschossen. Nur World In Review berichtete mitten im Krieg, dass keine einzige SCUD-Rakete abgeschossen worden war. Niemand wagte zu berichten, dass insgesamt 15 SCUDS Tel Aviv und andere Teile Israels getroffen hatten. Desinformation und Fehlinformation herrschten vor. Nur WIR berichtete die Wahrheit, aber bei einer kleinen Leserschaft war das für die Propagandisten egal.

Und dann war da noch der gigantische Betrug, den eine der größten Public-Relations-Firmen in Washington, Hilton and Knowles, dem amerikanischen Volk angetan hat.

Auch hier brachte nur WIR die Geschichte, dass die ganze tränenreiche Episode, in der irakische Soldaten neugeborene Babys in Kuwait aus den Brutkästen zogen und auf den Boden warfen, eine grobe Lüge war. Interessant ist, dass Hilton und Knowles ebenso wie Benton und Bowles lange Verbindungen zum Tavistock-Institut hatten. Beide Unternehmen waren führende "Werbe"-Agenturen.

Die von einem "Augenzeugen" (der zufällig die jugendliche Tochter des kuwaitischen Botschafters der Al-Sabah-Familie in Washington war) unter Tränen erzählte Geschichte von Hilton und Knowles war es, die den Senat dazu brachte, gegen die US-Verfassung zu verstoßen und Bush dem Älteren die "Erlaubnis" zu geben, den Irak anzugreifen, obwohl es in der US-Verfassung keine solche Bestimmung gibt. Obwohl Bush der Ältere sagen könnte: "Nun, ich habe das nicht gewusst, ich habe Hilton und Knowles nicht engagiert", wusste er ganz offensichtlich alles über den entscheidenden Propagandagagang, der gegen das amerikanische Volk durchgeführt wurde. Niemand wird jemals glauben, dass er die sechzehnjährige Tochter des kuwaitischen Botschafters, die er zuvor getroffen hatte, nicht erkannt hat.

Der kuwaitische Botschafter zahlte Hilton und Knowles 600.000 Dollar, um den ausgeklügelten Betrug vor dem Senat zu inszenieren, wofür er wegen Lüge vor einem Senatsausschuss hätte verhaftet werden müssen. Besonders ärgerlich ist, dass auch die Tochter ungestraft blieb, als sie unter Tränen von ihren Erlebnissen berichtete: "Ich habe gesehen, wie die irakischen Soldaten die neugeborenen Babys aus den Brutkästen gezogen und auf den Boden geworfen haben", weinte sie.

Tatsache war, dass Narita Al Sabah seit Jahren nicht mehr in der Nähe von Kuwait gewesen war, und schon gar nicht während des Krieges! Sie hatte sich mit ihrem Vater in der Residenz des Botschafters in Washington D.C. aufgehalten. Dennoch wurden diese Kinderlüge und ihr Vater nicht strafrechtlich verfolgt. Das ist es, was die Propagandaexperten von Tavistock "eine erfolgreiche

Neuinszenierung der Ereignisse" nennen. Narita Al Sabahs Aussage wurde zum Kernstück einer riesigen Medienkampagne in Amerika, und es ist bekannt, dass sie nicht nur den Senat beeinflusste, sondern auch das amerikanische Volk auf die Seite des Krieges gegen den Irak brachte.

Bush der Ältere gab sich einem alten Propagandastück hin, als er der Welt erklärte, "Saaadam" müsse aus dem Irak entfernt werden, "um den Nahen Osten sicher zu machen". (Erinnern Sie sich, dass Wilson amerikanische Truppen in Frankreich in den Tod schickte, um "die Welt für die Demokratie sicher zu machen"). Bush der Ältere fing plötzlich an, den irakischen Präsidenten zu verunglimpfen und zu dämonisieren, um den Zielen seiner Ölkartell-Freunde zu dienen, und wie im Falle des Kaisers im Jahr 1913 hat es funktioniert.

Nicht viele Menschen erinnerten sich an den Trick von Wilson, sonst wäre ihnen die auffällige Ähnlichkeit zwischen dem, was Präsident Bush sagte, und dem, was Bryce Wilson erzählte, und dem, was Wilson dem amerikanischen Volk sagte, um es zur Unterstützung des Ersten Weltkriegs zu bewegen, aufgefallen. Jetzt, da Hussein so gut wie vergessen ist und die Bedrohungen, die von ihm angeblich ausgingen, als ein Haufen Lügen abgetan wurden, müssen wir uns plötzlich um "Al-Qaida" sorgen.

Woodrow Wilson bediente sich schlichter Propaganda, als er dem zögernden amerikanischen Volk erklärte, der Krieg würde "die Welt für die Demokratie sicher machen". Bush intonierte die gleiche wahrhaftige Täuschung.

Die Kosten, um die Welt "sicher für die Demokratie" zu machen, waren horrend. Professor William Langer bezifferte die Zahl der bekannten Toten des Ersten Weltkriegs auf 10.000.000 Soldaten und Soldatinnen und 20.000.000 Verwundete. Allein Russland verlor 9.000.000 Gefallene oder erstaunliche 75 Prozent seiner Armee. Die Gesamtkosten des Krieges in Dollar wurden auf 180.000.000.000 $ beziffert, zu denen noch die indirekten Kosten von 151.612.500.000 $ hinzukommen.

KAPITEL 21

Das Soldatendenkmal und die Friedhöfe des Ersten Weltkriegs

Die Kosten für den Bush-Krieg gegen den Irak beliefen sich Mitte 2005 auf etwa 420 Milliarden Dollar, und die Familie Bush will mehr Geld für ihr unseliges Unterfangen. Und wie ich das amerikanische Volk und seine unglücklichen, hilflosen, aber nutzlosen Vertreter in der Legislative kenne, wird Bush bekommen, was er will.

Die Zahlen der Dollarkosten des Ersten Weltkriegs sagen nichts über den Kummer und das Leid aus, das Wilson, der Übeltäter, über Amerika gebracht hat. Wir fügen hier einen kürzlich erschienenen Artikel ein, der den schrecklichen Verlust an Menschenleben in diesem alptraumhaften Krieg auf ergreifende und persönliche Weise darstellt.

"Vor einigen Wochen besuchte ich mit meiner Familie das Soldier's Memorial Museum im Herzen der Innenstadt von St. Louis. Es ist ein riesiges und sehr beeindruckendes Gebäude, das 1936 von Präsident Roosevelt als Gedenkstätte für die 1075 Männer aus St. Louis eingeweiht wurde, die im Ersten Weltkrieg gefallen sind. Die Gedenkstätte ist von schmerzlicher Schönheit, mit Mosaiken und Marmor, Terrazzoböden und Bedford-Steinskulpturen. Beherrscht wird es von dem riesigen Kenotaph aus schwarzem Granit in seiner Mitte, auf dem die Namen von Hunderten von Gefallenen fein säuberlich aufgereiht sind."

"An dem Tag, an dem wir diesen eindrucksvollen, aber verwunschenen Ort besuchten, schien er völlig leer zu sein. Er war zwar leer von Besuchern, aber voll von den Geistern, Stimmen und Gesichtern der blassen, zerzausten Jungen in ordentlich gebügelten Uniformen, die vor 86 Jahren von St. Louis aus losmarschiert waren, um in einem glorreichen Krieg in einem weit entfernten Land zu kämpfen, Jungen, die nie wieder nach Hause zurückgekehrt waren. Das war umso ergreifender, als wir täglich mit den Auswirkungen des aktuellen Konflikts, des grausamen, blutigen Krieges im Irak, leben. Wir lesen täglich von den Jungen, die nie wieder nach Hause zurückkehren werden.

"Als ich mit meinem neugeborenen Mädchen im Arm durch die Gedenkstätte und das Museum ging, fiel mir vor allem auf, dass sie so vielen Gedenkstätten glich, die ich in meinem Heimatland Schottland besucht hatte. Sie sah auch so aus wie die, die ich in Frankreich, England, Kanada und Neuseeland besucht hatte, und sie sah genauso aus wie die Gedenkstätten in fast jedem anderen Land, das vom Blutbad des Ersten Weltkriegs betroffen war."

"In fast allen Ländern, die vom Gemetzel des Ersten Weltkriegs, dem so genannten "Krieg, der alle Kriege beenden sollte", betroffen waren, meldeten sich die Männer eilig zum Militär und zogen mit großer Begeisterung in den Krieg. Sie glaubten, es würde ein kurzer, scharfer und erfolgreicher Krieg sein, der aus guten Gründen geführt würde und für die Sieger ruhmreich wäre. Sie glaubten, sie würden eine bessere Welt aufbauen.

"Sie hatten Unrecht. Im Durchschnitt starben im Ersten Weltkrieg viereinhalb Jahre lang jeden Tag 5.500 Männer; das sind etwa vier Männer pro Minute, jede Minute, viereinhalb Jahre lang, bis 10 Millionen Männer tot waren. Der Erste Weltkrieg zerstörte nicht nur Leben, er zerstörte auch das Vertrauen in den Fortschritt, in den Wohlstand und in die Vernunft der zivilisierten Menschen, das für das 19. Der Krieg zerstörte einen Großteil der nächsten Generation, die Europa eine Führungsrolle hätte geben können...''

"Und heute Morgen, während ich mein kleines Mädchen im Arm halte und täglich Berichte über die eskalierende Gewalt im Irak lese, in denen weiterhin britische, irakische und amerikanische Männer sterben, verfolgt mich das St. Louis Soldier's - ein Mahnmal für einen Krieg, der niemals hätte geführt werden dürfen - und ihre Geister suchen das Memorial heim. Es war die schlimmste aller Katastrophen, der Krieg, der nie hätte geführt werden dürfen, verfolgt mich."

"Die neokonservativen Köpfe in der US-Regierung wären gut beraten gewesen, Orte wie diesen zu besuchen und lange und gründlich über die Lehren solcher Gedenkstätten nachzudenken, bevor sie sich auf einen Krieg im Nahen Osten einließen, der bereits eine unbekannte Zahl von Menschen getötet hat und der sicherlich noch viele weitere töten wird, direkt und indirekt.

(Geschrieben von Professor Dr. James Lachlan MacLeod, außerordentlicher Professor für Geschichte an der Universität von Evansville, Indiana).

Meine Erfahrungen decken sich mit denen von Professor MacLeod. Ich besuchte die Schlachtfelder von Verdun und Passchendale, wo sich der größte Teil des Gemetzels ereignete, von dem er so trefflich berichtet. Ich habe versucht, mir vorzustellen, wie 10 Millionen Soldaten so jung starben, welchen Schrecken, welches Grauen und welche Trauer sie erlebten und wie untröstlich die Hinterbliebenen waren. Als ich im schwindenden Licht des Nachmittags auf einem der vielen Kriegsfriedhöfe in Frankreich stand und die Tausende und Abertausende von sauberen weißen Kreuzen betrachtete, die über die Kriegsfriedhöfe marschierten, überkam mich der Zorn und dann die Trauer, so sehr, dass ich schwöre, dass ich die Schreie und Angstschreie der Toten hörte, die Gerechtigkeit forderten, weil sie in ihrer Blütezeit so grausam niedergemetzelt wurden, und ich schien ihre Gesichter in den Wolken über mir zu sehen.

Es war eine mystische Erfahrung, die ich nie vergessen werde, ähnlich wie die Erfahrung eines britischen Offiziers, der diese Schlachtfelder 1919 besuchte:

Gestern habe ich die Schlachtfelder der letzten Jahre besucht. Der Ort war kaum wiederzuerkennen. Anstelle einer von Granaten zerrissenen Wildnis war das Gelände ein Garten mit wilden Blumen und hohen Gräsern. Am bemerkenswertesten war das Erscheinen von vielen Tausend weißen Schmetterlingen, die umherflatterten. Es war, als ob die Seelen der toten Soldaten den Ort heimsuchen würden, an dem so viele gefallen waren. Es war unheimlich, sie zu sehen. Und die Stille! Es war so still, dass ich fast den Flügelschlag der Schmetterlinge hören konnte. (Aus den Aufzeichnungen des British War Museum in London)

Ich war so empört, dass ich entschlossen war, alles über einen schrecklichen Krieg herauszufinden, der mit massiver Propaganda begann, der Geißel der modernen Welt. Das war ein weiterer entscheidender Grund, dieses Buch zu schreiben und das Übel von Tavistock zu entlarven. Sir Roger Casement war der Meinung, Lord Bryce hätte wegen Hochverrats gehängt werden sollen, und ich bin der Meinung, dass Wilson ein ähnliches Schicksal hätte erleiden müssen, was Roosevelt und Churchill davon abgehalten hätte, die Welt in eine zweite Runde des Gemetzels zu stürzen. Die Propaganda setzte sich durch, und die westliche zivilisierte Welt war verloren.

Die Welt, die wir kannten, die von der westlichen Zivilisation errichtete Welt, ist verschwunden. Spenglers düstere Vorhersagen haben sich als richtig erwiesen. Anstelle unserer westlichen zivilisierten Welt werden wir bald das grässliche Gebäude der neuen kommunistisch-sozialistischen Eine-Welt-Regierung sehen, das sich aus der Dunkelheit der kommenden langen Nacht erhebt.

Es besteht kein Zweifel, dass der Erste Weltkrieg von Großbritannien und seinem Verbündeten, den Vereinigten Staaten von Amerika, mit Hilfe des Hauses Wellington verursacht wurde. Der Krieg hätte ohne die dunklen Kräfte des Hauses Wellington nicht geführt werden können. Der Name von Lord Grey, seinem Hauptarchitekten, wird als verräterischer, unehrlicher Politiker in die Geschichte eingehen.

Es besteht kein Konsens darüber, warum Großbritannien den Ersten Weltkrieg begonnen hat. Aber 1916 hatte die deutsche Armee die französische und die britische Armee in entscheidender Weise besiegt. Wilson stand unter starkem Druck, amerikanische Truppen nach Europa zu entsenden, weshalb das Wellington House einen umfassenden Propagandakrieg gegen das amerikanische Volk entfachte, der jedoch bis zur Veröffentlichung des Bryce-Berichts wirkungslos blieb.

Um zu verstehen, was im Irak geschieht, müssen wir uns mit der schrecklichen Propaganda vertraut machen, die in den Jahren 1913 und 1940 gegen das britische und amerikanische Volk eingesetzt wurde. Es war eines der dunkelsten und übelsten Kapitel der Geschichte, in dem Wilson Lügen wie "gerechter Krieg" und "Krieg zur Beendigung aller Kriege" verbreitete, ein Krieg, "um die Welt für die Demokratie sicher zu machen." In diesem Krieg ging es darum, den Handel vor allem für Großbritannien und Frankreich zu sichern, das nun von der deutschen Industrie bedroht wurde.

Aber es waren Worte, die seine wahren Absichten verschleierten und in diesem Zusammenhang bedeutungslos waren, genau das, was man von einem Politiker erwarten würde. Die Art von Blödsinn, die man auf einer Gesellschaftsseite findet.

Wilsons Gerede, er wolle "die Welt für die Demokratie sicher machen", war nichts weiter als eine bunte Gasblase. Er schlug vor, auf der Seite der Engländer in den Krieg zu ziehen, die in diesem Moment dafür sorgten, dass es im Empire keine Volksdemokratie gab.

Die Engländer hatten gerade die Buren in Südafrika in einem grausamen, drei Jahre dauernden Krieg brutal niedergeschlagen. Wenn Wilson die Welt "sicher für die Demokratie" machen wollte, hätte er an der Seite Deutschlands gegen England, den Aggressor und Anstifter des Krieges, in den Krieg ziehen sollen.

Anstatt "die Welt für die Demokratie sicher zu machen", entpuppte er sich als die größte Katastrophe, die jemals über zivilisierte Nationen hereinbrach, die in die Fänge von Männern geraten waren, die korrupte, unmoralische Lügner waren, in einen Krieg, der zu Recht "Der Große Krieg" genannt wurde. Er war natürlich nur "groß" in seiner Größe und seinem Ausmaß.

Wir werden nie verstehen, wie die Vereinigten Staaten zur "einzigen Großmacht" wurden, wenn wir uns nicht zu den Sünden Wilsons und des britischen Establishments von vor 100 Jahren bekennen. Die Vereinigten Staaten haben sich trotz der eindringlichen Warnung George Washingtons ständig in die Angelegenheiten anderer souveräner Nationen eingemischt, und das erste Beispiel dafür war unser Eintritt in den Ersten Weltkrieg und der gescheiterte Völkerbund. Wilson nutzte die meisterhaften Propagandisten des Hauses Wellington, die Slogans als Schwert benutzten, und erklärte dem widerstrebenden Senat, dass er "der Welt das Herz brechen" würde, wenn er den Völkerbund nicht ratifizieren würde.

Dank Senator Cabot Lodge und einer Reihe von US-Senatoren, die nach nüchterner Überlegung und Prüfung der US-Verfassung die Ratifizierung des Völkerbundsvertrags ablehnten, weil sie feststellten, dass dieser die Souveränität der USA zu beseitigen versuchte. Wilson nutzte und missbrauchte seine Vorliebe für Propaganda, um seine Wiederwahlkampagne zu einem "großen und feierlichen Referendum für die Annahme des Vertrags" zu machen, aber da er Lord Bryce nicht hinter sich hatte, verlor er und wurde aus dem Amt gefegt.

Leider dauerte es nicht lange, bis die Zange der Propaganda mit der neu gestalteten Version des Völkerbundes, den Vereinten Nationen, ein Comeback feierte. Truman (nicht der einfache Hutverkäufer aus Missouri, sondern der Freimaurermeister) verriet das amerikanische Volk, indem er dieses Eine-Welt-Gebäude in den USA zuließ, und Truman nutzte die von Wilson übrig gebliebene Propaganda, um wichtige Senatoren dazu zu bewegen, für seine Lügen zu stimmen.

Was Truman tat, war, die amerikanische Nation zu zwingen, einen Pakt mit dem Teufel einzugehen - dem Teufel der Macht über Gerechtigkeit und Wahrheit, Gerechtigkeit aus dem Lauf einer Waffe. Wir haben diese "Gerechtigkeit" im Zweiten Weltkrieg durch Massenbombardements auf zivile Zentren ohne Rücksicht auf Verluste angewandt und wir haben Atombomben auf Japan eingesetzt, obwohl der Krieg vorbei war, mit dem Propagandatrick "Schock und Ehrfurcht", der von Rumsfeld im verfassungswidrigen Krieg gegen den Irak aufgegriffen wurde.

KAPITEL 22

Frieden ist nicht populär

Der Zweite Weltkrieg verlief nach einem fast identischen Muster wie der Erste Weltkrieg. Weil er einen Friedensvertrag mit Hitler geschlossen hatte, wurde Neville Chamberlain vom Tavistock-Institut sofort mit einem gewaltigen Propagandabalken belegt. Chamberlain hatte sich dem Komitee der 300 widersetzt und einen Neuling unterstützt, einen Außenseiter, der als Bedrohung für den Weltsozialismus angesehen wurde.

Die Welt erfuhr nicht die Wahrheit über Chamberlain und auch nicht, dass er ein fähiger Politiker war, der einen weiteren Krieg vermeiden wollte, oder dass er über viel Erfahrung verfügte und einen gerechten Friedensplan ausgearbeitet hatte - was natürlich den Geiern der Waffenhändler nicht passte, die auf dem Zaun saßen und darauf warteten, den Reichtum der Nationen und die Leichen ihrer Söhne zu plündern.

Die riesige Propagandamaschinerie des Tavistock-Instituts in London setzte sich sofort gegen Chamberlain in Bewegung, nachdem dieser seinen erfolgreichen Friedensplan angekündigt hatte. Shakespeare sagte, dass "das Böse, das Menschen tun, nach ihnen lebt; das Gute wird oft mit ihren Gebeinen begraben". Das Gute, das Chamberlain tat, passte den Kriegstreibern nicht und sie begruben Chamberlain unter einem Katalog von Propaganda und offenen Lügen.

Diese Lügen waren das Werk von Propagandaspezialisten des Tavistock-Instituts, insbesondere von Peter Howard, Michael Foot und Frank Owen. Einer dieser Männer verunglimpfte Chamberlain unter dem Pseudonym "Cato" so sehr, dass das Odium, das sie seinem Namen anhängten, bis heute, im Juli 2005, anhält. Das ist die Macht der mächtigen Tavistock-Propagandamaschine.

In späteren Jahren, lange nachdem die betrügerischen

Propagandaexperten ihre Arbeit getan hatten, schrieb der britische Historiker und Gelehrte David Dutton ein Buch mit dem Titel Neville Chamberlain, in dem er eine ausgewogene Einschätzung des ehemaligen Premierministers gab.

Chamberlain war weit davon entfernt, ein "Dummkopf Hitlers" und ein "Narr" zu sein, und zeigte beachtliches Verhandlungsgeschick und war eine äußerst kompetente Führungspersönlichkeit, die sich tapfer dafür einsetzte, einen weiteren Krieg zu verhindern. Dies stand jedoch im Widerspruch zu den Wünschen des Ausschusses der 300. Churchill bekam seinen "köstlichen Krieg", aber 1941 waren die "Alliierten" praktisch vom europäischen Kontinent vertrieben worden, und zwar unter großen Verlusten an Arbeitskräften. Frankreich, Belgien, Holland und Dänemark waren besetzt.

Deutschland bot England großzügige Bedingungen an, aber der Kriegstreiber Churchill lehnte die Friedensangebote ab und wandte sich an seinen alten Verbündeten, die Vereinigten Staaten, um Männer, Geld und Material für die Fortsetzung des "köstlichen Krieges" bereitzustellen.

Dem amerikanischen Volk sagen wir in tiefem Bedauern: "Wann werdet ihr jemals lernen? Wann werdet ihr zwischen Propaganda und echter Information unterscheiden können? Wann werden Sie die Vorschläge für einen Krieg auf den Prüfstand der Verfassung stellen?"

Wilson war ein vollendeter Lügner und ein Hasser der amerikanischen Verfassung; dennoch konnte er dank einer riesigen Propagandaaktion, die von Wellington House organisiert und aufrechterhalten wurde, seine Mission erfüllen, indem er unter dem Banner des Patriotismus agierte, der den starken Widerstand gegen den Krieg überwand. Wilson, Churchill und Roosevelt haben der christlichen Zivilisation des Abendlandes enormen Schaden zugefügt. Trotzdem werden ihre Namen weiterhin von einer Welle der Propaganda umspült, als ob sie das Blut von Millionen von Menschen an ihren Händen loswerden wollten.

Anstatt verunglimpft zu werden, finden sich in ganz Europa zahlreiche Denkmäler zu ihren Ehren, und in Amerika soll ein mehrere Milliarden Dollar teures Denkmal zu Ehren von Franklin D. Roosevelt errichtet werden, dessen Verrat die Japaner dazu veranlasste, "den ersten Schuss abzufeuern", wie die Stimson Dairies berichten. Pearl Harbor öffnete den Weg zur kommunistischen Kontrolle Chinas und letztlich den Weg zu einer neuen kommunistisch-sozialistischen Neuen Weltordnung in einer Eine-Welt-Regierung. Unsere einzige Hoffnung in einem Tal der Verzweiflung ist, dass diese Arbeit dazu beitragen kann, dem amerikanischen Volk die Augen zu öffnen, damit es sich entschließt, nie wieder auf Propaganda hereinzufallen, auch wenn dies nach der Tragödie vom 11. September 2001 nun eine vergebliche Hoffnung zu sein scheint.

Vor kurzem haben wir die beunruhigende Erfahrung gemacht, dass wir in Serbien, Afghanistan und im Irak in einen unnötigen Krieg gedrängt wurden, und zwar mit den erweiterten Propagandamitteln in den Händen der Tavistock-Experten, mit denen auch der Kaiser und Chamberlain verunglimpft wurden. Präsident Milosevic wurde dämonisiert, verleumdet, herabgesetzt und schließlich aus dem Amt gejagt. Präsident Milosevic wurde illegal verhaftet und illegal nach Holland transportiert, wo er von einem Känguru-Gericht, das seit fast vier Jahren versucht, ihn wegen "Kriegsverbrechen" zu verurteilen, "abgeführt" wurde.

George Bush der Jüngere weigerte sich, den Vermittlern im Irak Zeit zum Arbeiten zu geben, weil er wusste, dass dies einen Krieg verhindern würde. Er weigerte sich, den UN-Waffeninspektoren Zeit zu geben, ihre Arbeit zu beenden, und erklärte stattdessen mit der bösen Absicht aller Propagandisten, dass die Welt keine zehn Tage mehr warten könne, weil die "unmittelbare Gefahr" durch die "Massenvernichtungswaffen" in den Händen "des irakischen Diktators" bestehe. (Der "Schlächter von Bagdad".)

So wurden die Menschen in den Vereinigten Staaten wieder einmal von einer Flut nackter Lügen mitgerissen, die von den Propagandisten des Tavistock-Instituts verbreitet und von den amerikanischen Medien, insbesondere dem wichtigsten Propagandaorgan in den Vereinigten Staaten, dem Fox News Channel, aufgegriffen wurden.

In einer Hinsicht haben die Amerikaner dieses Mal mehr Glück: Wir mussten nicht 100 Jahre warten, bis die Wahrheit ans Licht kam: Es gab keine "Massenvernichtungswaffen", keine "chemischen und bakteriologischen Fabriken", keine Langstreckenraketen, die einen

"Atompilz über Boston" verursacht hätten (mit freundlicher Genehmigung der Apologetin der Tavistock-Propaganda und der Massen-Gehirnwäsche, Frau Rice), und Mr. Bush und seinen Komplizen, den britischen Premierminister Blair. Doch obwohl sie in einem Netz von Lügen gefangen sind, bleiben alle Genannten im Amt. Sie wurden nicht für die vielen Lügen entlassen, die sie als Wahrheit beschworen haben und von denen sie sich jetzt nicht einmal die Mühe machen, sich zu befreien, indem sie die Kritik mit Hilfe von Spin-Mastern (geschliffenen Lügnern) wie Karl Rove und Alaister Campbell abwehren. Hoffen wir, dass der Gerechtigkeit Genüge getan wird und dass die Verantwortlichen für die Tragödie der Bombardierung Serbiens und Afghanistans und die ungerechtfertigte Invasion des Irak vor die internationale Justiz gebracht werden, um sich für ihre Verbrechen zu verantworten.

Von den Schlachtfeldern Europas, des Pazifiks, Serbiens und Afghanistans und aus dem Irak ertönen die Stimmen der Toten, die beklagen, dass sie starben, weil die "Gehirnwäsche" triumphierte und die Propaganda die Oberhand gewann, die Geißel der modernen Welt, die vom Tavistock-Institut ausgeht wie ein fauliger Miasma aus einem feuchten und stinkenden Sumpf, der die Welt einhüllt und sie für die Wahrheit blind macht.

WELLINGTON HAUS PROPAGANDA STERNE

Lord Northcliffe.

Walter Lippman.

Edward Bernays und Eleanor
Roosevelt.

Edward Bernays.

Sozialwissenschaftler bei Tavistock

W.R. Bion.

Gregory Bateson.

R.D. Laing.

Eric L. Trist.
Sozialwissenschaftler am
Tavistock-Institut.

Leon Trotsky. Marxistischer
Führer (richtiger Name Lev.
Bronstein.)

Willy Munzenberg. Der
brillante russische Spion und
führende Propagandist.

Lord Northcliffe und Adolph Hitler.

George Bernard Shaw. Irischer
Dramatiker und Fabianist.

H.G. Wells. Britischer Autor.
Führender Fabianist und
Geheimdienstler. Schrieb Krieg der
Welten.

Walter Rathenau. Führender
deutscher Industrieller.
Finanzberater von Kaiser Wilhelm
II.

Lord Bertrand Russell.
Britischer Sozialist,
Autor und Elder
Statesman der "300".

Kaiser Wilhelm II.
Wellington House
verleumdete den deutschen
Führer fälschlicherweise als
"blutigen Schlächter".

Königin Victoria, war eine
Cousine von Wilhelm II.

König Georg V.

Woodrow Wilson, Präsident
der USA. Ein bekennender
Sozialist.

Die berüchtigte Propagandazeichnung, auf der Kaiser Wilhelm II. über belgischen Frauen und Kindern steht, die er erschossen hat. Diese Zeichnung und eine ähnliche, von Wellington House angefertigte Zeichnung, auf der Wilhelm II. über belgischen Kindern steht, von deren abgetrennten Händen das Blut eines Schwertes tropft, erschienen in Zeitungen in Großbritannien und den Vereinigten Staaten.

(oben) Trotzki "prüft" seine "Truppen" in Moskau. Dies ist eines der Hunderte von Propagandafotos, die willige westliche Zeitungen überfluteten.

(unten) Eine Darstellung eines der vielen schrecklichen Nahkämpfe des Ersten Weltkriegs. Die Brutalität und das Gemetzel hinterließen bei den Überlebenden auf beiden Seiten seelische Verkrüppelungen und Verfolgungen durch das Erlebte.

(1) Sean Hannity. (2) Rush Limbaugh.

(3) Tucker Carlson. (4) Matt Drudge.

(5) G. Gordon Liddy. (6) Peggy Noonan.

(7) Brian Williams. (8) Bill O'Reilly.

(9) Lawrence Kudlow. (10) Dick Morris.

(11) John Stossel. (12) William Bennet.

(13) Oliver North. (14) Michael Savage.

(15) Michael Reagan. (16) Joe Scarborough.

KAPITEL 23

Das Tavistock-Institut: Großbritanniens Kontrolle über die Vereinigten Staaten

Das Tavistock Institute of Human Relations hat seinen Sitz in London und auf dem Gelände der Universität Sussex in Sussex, England, wo sich auch die meisten seiner Forschungseinrichtungen befinden. Tavistock ist heute noch genauso wichtig wie damals, als ich Anfang 1969 erstmals von seiner Existenz erfuhr. Man hat mir vorgeworfen, ein Teil von Tavistock gewesen zu sein, weil ich in unmittelbarer Nähe der Tavistock-Einrichtung in Sussex gearbeitet habe und so viel über ihre Geschichte wusste.

Die meisten von Tavistocks jüngeren Aktivitäten hatten und haben immer noch einen tiefgreifenden Einfluss auf die Art und Weise, wie wir in Amerika leben, und auf unsere politischen Institutionen. Man geht davon aus, dass Tavistock hinter der Werbung für Abtreibung, der Verbreitung von Drogen, Sodomie und Lesbentum, Familientraditionen und dem heftigen Angriff auf die Verfassung, unser außenpolitisches Fehlverhalten und unser Wirtschaftssystem, das auf Scheitern programmiert ist, steckt.

Abgesehen von John Rawlings Reese haben keine zwei Männer die Weltpolitik und das Weltgeschehen so sehr geprägt wie Edward Bernays (der Doppelneffe von Sigmund Freud) und Kurt Lewin. Ein "dritter Mann" muss hier mit einbezogen werden, obwohl er nie zum Lehrkörper von Tavistock gehörte, und ich beziehe mich auf Willi Munzenberg, dessen Propagandamethoden und Anwendungen, die für das moderne Zeitalter der Massenkommunikation so entscheidend waren, ihm den Titel "der größte Propagandist der Welt" einbrachten. Munzenberg, der zweifellos der brillanteste Mann seiner Zeit war (er begann seine Arbeit vor dem Ersten Weltkrieg), war für die Säuberung der Bolschewiki nach dem Sturz der Romanow-Dynastie verantwortlich.

Munzenberg hat die Ideen und Methoden von Bernays und Lewin entscheidend geprägt. Seine legendären Taten im Umgang mit Leon Tepper, dem Kappelmeister der "Roten Kapelle", machten Munzenberg zum Meisterspion aller existierenden Geheimdienste. Tepper wurde von Munzenberg ausgebildet und wurde nie erwischt. Tepper war in der Lage, alle Geheimnisse Großbritanniens und der Vereinigten Staaten im Zweiten Weltkrieg zu beschaffen. Es gab kaum einen geheimen Plan der "Alliierten", der nicht bereits Tepper bekannt war, der die Informationen an den KGB und den GRU in Moskau weitergab.

Auf seinem Gebiet war Bernays ebenso brillant, aber ich vermute, dass die meisten seiner Ideen von seinem berühmten Onkel Sigmund stammen. Was seine Ideen zur Propaganda betrifft, so besteht kaum ein Zweifel daran, dass er von Munzenberg "geliehen" hat, was sich in dem 1928 veröffentlichten Bernays-Klassiker Propaganda widerspiegelt. Die These des Buches lautet, dass es völlig richtig und ein natürliches Recht der Regierung ist, die öffentliche Meinung so zu gestalten, dass sie der offiziellen Politik entspricht. Wir werden später auf dieses Thema zurückkommen.

Munzenberg war kühn genug, seine grundlegenden Lehren über Propaganda in die Praxis umzusetzen, lange vor Bernays oder Joseph Goebbels, dem deutschen Minister für Volksaufklärung (wie das Propagandaministerium genannt wurde).

Der Propagandaspezialist der NSDAP bewunderte Munzenbergs Arbeit sehr und richtete sein eigenes Propagandaprogramm eng an Munzenbergs Methoden aus. Goebbels war stets bemüht, Munzenberg als "Vater" der Propaganda zu würdigen, auch wenn nur wenige etwas über ihn wussten.

Goebbels hatte besonders studiert, wie Munzenberg seine Beherrschung der Propagandawissenschaft einsetzte, als Lenin ihn einberief, um die entsetzliche Publizität abzustumpfen, die 1921 entstand, als 25 Millionen Bauern im Wolgagebiet an den Folgen einer Hungersnot starben. So kam es, dass der in Deutschland geborene Munzenberg zum Liebling der Bolschewiki wurde. Ich zitiere aus einem Bericht über die jüngere Geschichte:

"Munzenberg, der inzwischen nach Berlin zurückgekehrt war, wo er später als kommunistischer Abgeordneter in den Reichstag gewählt wurde, wurde damit beauftragt, eine falsche 'Wohltätigkeitsorganisation' zu gründen, das Ausländische Komitee für die Organisation der Arbeiterhilfe für die Hungernden in der Sowjetunion, dessen Zweck es war, der Welt vorzutäuschen, dass die humanitäre Hilfe aus einer anderen Quelle als Herbert Hoovers American Relief Organization kam. Damit war Munzenberg durchaus erfolgreich."

Munzenberg erregte die Aufmerksamkeit der Direktion des ehemaligen Wellington House, das 1921 in Tavistock Institute of Human Relations umbenannt worden war und unter der Leitung von Generalmajor John Rawlings Reese stand, der zuvor an der British Army Psychological Warfare Bureau School tätig war.

Es wird die Leser, die meine Arbeit verfolgt haben, nicht überraschen, dass viele der von Munzenberg übernommenen und perfektionierten Techniken von Bernays und seinen Kollegen Kurt Lewin, Eric Trist, Dorwin Cartwright und H.V. Dicks W.R. Bion bei Tavistock übernommen wurden, die diese Methoden dann der Central Intelligence Agency beibrachten.

Munzenberg war nicht der einzige Kommunist, der die Geschehnisse in den Vereinigten Staaten tiefgreifend beeinflusste. Ich glaube, dass Tavistock an der Ausarbeitung des "Abtreibungsschriftsatzes" mitgewirkt hat, der dann 1973 dem Obersten Gerichtshof vorgelegt wurde,

als Originalwerk, obwohl es sich in Wirklichkeit nur um eine Wiederholung dessen handelte, was Madame Kollontei, die Begründerin der "Frauenbefreiungsbewegung" und Verfechterin der "freien Liebe" in der UdSSR, geschrieben hatte.

Das Buch der bolschewistischen Kommissarin und Vordenkerin ist eine Hetzschrift gegen die Unantastbarkeit der Ehe und der Familie als wichtigste soziale Einheit in christlichen Ländern. Kollontei hat ihren "Feminismus" natürlich direkt aus den Seiten des Kommunistischen Manifests von 1848 übernommen.

George Orwell, der MI6-Agent, der das berühmte Buch 1984 schrieb, hatte die Arbeit von Munzenberg eingehend studiert. Seine bekannteste Aussage basierte auf dem, was Munzenberg als Grundlage der Propaganda bezeichnet hatte:

"Die politische Sprache ist darauf ausgerichtet, Lügen wahrhaftig und Mord respektabel klingen zu lassen und dem reinen Wind den Anschein von Solidität zu geben."

Wie sein deutscher Amtskollege Munzenberg sagte: "Alle Nachrichten sind Lügen und alle Propaganda ist als Nachrichten getarnt."

Es ist nützlich, etwas über Munzenberg zu wissen, denn es hilft uns zu verstehen, wie Politiker arbeiten, wie Geheimdienste den Zugang zu Informationen kontrollieren und wie die öffentliche Meinung geformt und gestaltet wird. Bernays folgte seinem Meister und wich nie von seiner Methodik ab. Ohne diese Dinge zu wissen, können wir niemals verstehen, wie Präsident George Bush in der Lage ist, die Dinge zu tun, die er tut, ohne die Konsequenzen tragen zu müssen. Es hat mir jedenfalls ermöglicht, den Ursprung der so genannten "Neokonservativen", die seine Politik prägen, bis zu ihrem Gründer Irving Kristol zurückzuverfolgen, der zugibt, ein bekennender Anhänger von Leo Trotzki gewesen zu sein.

Tavistock ist nach wie vor die Mutter aller Forschungseinrichtungen, die sich mit Verhaltensänderungen, Meinungsbildung und der Beeinflussung politischer Ereignisse befassen. Tavistock hat ein "schwarzes Loch der Täuschung im 20th Jahrhundert" geschaffen. Seine Aufgabe wäre sehr viel schwieriger gewesen, wenn es nicht die Prostitution der Medien und ihre Rolle bei der Verbreitung des "Evangeliums nach George Orwell" gegeben hätte.

Lord Northcliffe, der Chef des Tavistock-Vorgängers Wellington House, war ein Medienmogul und ging sogar so weit, dass er wöchentlich Tausende von Exemplaren seiner Daily Mail nach Frankreich schickte, um sie dann mit einer Flotte von Lastwagen an die britischen Truppen an der Front zu liefern, "um ihre Herzen und Köpfe für den Krieg zu gewinnen" (Erster Weltkrieg).

Vor allem hier in den Vereinigten Staaten hat sie praktisch das Massachusetts Institute of Technology (MIT), Stanford Research, das Esalen Institute, die Wharton School of Economics, das Hudson Institute, Kissinger Associates, die Duke University und viele andere Einrichtungen übernommen, die wir als rein amerikanisch betrachten.

Die Rand Research and Development Corporation, die unter der Vormundschaft von Tavistock steht, hat einen tiefgreifenden Einfluss auf so viele Institutionen und Bereiche unserer Gesellschaft gehabt. Als eines der wichtigsten Forschungsinstitute, das direkt von Tavistock kontrolliert wird, leitet Rand unser ICBM-Programm, erstellt erstklassige Analysen für die US-Außenpolitiker, berät in Fragen der Atompolitik und führt Hunderte von Projekten für die C.I.A. auf dem Gebiet der Bewusstseinskontrolle durch.

Zu den Kunden von Rand gehören AT&T, die Chase Manhattan Bank, die U.S. Air Force, das U.S. Department of Energy und B.M. Rand ist eine der größten von Tavistock kontrollierten Institutionen der Welt und arbeitet an Gehirnwäsche auf allen Ebenen, einschließlich Regierung, Militär und religiösen Organisationen. Desmond Tutu von der Anglikanischen Kirche war eines der Projekte von Rand.

Nehmen wir ein anderes Beispiel: die Georgetown University, vielleicht eine der besten Hochschulen in Amerika. Ab 1938 wurde die gesamte Struktur von Georgetown von Tavistock umgestaltet - alle Lernformate und Programme wurden nach einem von Tavistocks "Brain-Trust-Team" erstellten Plan geändert.

Dies hatte große Bedeutung für die Politik der USA, insbesondere im Bereich der außenpolitischen Beziehungen. Die Außendienstmitarbeiter des US-Außenministeriums werden ausnahmslos in Georgetown ausgebildet.

Einige der bekannteren Absolventen von Georgetown (Tavistock) sind Richard Armitage und Henry Kissinger. Wie viel Schaden diese beiden Mitglieder der unsichtbaren Armee von John Rawlings Reese für das Wohlergehen unseres Landes angerichtet haben, wird zu einem anderen Zeitpunkt zu berichten sein.

Es gibt immer mehr Beweise dafür, dass Tavistock zunehmend Einfluss auf unsere Nachrichtendienste nimmt. Wenn wir in den USA an Nachrichtendienste denken, denken wir in der Regel an den CJA oder die Abteilung Fünf des FBI.

Aber es gibt noch eine Vielzahl anderer Nachrichtendienste, die von Tavistock unterrichtet werden. Dazu gehören der Nachrichtendienst des Verteidigungsministeriums (DIA), das National Reconnaissance Office (NRO), das Office of Naval Intelligence

(ONI), der Nachrichtendienst des Finanzministeriums (TIS), der Nachrichtendienst des Außenministeriums, die Drug Enforcement Agency (DEA) und mindestens zehn weitere.

Wie und wann begann die Karriere von Tavistock? Wie ich in meinen Werken von 1969 und 1983 dargelegt habe, denken wir bei Tavistock automatisch an seinen Gründer, den Major der britischen Armee John Rawlings Reese. Bis 1969 gab es in Großbritannien außerhalb der Geheimdienstkreise nur sehr wenige Menschen, die von der Existenz von Tavistock wussten, geschweige denn, was in den Einrichtungen in London und Sussex getan wurde.

Tavistock erbrachte Dienstleistungen unheilvoller Art für die Menschen, die wir in jeder Stadt dieses Landes finden; Menschen, die lokale und staatliche Regierungsbeamte und Polizeidienststellen in ihrer Hand haben.

Dies ist auch in jeder größeren amerikanischen Stadt der Fall, wo die Illuminaten der Freimaurerei ihre geheimen Kontrollbefugnisse nutzen, um sich über die Bill of Rights hinwegzusetzen und unschuldige Bürger nach Belieben einzuschüchtern und zu brutalisieren. Wo sind die Staatsmänner, die dieses Land einst groß gemacht haben? Was wir an ihrer Stelle haben, sind Gesetzgeber, die die Gesetze, die sie machen, nicht durchsetzen, und die Angst haben, die offensichtlichen Ungerechtigkeiten, die es überall gibt, zu korrigieren, weil sie, wenn sie ihrem Amtseid gehorchen würden, ihren Job verlieren könnten.

Sie sind auch Gesetzgeber, die nicht die geringste Ahnung davon haben, was Verfassungsrecht ist, und es scheint sie nicht zu interessieren. Sie verabschieden "Gesetze", die nie auf ihre Verfassungsmäßigkeit hin geprüft wurden. Die Mehrheit der Gesetzgeber weiß ohnehin nicht, wie man das macht. Infolgedessen herrscht in Washington Anarchie. Für die meisten Kandidaten, die für das Repräsentantenhaus und den Senat kandidieren, mag es ein Schock sein, dass jeder einzelne von ihnen von den Verhaltensforschern von Tavistock oder einer oder mehrerer ihrer Tochtergesellschaften in den USA sorgfältig überprüft und profiliert wird.

Es genügt zu sagen, dass im Kongress ein Geist der verfassungswidrigen Gesetzlosigkeit herrscht, weshalb wir durch

Maßnahmen wie das "Brady"-Gesetz und das Feinsteinsche "Überfallwaffen"-Gesetz beleidigt sind.

"Angriffswaffen" und im Jahr 2003 das "Heimatschutzgesetz" und der "Patriot Act" tauchen nirgendwo in der Verfassung auf und sind daher allesamt ein Verbot. Feinsteins "Gesetz" sieht verdächtig nach der Arbeit des Tavistock-Instituts aus. Da die Verfassung das oberste Gesetz des Landes ist, sind "Waffenkontrollgesetze" null und nichtig.

Schusswaffen sind Privateigentum. Schusswaffen fallen nicht unter den zwischenstaatlichen Handel. Jeder US-Bürger mit gesundem Verstand, der volljährig und kein Verbrecher ist, hat das Recht, Waffen in jeder Menge und an jedem Ort zu behalten und zu tragen.

Dies wurde vom großen St. George Tucker festgestellt, der erklärte:

"Der Kongreß der Vereinigten Staaten besitzt keine Macht, die inneren Angelegenheiten der Staaten zu regeln oder sich in sie einzumischen; es steht ihnen (den Staaten) zu, Regeln für das Recht auf Eigentum aufzustellen, und die Verfassung erlaubt auch nicht, dem Volk die Waffen zu verbieten oder friedliche Versammlungen zuzulassen, zu welchem Zweck und in welcher Zahl auch immer sie die Gelegenheit sehen." (Blackstone's Views on the Constitution, Seite 315)

Jeder Kandidat, der nicht leicht zu kontrollieren ist oder nicht in die Tavistock-Profile passt, wird hinausgeworfen. Dabei spielen die Print- und elektronischen Medien - unter der Leitung von Tavistock oder einer seiner Tochtergesellschaften - eine Schlüsselrolle. Der Wähler soll sich vorsehen, die Öffentlichkeit soll sich vorsehen.

Unser Wahlprozess ist zu einer Farce geworden, dank der Arbeit von Tavistock bei der Kontrolle der Gedanken und Ideen der Menschen dieser Nation mittels "innerer gerichteter Konditionierung" und "Ferndurchdringung", wovon die Bewusstseinskontrollwissenschaft der Meinungsumfragen ein wesentlicher Bestandteil ist. Tavistock dient dem schwarzen Adel in all seinen Elementen und arbeitet daran, uns des Sieges der amerikanischen Revolution von 1776 zu berauben. Falls der Leser mit dem Schwarzen Adel nicht vertraut ist, bezieht sich der Begriff natürlich nicht auf schwarze Menschen. Er bezieht sich auf eine Gruppe extrem reicher Menschen, Dynastien, deren Geschichte mehr als fünfhundert Jahre zurückreicht und die das Rückgrat des Komitees der 300 bilden.

An der internationalen Front sowie in Bereichen der Institutionen in den USA, die über die Außenpolitik entscheiden, führt Tavistock auf allen Regierungsebenen psychologische Profilerstellung durch und dringt auch in das Privatleben ein, und zwar in wirklich großem Umfang.

Tavistock entwickelte Profile und Programme für den Club of Rome, die Cini Foundation, den German Marshall Fund, die Rockefeller Foundation, die Bilderberger, den CFR und die Trilaterale Kommission, die Ditchley Foundation, die Bank of International Settlements, die I.M.F., die Vereinten Nationen und die Weltbank, Microsoft, die Citibank, die New York Stock Exchange und so weiter. Dies ist keineswegs eine vollständige Liste der Institutionen, die sich in den Händen der Tavistock-Planer befinden.

Die Propaganda, die dem Golfkrieg von 1991 vorausging, stützte sich auf ein von Tavistock erstelltes psychologisches Profil großer Bevölkerungsgruppen in den USA. Die Ergebnisse wurden an die Meinungsmacher, auch bekannt als "Werbeagenturen" in der Madison Avenue, weitergegeben.

Diese Propaganda war so wirkungsvoll, dass innerhalb von zwei Wochen Menschen, die nicht einmal wussten, wo der Irak auf der Landkarte lag, geschweige denn, wer seine Führer waren, anfingen zu schreien und den Krieg gegen "einen Diktator, der Amerikas Interessen bedroht", zu fordern. Beängstigend? JA, aber leider zu 100 Prozent wahr! Die Worte "Golfkrise" wurden vom Tavistock-Institut erfunden, um im Namen eines Komitees von 300 führenden Unternehmen, British Petroleum (BP), die größtmögliche Unterstützung für den Bush-Krieg zu wecken.

Wir wissen jetzt - zumindest einige von uns -, welch große Rolle Tavistock spielt, wenn es darum geht, eine öffentliche Meinung zu schaffen, die auf Verschleierung, Lügen, Verleumdung, Falschdarstellung und offenem Betrug beruht. Es gibt keine andere Institution auf der Welt, die dem Tavistock-Institut für menschliche Beziehungen das Wasser reichen kann. Ich zitiere aus meinem aktualisierten Bericht von 1984:

"Es gibt einige Institutionen und Verlagsunternehmen, die die Veränderungen, die sich vollziehen, aufgreifen. Die neueste Ausgabe des "Esquire Magazine" enthält einen Artikel mit dem Titel "Discovering America". Esquire" hat Tavistock nicht namentlich erwähnt, aber es heißt dort folgendes: Während der sozialen Revolution (ein sehr bedeutsamer Ausdruck) der 70er Jahre wurden die meisten Rituale und persönlichen Interaktionen sowie das institutionelle Leben radikal verändert. Diese Veränderungen haben sich natürlich auf die Art und Weise ausgewirkt, wie wir die Zukunft wahrnehmen... Die wirtschaftliche Basis Amerikas verändert sich, und es werden neue Dienstleistungen und Produkte angeboten."

In dem Artikel heißt es weiter, dass unser Berufsleben, unsere Freizeit, unsere Bildungssysteme und vor allem das Denken unserer Kinder verändert werden. Der Autor des "Esquire"-Artikels schloss:

"Amerika befindet sich im Umbruch, ebenso wie die Richtung, die es in Zukunft einschlagen wird... Gelegentlich wird unser neuer amerikanischer Abschnitt (der für künftige Ausgaben von Esquire versprochen wurde) nicht mehr so neu erscheinen, da sich das meiste des neuen Denkens in den Hauptstrom des amerikanischen Lebens eingeschlichen hat, aber bis jetzt ist es unbemerkt geblieben."

Ich hätte den Trugschluss "Die Zeit verändert die Dinge" nicht treffender beschreiben können. Nichts verändert sich von selbst, alle Veränderungen werden herbeigeführt, ob im Geheimen oder in der Öffentlichkeit. Zwar hat "Esquire" nicht gesagt, wer für die Veränderungen verantwortlich ist - zumeist handelt es sich um unerwünschte Veränderungen -, denen wir, das Volk, zu widerstehen versuchten. (Großbuchstaben beabsichtigt.)

Mit dieser Behauptung steht "Esquire" nicht alleine da. Millionen von Amerikanern leben in völliger Unwissenheit über die Kräfte, die ihre Zukunft gestalten. Sie sind sich nicht darüber im Klaren, dass Amerika durch Tavistocks "innere, gerichtete Langstrecken-Durchdringungsmethode" gründlich "konditioniert" wird. Das Schlimmste daran ist, dass diese Millionen aufgrund der Tavistock-Konditionierung (die die Amerikaner dazu bringt, so zu denken, wie Tavistock es von ihnen verlangt), sich nicht mehr darum zu kümmern scheinen. Sie wurden durch die "Long Range Penetration"-Methode "innerlich konditioniert" - der Master-

Kontrollplan von Tavistock, der die Nation so lange einer Gehirnwäsche unterzogen hat, dass sie jetzt unter einem ständigen Zustand von "Shellshock" leiden.

Wie wir sehen werden, gibt es einen guten Grund für diese Apathie und Ignoranz. Die unerwünschten, erzwungenen Veränderungen, denen wir als Nation ausgesetzt waren, waren das Werk mehrerer Meistertheoretiker und Techniker, die sich John Rawlings Reese am Tavistock-Institut angeschlossen haben.

KAPITEL 24

Gehirnwäsche rettet einen US-Präsidenten

Ich wage zu behaupten, dass selbst nach all den Jahren, in denen ich Reese und seine Arbeit entlarvt habe, 95 Prozent der Amerikaner nicht wissen, wer er ist oder welchen Schaden er den Vereinigten Staaten zugefügt hat.

Diese große Zahl unserer Bürger ist sich auch heute noch nicht bewusst, wie sie manipuliert und gezwungen wurden, "neue Ideen", "neue Kulturen" und "neue Religionen" zu akzeptieren. Sie wurden grob missbraucht und wissen es nicht. Sie werden immer noch missbraucht und wissen immer noch nicht, was vor sich geht, vor allem, wenn es um die Meinungsbildung durch Umfragen geht.

Zur Veranschaulichung meiner Behauptung: Der ehemalige Präsident Clinton konnte einen Skandal nach dem anderen überleben, weil die Umfragen zeigten, dass das amerikanische Volk sich nicht genug für sein abweiges Verhalten interessierte, um ein Amtsenthebungsverfahren zu fordern. Könnte dies richtig sein? Könnte es wahr sein, dass sich die Menschen wirklich nicht mehr um die öffentliche Moral scheren? Nein, natürlich nicht!

Die Situation ist eine erfundene, die vom Tavistock-Institut gelehrt wird, und jeder Wahlhelfer ist in den Tavistock-Methoden der Meinungsbildung und Manipulation der öffentlichen Meinung geschult, damit die Antworten "richtig" ausfallen.

Wir können Präsident G.W. Bush zu den "Überlebenden" hinzufügen. Er wurde trotz der eklatanten Lügen, mit denen ein illegaler (verfassungswidriger) Krieg im Irak begonnen wurde, nicht aus dem Amt entfernt. Er ist verfassungswidrig, weil der Krieg nie verfassungsgemäß erklärt wurde.

Außerdem gibt es in der US-Verfassung keine Bestimmung, die es den Vereinigten Staaten erlaubt, eine andere Nation anzugreifen, die keine kriegerischen Handlungen gegen sie begangen hat. Wie ist Präsident Bush damit durchgekommen, dass er nicht angeklagt wurde? Die Antwort liegt im Tavistock-Institut und seinen Möglichkeiten der Massengehirnwäsche.

Eine der ersten Aufgaben, die Tavistock übernahm, nachdem es 1946 den totalen Krieg gegen die USA begonnen hatte, bestand darin, der amerikanischen Bevölkerung die Akzeptanz "alternativer Lebensstile" aufzuzwingen. Tavistock-Dokumente zeigen, wie die Anführer einer Kampagne zur Erzwingung der legalen öffentlichen Akzeptanz von Gruppen, deren Verhalten bis zur Durchsetzung der Änderungen durch den Kongress in fast jedem Staat der Union als Verbrechen anerkannt war und in einigen Staaten immer noch als Verbrechen gilt. Ich beziehe mich auf den "homosexuellen Lebensstil", wie er bekannt geworden ist.

Die sorgfältige Profilerstellung, die vor dem Start dieses "Veränderungs"-Programms durchgeführt wurde, wurde von den Uneingeweihten nicht geglaubt, die sie als "reißerische Science-Fiction" abtaten, obwohl sie in den einfachsten Worten dargelegt wurde. Die große Mehrheit der Amerikaner hat nie gehört (und weiß auch 2005 noch nicht), dass das Tavistock-Institut 1946 gegen sie in den Krieg zog und dass die Menschen diesen Krieg seitdem verloren haben.

Gegen Ende des Zweiten Weltkriegs richtete Tavistock seine Aufmerksamkeit auf die Vereinigten Staaten. Die Methoden, die Deutschland zu Fall gebracht hatten, wurden nun auch auf die Vereinigten Staaten angewandt. Die massive Gehirnwäsche unserer Nation wurde "Long Range Penetration" und "Inner Directional Conditioning" genannt.

Der Hauptzweck dieses Vorhabens bestand darin, sozialistische Programme auf allen Regierungsebenen zu installieren und damit das neue dunkle Zeitalter, eine neue Weltordnung in einer kommunistischen Diktatur der Eine-Welt-Regierung, einzuläuten.

Insbesondere sollte die Unantastbarkeit der Ehe und des Familienlebens zerstört werden. Und es zielte auch auf die Verfassung ab, um sie "unwirksam" zu machen. Homosexualität, Lesbianismus und Abtreibung sind Programme, die von Tavistock entwickelt wurden, ebenso wie das Ziel, die US-Verfassung zu "ändern".

Ein Großteil der Tavistock-Programme basiert darauf, dass die "richtigen" Kandidaten gewählt werden; dies wird mit Hilfe der geschulten Meinungsforscher und deren geschickt gestellten Fragen erreicht. Tavistocks Plan für den "schwulen Lebensstil" sah mehrere "Task-Force"-Einheiten vor, die den Medien dabei helfen sollten, den Ansturm der Homosexuellen zu übertünchen und die Kreuzritter des "neuen Lebensstils" als "ganz normale Menschen" darzustellen.

"Talkshows" sind heute ein fester Bestandteil solcher Pläne, aber damals wurden sie nicht in dem Maße genutzt, um soziale Veränderungen herbeizuführen, wie es heute der Fall ist. Die von Tavistock ausgewählten Führungspersönlichkeiten, die mit Hilfe von Talkshows enorme Veränderungen in der sozialen und politischen Szene bewirken sollten, waren Phil Donahue und Geraldo Riviera, Bill O'Reilly, Barbara Walters und zahlreiche andere Personen, deren Namen in Amerika zu einem Begriff geworden sind. Sie waren es, die Leute vorstellten, die für ein Amt kandidieren sollten; Leute, die bis dahin von der Bühne gelacht worden wären. Doch dank des geschickten Einsatzes von Meinungsumfragen werden diese Personen jetzt ernst genommen.

Die winzige Planung, die in die Vorbereitung der Öffentlichkeit durch TV-Talkshow-Moderatoren einfloss, kostete Millionen von Dollar, die für die Umsetzung dieses von Tavistock erzwungenen langfristigen Plans zur sozialen Veränderung ausgegeben wurden, und wie die Ergebnisse zeigen, hat Tavistock seine Hausaufgaben gut gemacht. Mit all meiner Erfahrung bin ich immer noch erstaunt, wie dieser große Coup gelungen ist.

Ganze Gemeinden im ganzen Land wurden profiliert; Gäste für Talkshows und ihr Publikum wurden nach dem Profilabgleich ausgewählt, ohne dass sie jemals erfuhren, was ohne ihr Wissen und ihre Zustimmung getan wurde. Die Amerikaner wurden im großen Stil verarscht und wussten es damals nicht und wissen es immer noch nicht! Sie wussten auch nicht, dass sie vom Tavistock Institute for Human Relations mit der Peitsche geschlagen wurden.

Schließlich, nach drei Jahren der Vorbereitung, wurde der Angriff der Tavistock-Sodomisten/Lesben auf das völlig ahnungslose amerikanische Volk mit dem Sturm verglichen, der zur Zeit der

Französischen Revolution über das ahnungslose französische Volk hereinbrach.

Die gut geplante und durchgeführte Kampagne begann planmäßig in Florida, und genau wie geplant trat Anita Bryant vor, um eine Lanze gegen die Eindringlinge aus der "schwulen Gemeinschaft" zu brechen - ein von Tavistock sorgfältig ausgewählter Begriff, der inzwischen völlig akzeptabel geworden ist. Vor dieser Episode wurde das Wort "schwul" nie verwendet, um Homosexuelle oder ihr Verhalten zu beschreiben.

Tavistock wurde 1921 als Nachfolger von Wellington House gegründet, das 1914 und 1917 einen großen Coup gelandet und, wie bereits erwähnt, Großbritannien und Amerika in einen grausamen Krieg gegen Deutschland geführt hatte.

Tavistock sollte als primäres Forschungsinstrument für die britischen Geheimdienste dienen, die immer noch die besten der Welt sind. Major, später Brigadegeneral John Rawlings Reese wurde im Auftrag des Monarchen mit der Leitung des Projekts betraut, und das britische Königshaus finanzierte das Projekt mit Hilfe der Rockefellers und der Rothschilds.

Mitten im Zweiten Weltkrieg erhielt Tavistock zusätzliche Mittel von David Rockefeller als Gegenleistung für seine Hilfe bei der Übernahme des deutschen Geheimdienstes des ehemaligen Reynard Heydrich. Der gesamte Apparat und das Personal des brillanten Nazi-Spitzensicherheitsdienstes wurde unter Verstoß gegen das oberste Gesetz des Landes nach Washington, D.C., gebracht. Von nun an nannte man ihn "Interpol".

Während des Zweiten Weltkriegs dienten sowohl die Londoner als auch die Sussexer Einrichtungen von Tavistock als Hauptquartier für das British Army's Psychological Warfare Bureau.

Das bedeutet, dass Tavistock durch die "beste Freundschaft" zwischen Churchill und Roosevelt in der Lage war, über die Special Operations Executive (SOE) die volle Kontrolle über die Geheimdienst- und Militärpolitik der USA zu übernehmen und diese Kontrolle während des gesamten Zweiten Weltkriegs aufrechtzuerhalten. Eisenhower wurde vom Komitee der 300 als kommandierender General der alliierten Streitkräfte in Europa ausgewählt, allerdings erst nach einer umfassenden Profilierung durch Tavistock. Anschließend wurde er ins Weiße Haus berufen. Eisenhower durfte seinen Sitz im Weißen Haus behalten, bis er, nachdem seine Nützlichkeit verbraucht war und die Erinnerungen an den Krieg nachließen, entlassen wurde. Eisenhowers Verbitterung über die Behandlung, die er durch das Komitee der 300 und das Tavistock-Institut erfahren hatte, spiegelt sich in seinen Äußerungen über die Gefahren des militärisch-industriellen Komplexes wider - eine versteckte Anspielung auf seine früheren Chefs, die "Olympier".

Das Buch "Das Komitee der 300" erzählt die ganze Geschichte dieses bisher ultrageheimen, ultraelitären Gremiums von Männern, die die Welt beherrschen. Das Komitee der 300 verfügt über ein riesiges, ineinander greifendes Netzwerk von Banken, Finanzhäusern, Print- und elektronischen Medien, großen Gruppen von "Think Tanks", Wissenschaftlern der Neuen Wissenschaften, die in Wirklichkeit die modernen Schöpfer dessen sind, was als öffentliche Meinung durch die Meinungsmacher der nationalen Umfragen gilt, und so weiter. Heute befinden sich über 450 der führenden Fortune-500-Unternehmen in den Händen des Ausschusses der 300.

Dazu gehören Petro-Canada, die Hong Kong and Shanghai Bank, Halliburton, Root, Kellogg and Brown, British Petroleum, Shell, Xerox, Rank, Raytheon, ITT, Eagle Insurance, alle großen Versicherungsgesellschaften, alle führenden Unternehmen und Organisationen in den USA, Großbritannien und Kanada. Die so genannte Umweltbewegung wird über das Tavistock-Institut vollständig vom Ausschuss kontrolliert.

Die meisten Menschen neigen zu der Annahme, dass "Gehirnwäsche" eine koreanische/chinesische Technik ist. Das ist sie aber nicht. Die Gehirnwäsche geht auf Tavistock zurück, den Begründer dieser Kunst. Die Wissenschaft der Verhaltensänderung hat ihren Ursprung in Tavistock, das eine ganze Armee von Geheimdienstmitarbeitern ausbildete, um das Gleiche zu tun.

Die Vereinigten Staaten haben, vielleicht mehr als jedes andere Land, das Gewicht von Tavistocks Faust in unserem nationalen Leben auf fast jeder Ebene gespürt, und ihr Griff auf dieses Land hat sich nicht verringert: Wenn überhaupt, wurde er mit dem Aufkommen von William Jefferson Clinton und Bush, Vater und

Sohn, beträchtlich verschärft. In den Jahren 1992 und 1996 wurden wir wirklich einer Gehirnwäsche unterzogen. Im Jahr 2005 sind wir wirklich eine gehirngewaschene Nation. Die Vereinigten Staaten sind das Hauptopfer eines Krieges mit langer Reichweite, bei dem die Reese-Techniken zum Einsatz kommen.

Weitere Opferländer sind Rhodesien (heute Simbabwe), Angola, Südafrika, die Philippinen, Südkorea, Mittelamerika, Iran, Irak, Serbien, Jugoslawien und Venezuela.

Im Irak und im Iran funktioniert die Technik nicht, und im Großen und Ganzen scheinen die muslimischen Länder weniger empfänglich für die Tavistock-Methoden zur Kontrolle der Massenbevölkerung zu sein als die westlichen Länder.

Es besteht kein Zweifel daran, dass ihr striktes Festhalten an den Gesetzen des Korans und an ihrem islamischen Glauben die Pläne Tavistocks für den Nahen Osten zumindest vorübergehend durchkreuzt hat. Daher wurde eine konzertierte Aktion zum Krieg gegen die muslimische Welt gestartet.

Dass es Reese gelungen ist, einer großen Anzahl von Ländern Veränderungen aufzuzwingen, spiegelt sich in den Ereignissen wider, die seitdem eingetreten sind. In den USA hat Tavistock eine ganze Reihe wichtiger privater und staatlicher Institutionen umgestaltet, darunter unsere Geheimdienste, Einheiten des Pentagon, Kongressausschüsse, große Unternehmen, die Unterhaltungsbranche usw.

KAPITEL 25

Der Angriff von Tavistock auf die USA.

Einer der Hauptakteure des Tavistock-Teams war Dr. Kurt Lewin. Er wurde in Deutschland geboren, musste aber fliehen, als seine Experimente zur Bevölkerungskontrolle von der deutschen Regierung entdeckt wurden. Lewin war Reese bereits gut bekannt - die beiden hatten bei Experimenten zur Meinungsumfrage und ähnlichen Experimenten zur Meinungsbeeinflussung ausgiebig zusammengearbeitet. Es heißt, dass Dr. Goebbels die Tavistock-Methoden mit Begeisterung annahm.

Lewin floh nach England, wo er sich Reese in Tavistock anschloss und mit seiner ersten großen Aufgabe betraut wurde: Amerika in den Zweiten Weltkrieg hineinzupropagandieren, indem er sowohl in Europa als auch in den USA eine Medienkampagne gegen Deutschland startete. Dies gelang ihm auf bewundernswerte Weise in der größten Propagandakampagne der Geschichte, die das amerikanische Volk in einen Rausch des Hasses gegen Deutschland und später auch gegen Japan versetzte. Der Blitzkrieg kostete schließlich Hunderttausende von amerikanischen Soldaten das Leben und spülte Milliarden von Dollar in die Kassen der Wall Street, der internationalen Banken und der Waffenhändler.

Unser Verlust an Menschenleben und nationalen Schätzen ist nicht wieder gutzumachen.

Unmittelbar vor dem Angriff auf den Irak wurden die USA einer Propagandaexplosion ausgesetzt, die nur wenig unter dem Niveau derjenigen lag, die entwickelt wurde, um die Vereinigten Staaten in den Zweiten Weltkrieg zu drängen. Eine sorgfältige Analyse der von Lewin für den Zweiten Weltkrieg entwickelten Schlüsselwörter und -sätze ergab, dass diese Auslösewörter und -sätze in 93,6 Prozent aller untersuchten Fälle mit denen übereinstimmten, die im Koreakrieg, im Vietnamkrieg und im Golfkrieg verwendet wurden.

In der Zeit des Vietnamkriegs wurden Umfragen nach der Tavistock-Methode mit verheerender Wirkung gegen die amerikanische Bevölkerung eingesetzt.

Während des Golfkriegs war ein Beispiel für die Tavistock-Methoden die Art und Weise, wie das Außenministerium seine Botschaftsmitarbeiter in Kuwait immer wieder als "Geiseln" bezeichnete, obwohl keiner von ihnen jemals inhaftiert war. In Wirklichkeit stand es jedem einzelnen von ihnen frei, jederzeit auszureisen, doch wurde ihnen befohlen, in Kuwait zu bleiben, damit aus ihrer Situation Propaganda gemacht werden konnte.

Im Grunde genommen waren die "Geiseln" Geiseln des Außenministeriums! Da es nicht gelang, Präsident Hussein dazu zu bewegen, die ersten Schüsse abzugeben, musste eine weitere "erfundene Situation" wie Pearl Harbor herbeigeführt werden. April Glaspies Name wird für immer mit Verrat und Niedertracht in Verbindung gebracht werden. Was folgte, war ein ausgeklügelter Diebstahl von Millionen von Fässern irakischen Öls durch Kuwait. Der US-Botschafter in Bagdad, April Gillespie, gab Hussein grünes Licht, den Irak anzugreifen und einer Situation ein Ende zu setzen, die das irakische Volk Milliarden von Dollar kostete. Doch als der Angriff erfolgte, verlor Bush der Ältere keine Zeit und schickte das US-Militär, um Kuwait zu helfen.

Präsident Bush hat mit der gefälschten "Geisel"-Behauptung für Unterstützung gegen den Irak geworben. An dieser Stelle wird das Tavistock-Institut scheitern: Während es die Mehrheit der Amerikaner davon überzeugen konnte, dass unsere Politik für den Nahen Osten richtig ist, ist es Tavistock nicht gelungen, die Kontrolle über Syrien, Iran, Irak, Algerien und Saudi-Arabien zu erlangen.

Dies ist der Punkt, an dem Tavistocks teuflischer Plan, die arabischen Nationen ihres Öls zu berauben, aus den Fugen gerät. Die Zeiten, in denen der MI6 "Arabisten" wie die Philbys und Captain Hill entsenden konnte, um muslimische Staaten zu unterwandern, sind längst vorbei.

Die arabischen Länder haben aus ihren Fehlern gelernt und vertrauen der britischen Regierung heute weit weniger als zu Beginn des Ersten Weltkriegs. Die Diktatur von Mubarak in Ägypten ist in

Schwierigkeiten. Muslimische Fundamentalisten versuchen, den Tourismus gefährlich zu machen, und Ägypten ist auf harte Devisen aus dem Ausland angewiesen, um sich neben dem jährlichen Geschenk der US-Steuerzahler in Höhe von 3 Milliarden Dollar am Leben zu erhalten. Auch Syrien wird sich nicht mehr lange an die Seite einer US-Politik stellen, die Israel gegenüber den Palästinensern bevorzugt.

Im Inland flossen Milliarden von Dollar in die Kassen von Tavistock durch die US-Regierung: Zu den Nutznießern dieser Milliarden von Dollar gehörten die National Training Laboratories, die Harvard Psychological Clinic, die Wharton School, das Stanford Hoover Institute, Rand, das MIT, das National Institute of Mental Health, die Georgetown University, das Esalen Institute, das Center for Advanced Study in Behavioral Sciences, das Institute for Social Research in Michigan und zahlreiche andere Denkfabriken und Hochschuleinrichtungen.

Die Aufgabe, diese Zweigstellen in den USA in den Geheimdiensten weltweit einzurichten, wurde Kurt Lewin übertragen, den wir bereits kennengelernt haben, dessen Name aber höchstwahrscheinlich nicht mehr als 100 Menschen bekannt war, bevor meine Geschichte über Tavistock bekannt wurde. Dennoch haben dieser Mann und John Rawlings Reese den Institutionen, auf denen die amerikanische Republik beruht, mehr geschadet als alles, was Hitler oder Stalin hätten erreichen können. Die Art und Weise, in der Tavistock die Kette und den Schuss unseres sozialen Gefüges, das die Nation zusammenhält, entwirrt hat, ergibt eine erschreckende und beängstigende Erzählung, in der die "Normalisierung" homosexueller und lesbischer Lebensweisen eine kleine, aber bedeutende Errungenschaft ist; eine weitaus größere und erschreckendere Errungenschaft war der Erfolg der Massen-Gehirnwäsche durch Meinungsumfragen.

Warum funktionieren die Tavistock-Techniken von Reese in der Praxis so gut? Reese perfektionierte seine Massen-Gehirnwäsche-Experimente durch Stresstests oder psychologische Schocks, auch bekannt als stressige Ereignisse. Die Theorie von Reese, die inzwischen hinreichend bewiesen ist, besagt, dass, wenn ganze Bevölkerungsgruppen Stresstests unterzogen werden könnten, es möglich wäre, im Voraus herauszufinden, wie die Masse der

Bevölkerung auf bestimmte Stressereignisse reagieren würde.

Diese Technik ist explizit das Herzstück der Schaffung der gewünschten öffentlichen Meinung durch Meinungsumfragen, die mit verheerender Wirkung eingesetzt wurden, um die Clinton-Regierung vor den Skandalen um das Weiße Haus zu schützen, und die jetzt Bush den Jüngeren vor dem Ausscheiden aus dem Weißen Haus schützen.

KAPITEL 26

Wie mittelmäßige Politiker, Schauspieler und Sänger "aufgeblasen" werden.

Diese Technik wird als "Profiling" bezeichnet und kann auf Einzelpersonen, kleine oder große Gruppen von Menschen, Massengruppen von Menschen oder Organisationen jeder Größe angewendet werden. Sie werden dann "aufgeblasen", um "Stars" zu werden. Als William Clinton noch in seinen frühen Zwanzigern in Arkansas war, wurde er für die Aufnahme in das Rhodes-Stipendienprogramm profiliert. Seine Fortschritte wurden während seiner gesamten Laufbahn und insbesondere während des Vietnamkriegs hervorgehoben. Nachdem er sich bewährt hatte, wurde Clinton für das Weiße Haus "präpariert" und dann ständig "aufgeblasen".

Die gesamte Operation stand unter der Kontrolle der Gehirnwäscher des Tavistock-Instituts. Das ist die Art und Weise, wie diese Dinge funktionieren. So werden die Werkzeuge geschmiedet, um buchstäblich Kandidaten zu machen, vor allem solche, die für öffentliche Ämter als geeignet angesehen werden; Kandidaten, auf die man sich immer verlassen kann, dass sie das "Richtige" tun. Der Kongress ist voll von ihnen. Gingrich war ein typisches erfolgreiches "Tavistock-Produkt", bis sein Verhalten aufgedeckt wurde. Trent Lott, Dick Cheney, Charles Schumer, Barney Frank, Tom DeLay, Dennis Hastert, Dr. Frist und so weiter sind weitere Beispiele für Tavistock-"Absolventen". Die gleiche Technik wird auch bei Schauspielern, Sängern, Musikern und Entertainern angewandt.

Mit heftiger Propaganda wurde die Bevölkerung davon überzeugt, dass unerwünschte "ökologische soziale Turbulenzen" das Ergebnis der sich verändernden Zeiten sind, in denen wir leben, während, wie wir heute wissen, spezielle Wissenschaftler der neuen

Wissenschaften Programme (Stressprogramme) entwickelt haben, um "ökologische soziale Turbulenzen" künstlich zu erzeugen und sie dann als Ergebnis einer natürlichen Bedingung auszugeben, die am besten als "sich verändernde Zeiten" bekannt ist.

Die neuen Wissenschaftler von Tavistock waren zuversichtlich, dass wir den Grundsatz "für jede Wirkung muss es eine Ursache geben" nicht anwenden würden - und sie hatten Recht. Zum Beispiel haben wir die "Beatles" und ihre "neuartige Musik" und ihre Texte - wenn man es wagt, sie als Musik und Texte zu bezeichnen - sanftmütig akzeptiert, nachdem uns gesagt wurde, dass die Gruppe alles selbst geschrieben hat.

Die Musik schrieb der Tavistock-Absolvent Theo Adorno, dessen 12-atonale Dissonanzen wissenschaftlich abgestimmt wurden, um in ganz Amerika massenhafte "ökologische soziale Turbulenzen" zu erzeugen. Keiner der Beatles konnte Noten lesen. Nichtsdestotrotz wurden sie Tag und Nacht ohne Unterlass "gepafft", bis alles über sie - Lügen und alles - als Wahrheit akzeptiert wurde.

Tavistock hat immer wieder bewiesen, dass eine große Gruppe, wenn sie erfolgreich profiliert ist, in nahezu jedem Aspekt des sozialen und politischen Lebens einer "inneren Konditionierung" unterworfen werden kann.

Als integraler Bestandteil von Tavistocks Experimenten zur Kontrolle des Massenbewusstseins in den USA, die seit 1946 durchgeführt werden, waren Meinungsumfragen bei weitem die erfolgreichsten Unternehmungen. Amerika wurde überrumpelt und wusste es nicht.

Um den Erfolg seiner Techniken zu beweisen, beauftragte Reese Tavistock, eine große Gruppe von Menschen zu einem verschwörungsbezogenen Thema zu befragen. Es stellte sich heraus, dass 97,6 Prozent der Befragten die Idee, dass es eine allgemeine Verschwörung gibt, rundweg ablehnten. Wie viel weniger würden dann unsere Leute glauben, dass sie in den letzten 56 Jahren direkt von Tavistock angegriffen wurden? Wir haben Radio-Talkshow-Moderatoren wie Rush Limbaugh, die ihren Zuhörern ständig erzählen, dass es keine Verschwörung gibt.

Wie viele Menschen würden glauben, dass Tavistock seit 56 Jahren eine unsichtbare Armee von Schocktruppen in jeden Weiler, jedes

Dorf, jede Stadt und jede Stadt in diesem Land schickt? Die Aufgabe der unsichtbaren Armee besteht darin, das kollektive soziale Verhalten zu infiltrieren, zu manipulieren und zu verändern, und zwar durch "innere Konditionierung".

Die "unsichtbare Armee" von Reese besteht aus echten Fachleuten, die ihren Job kennen und sich der Aufgabe widmen, mit der sie beauftragt wurden. Man findet sie heute in der Justiz, bei der Polizei, in den Kirchen, in Schulausschüssen, in Sportgremien, in Zeitungen, in Fernsehstudios, in Regierungsbeiräten, in Stadträten, in der Legislative der Bundesstaaten und sie sind Legion in Washington. Sie kandidieren für jedes Amt, vom Bezirksrat über den Sheriff bis zum Richter, vom Schulrat bis zum Stadtrat und sogar für das Amt des Präsidenten der Vereinigten Staaten von Amerika. Wie das funktioniert, hat John Rawlings Reese bereits 1954 erklärt:

"Ihre Aufgabe ist es, die fortgeschrittenen Techniken der psychologischen Kriegsführung, wie wir sie kennen, auf ganze Bevölkerungsgruppen anzuwenden, die immer größer werden, damit ganze Bevölkerungen leichter kontrolliert werden können. In einer völlig verrückten Welt müssen Gruppen von Tavistock-Psychologen, die miteinander verbunden sind und in der Lage sind, den politischen und staatlichen Bereich zu beeinflussen, die Schiedsrichter sein, die Machtkabale."

Wird dieses offene Bekenntnis Verschwörungsskeptiker überzeugen? Wahrscheinlich nicht, denn es ist zweifelhaft, ob solche verschlossenen Gemüter überhaupt wirkliches Wissen über diese Dinge haben können. Solche Informationen werden an "Talking Heads" im Radio verschwendet.

Ein Leiter der unsichtbaren Armee von Reese war Ronald Lippert, dessen Spezialität es war, an der Psyche von Kindern herumzupfuschen.

Dr. Fred Emery war ein weiterer der "vernetzten Psychologen" von Tavistock, der im Vorstand der Kerner-Kommission von Präsident Johnson saß.

Emery war das, was Tavistock einen Spezialisten für "soziale Umweltturbulenzen" nannte, was bedeutet, dass eine ganze Bevölkerungsgruppe, wenn sie sozialen Krisen ausgesetzt ist, in synoptischen Idealismus zerfällt und schließlich zersplittert, d. h. sie gibt den Versuch auf, das Problem oder die Probleme zu bewältigen.

Das Wort "Umwelt" hat nichts mit Ökologie zu tun, sondern mit der besonderen Umgebung, in die sich der Spezialist mit der spezifischen Absicht eingebracht hat, Unruhe zu stiften - "Turbulenzen" oder "Stressmuster".

Dies ist bereits geschehen mit Rock and Roll, Drogen, freier Liebe (Abtreibung), Sodomie, Lesbentum, Pornografie, Straßenbanden, einem ständigen Angriff auf das Familienleben, auf die Institution der Ehe, auf die soziale Ordnung, auf die Verfassung und insbesondere auf den 2nd und 10th Zusatzartikel.

Wo dies geschehen ist, finden wir Gemeinden, die einem zusammengebrochenen Justizsystem machtlos gegenüberstehen, Schulbehörden, die die Evolution lehren, Minderjährige, die zum Kauf von Kondomen ermutigt werden, und sogar "Kinderrechte", die gefördert werden. "Kinderrechte" bedeuten in der Regel, dass es Kindern erlaubt sein sollte, ihren Eltern nicht zu gehorchen, ein Kernpunkt in jedem sozialistischen "Kinderbetreuungs"-Programm. Die Mitglieder der unsichtbaren Armee von Reese sind im Repräsentantenhaus und im Senat, beim Militär, bei der Polizei und in praktisch jedem Regierungsamt des Landes vertreten.

Nachdem ich den Staat Kalifornien studiert habe, bin ich zu dem Schluss gekommen, dass er das größte Kontingent an Stoßtruppen der "Unsichtbaren Armee" im Land hat, was Kalifornien zu etwas gemacht hat, das einem sozialistischen Polizeistaat sehr nahe kommt. Ich glaube, dass Kalifornien das "Vorbild" für den Rest der Nation sein wird.

Zurzeit gibt es keine Gesetze, die diese Art der Konditionierung illegal machen. Reese und Lewin untersuchten die Gesetze in England und den Vereinigten Staaten und kamen zu dem Schluss, dass es legal ist, eine Person ohne ihre Zustimmung oder ihr Wissen zu "konditionieren".

Das müssen wir ändern. Umfragen sind ein wesentlicher Bestandteil der "Konditionierung". Tavistocks "Unsichtbare Armee" von Schocktruppen hat die Art und Weise verändert, wie Amerika über Rock, voreheliche Sex, Drogenkonsum, uneheliche Kinder, Promiskuität, Ehe, Scheidung, Familienleben, Abtreibung, Homosexualität und Lesbentum, die Verfassung und ja, sogar Mord denkt, ganz zu schweigen davon, dass fehlende Moral in Ordnung ist, solange man einen guten Job macht.

In den Anfangsjahren von Tavistock wurde das "Konzept der führerlosen Gruppe" benutzt, um das Amerika, das wir einst kannten, in den Staub zu legen. Verantwortlich für das Projekt war W.R. Bion, der jahrelang die Wharton School of Economics leitete, wo so ein Unsinn wie Freihandel und keynesianische Wirtschaft gelehrt wird. Japan hielt sich an das amerikanische Modell, das von General McArthur gelehrt wurde - und nicht an den Betrug der Wharton School - und schauen Sie sich Japan heute an. Geben Sie nicht den Japanern die Schuld für ihren Erfolg - geben Sie Tavistock die Schuld für die Zerstörung unseres Wirtschaftssystems. Aber Japan wird bald an der Reihe sein! Keine Nation wird im letzten Angriff verschont bleiben, um eine Eine-Welt-Regierung in einer Neuen Weltordnung einzuführen.

Der "Brain Trust", der für Tavistocks Krieg gegen Amerika (1946--) verantwortlich war, bestand aus Bernays, Lewin, Byron, Margaret Meade, Gregory Bateson, H.V. Dicks, Lippert, Nesbit und Eric Trist. Wo erhielten die Schocktruppen der "Unsichtbaren Armee" ihre Ausbildung? Sie erhielten sie von Reese in Tavistock, von wo aus sie sich über ganz Amerika ausbreiteten, um ihre Saat der "umweltbedingten sozialen Turbulenzstressmuster" auszustreuen.

Sie schwärmten in alle Bereiche der amerikanischen Gesellschaft aus und erhielten Posten an Orten, an denen sie den Einfluss ausüben konnten, den sie von Reese gelernt hatten. Die Entscheidungen der Mitglieder der Unsichtbaren Armee der Schocktruppen haben Amerika auf allen Ebenen tiefgreifend beeinflusst, und das Schlimmste steht noch bevor.

Um nur einige Beispiele zu nennen, wer zu den führenden Schocktruppen gehörte, seien George Schultz, Alexander Haig, Larry King, Phil Donahue, Admiral Burkley (der tief in die Vertuschung der Kennedy-Attentate verwickelt war), Richard Armitage, Billy Graham, William Paley, William Buckley, Pamela Harriman (inzwischen verstorben), Henry Kissinger, George Bush und die verstorbene Katherine Meyer Graham genannt, ganz zu schweigen von der Karawane, die 1992 aus Arkansas nach Washington kam, angeführt von Mr. und Mrs. Clinton. und Frau Clinton, unter deren Händen die Nation bald auseinandergerissen werden sollte. Zu den Neuankömmlingen gehören Rush Limbaugh, Bill O'Reilly, Larry King und Karl Rove.

Die Führungspersönlichkeiten der Wirtschaft in den Schocktruppen sind Legion, viel zu viele, um sie hier aufzuzählen. Tausende solcher Schocktruppen der Unsichtbaren Armee der Business Brigade wurden in Tavistocks US-Einrichtung, dem National Training Laboratory (NTL), ausgebildet, das auf dem riesigen, weitläufigen New Yorker Anwesen von Averill und Pamela Harriman entstand. Wie wir heute wissen, war Mrs. Harriman diejenige, die Clinton für eine spezielle Ausbildung und schließlich für das Oval Office auswählte.

Im National Training Laboratory wurden Unternehmensleiter in Stresssituationen und deren Bewältigung geschult. Zu den Unternehmen, die ihre Top-Führungskräfte zur Tavistock-Schulung ins NTC schickten, gehörten Westinghouse, B.F. Goodrich, Alcoa, Halliburton, BP, Shell, Mobil-Exxon Eli Lily, DuPont, die New York Stock Exchange, Archer Daniels Midland, Shell Oil. Mobil Oil, Conoco, Nestle, AT&T, IBM und Microsoft. Schlimmer noch, die US-Regierung schickte ihr Spitzenpersonal aus der US-Marine, dem US-Außenministerium, der Civil Service Commission und der Luftwaffe. Ihre Steuergelder in Millionenhöhe bezahlten die "Ausbildung", die Tavistock diesen Regierungsangestellten im Arden House auf dem Harriman-Anwesen zukommen ließ.

KAPITEL 27

Die Tavistock-Formel, die die Vereinigten Staaten in den Zweiten Weltkrieg führte

Der vielleicht wichtigste Aspekt ihrer Ausbildung bestand darin, wie man öffentliche Umfragen nutzt, um die öffentliche Politik in Einklang mit den Zielen von Tavistock zu bringen. Diese bewusstseinsverändernde Technik wird als "Meinungsumfrage" bezeichnet.

Die fehlangepassten Reaktionen, die durch Tavistocks umfassendes Profiling möglich wurden, und bei welchen fehlangepassten Reaktionen Tavistocks "Unsichtbare Armee" im Golfkrieg perfekt funktionierte.

Anstatt uns dagegen aufzulehnen, dass diese Nation in einen Krieg gegen ein befreundetes Land hineingezogen wurde, mit dem wir keinen Streit hatten, einen Krieg, der ohne eine ordnungsgemäße Kriegserklärung des Kongresses geführt wurde, wurden wir zu dessen Gunsten "umgedreht". Kurz gesagt, wir wurden schwer getäuscht, ohne es zu wissen, und zwar aufgrund der "weitreichenden inneren Konditionierung", der das amerikanische Volk seit 1946 unterzogen worden war.

Tavistock riet Präsident Bush dem Älteren, die folgende einfache Formel zu verwenden, die Reese und Lewin bereits 1941 Allen Dulles empfohlen hatten, als Roosevelt sich anschickte, Amerika in den Zweiten Weltkrieg zu ziehen:

> ➤ Wie ist der Zustand der Moral und ihr wahrscheinlicher Verlauf in dem betreffenden Land? (Dies gilt auch für die Moral in den USA.)

> ➤ Wie groß ist die Anfälligkeit in den USA für die Idee, dass ein Krieg am Persischen Golf notwendig ist?

> Welche Techniken könnten eingesetzt werden, um den Widerstand in den USA gegen einen Krieg am Persischen Golf zu schwächen?

> Mit welchen Techniken der psychologischen Kriegsführung würde es gelingen, die Moral des irakischen Volkes zu untergraben? (Hier ist Tavistock ein schwerer Fehler unterlaufen.)

Als Bush sich 1991 im Namen von Königin Elizabeth und ihrem Ölkonzern BP für Premierministerin Thatchers Golfkrieg engagierte, stellte Tavistock ein Team zusammen, dem Psychologen, Meinungsmacher, angeführt von den dreisten Lügnern bei Hill and Knowlton, und eine Schar von Tavistock-Profilern angehörten. Jede einzelne der Reden, die Präsident Bush mit der Absicht hielt, den Krieg gegen den Irak zu fördern, wurde von multidisziplinären Teams aus von Tavistock geschulten Schreibern ausgearbeitet.

Streng geheime Informationen darüber, wie der Golfkrieg propagiert wurde und wie die amerikanische Bevölkerung von Präsident George Bush hinter diesen bösen, korrupten Krieg gebracht wurde, wurden kürzlich einem Kongressausschuss vorgelegt. In dem Bericht heißt es, dass die Bush-Regierung schon in einem frühen Stadium des Plans, den Irak auszuschalten, darauf hingewiesen wurde, dass die Unterstützung der Öffentlichkeit von größter Bedeutung sei und dass er die amerikanische Bevölkerung nicht hinter sich habe.

Die erste Regel bestand darin, dem amerikanischen Volk die "große Notwendigkeit, die saudischen Ölfelder zu schützen, die von einer irakischen Invasion unter der Führung eines Verrückten bedroht sind", vor Augen zu führen. Obwohl also von Anfang an bekannt war, dass der Irak keine Pläne für die saudischen Ölfelder hatte, verbreitete die National Security Agency (NSA) falsche und irreführende Informationen, wonach die saudischen Ölfelder das eigentliche Ziel des Irak seien. Dies war eine totale Fälschung, aber der Schlüssel zum Erfolg. Die Nationale Sicherheitsbehörde ist für ihre Lügen nie bestraft worden.

In dem Bericht wurde festgestellt, dass eine noch nie dagewesene Fernsehberichterstattung erforderlich sein würde, um die öffentliche

Unterstützung für den Krieg zu gewinnen. Die Bush-Regierung sicherte sich schon früh die volle Unterstützung der drei großen Fernsehsender ABC, CBS und NBC und später auch CNN. In späteren Jahren kam ein virtueller Propagandasender, Fox News (auch bekannt als Faux News), hinzu. Der Umfang der Berichterstattung dieser Sender über den Golfkrieg und damit zusammenhängende Themen war 1990 dreimal so hoch wie bei jedem anderen Thema im Jahr 1989, und sobald der Krieg begann, war die Berichterstattung fünfmal so hoch wie bei jedem anderen Thema, einschließlich des Tiananmen-Platzes.

Im Jahr 2003 hielt sich Bush der Jüngere sehr eng an die Formel, die für seinen Vater erfolgreich gewesen war, allerdings mit einigen zusätzlichen Anpassungen. Nachrichten, die mit Fiktion vermischt wurden (siehe den Abschnitt über H.G. Wells "Krieg der Welten"), wurden zu mehr Fiktion, die mit Nachrichten vermischt wurde, und es wurde zu unverhohlenen Lügen gegriffen, so dass es unmöglich wurde, eine reine Berichterstattung von einer mit Fiktion vermischten Nachricht zu unterscheiden.

Einer der Hauptakteure in der Kriegsberichterstattung war CNN, das im Auftrag der Bush-Regierung den Golfkrieg rund um die Uhr in die amerikanischen Wohnzimmer brachte. Infolge der Masse günstiger, tendenziöser Nachrichten wurde die Entsendung von Truppen an den Golf von etwa 90 Prozent der amerikanischen Bevölkerung positiv aufgenommen. Es war nur eine weitere Möglichkeit, das amerikanische Volk mit Meinungsumfragen zu beeinflussen, nur eine weitere Möglichkeit, es einer Gehirnwäsche zu unterziehen.

Berater der Nationalen Sicherheitsbehörde (NSA) sagten der Bush-Regierung, dass die Öffentlichkeit von Anfang an von seinen Golfkriegsplänen überzeugt werden müsse. Es wurde beschlossen, eine Parallele zwischen Hitler und Saddam Hussein herzustellen, indem die Worte "Saddam Hussein muss gestoppt werden" immer wieder wiederholt wurden, gefolgt von der Lüge, der irakische Präsident "verhalte sich wie Hitler".

Später kam die schreckliche Drohung hinzu, dass der Irak in der Lage sei, die USA mit Langstrecken-Massenvernichtungswaffen anzugreifen. Es war die Abwandlung von Stalins Edikt, dass man sein eigenes Volk zuerst terrorisieren muss, um es zu fangen und zu versklaven.

Der britische Premierminister Blair ging sogar noch weiter. In einer Rede im Parlament erklärte er dem britischen Volk, dass "Saddam Hussein" in der Lage sei, Großbritannien anzugreifen und dies innerhalb von 45 Minuten tun könne. Er ging sogar so weit, britische Touristen, die auf Zypern Urlaub machten, zu warnen, so schnell wie möglich nach Großbritannien zurückzukehren, da der britische Geheimdienst erfahren habe, dass der Irak einen Atomschlag gegen die Insel vorbereite. Blair machte seine Ankündigung in dem Wissen, dass das irakische Atomwaffenprogramm 1991 vollständig zerstört worden war.

Das "Geschick" der ersten Bush-Regierung, die Notwendigkeit eines Krieges am Golf zu vermitteln, erreichte seinen Höhepunkt mit der von Hill and Knowlton erfundenen "Brutkasten"-Geschichte, die von der Tochter des kuwaitischen Botschafters in Washington unter Tränen erzählt wurde. Der Senat - und das ganze Land - schluckte diesen massiven Betrug.

Es war wie bei Kaiser Wilhelm II., der jungen belgischen Kindern die Arme abschnitt, und das mit noch größerem Erfolg. Nach der "großen Lüge" von Hill and Knowlton sprachen sich 77 Prozent der befragten Amerikaner für den Einsatz von US-Truppen gegen den Irak aus, obwohl 65 Prozent der Befragten wussten, wo der Irak auf der Landkarte lag.

Alle großen Umfragen ergaben, dass Bushs Umgehung der Verfassung gebilligt wurde, weil die Befragten weder wussten, was eine verfassungsmäßige Kriegserklärung ist, noch dass sie zwingend erforderlich ist. Die Rolle, die die Vereinten Nationen spielten, trug zu den "Kommunikationsfähigkeiten" der Bush-Regierung bei, heißt es in dem Bericht.

Die zweite Bush-Regierung wandte dieselben Tavistock-Methoden an, und auch diesmal folgte das amerikanische Volk den Lügen und Verzerrungen, die ihm als Tatsachen präsentiert wurden. Der Krieg wurde von Vizepräsident Cheney energisch gefördert, der eine massive Kampagne führte, um die öffentliche Meinung auf die Seite von George Bush zu zwingen. Kein anderer Vizepräsident in der Geschichte der Vereinigten Staaten hatte je so aktiv daran mitgewirkt, das amerikanische Volk in einen Krieg gegen den Irak zu zwingen.

Cheney trat innerhalb eines Monats 15 Mal im Fernsehen auf und erklärte unerbittlich, dass die Taliban hinter dem Anschlag auf die World Trade Towers in New York steckten und dass die Taliban unter der Kontrolle von Präsident Hussein stünden. "Der Kampf gegen den Terrorismus müsse zu den "Terroristen" im Irak gebracht werden, sagte Cheney, "bevor sie die USA erneut angreifen könnten."

Cheney fuhr in der gleichen Weise fort, lange nachdem seine Behauptung als absolut falsch erwiesen war. Obwohl die größten Autoritäten der Welt verkündeten, dass der Irak nichts mit dem 11. September zu tun hatte und dass es keine Taliban-Kämpfer im Irak gab, hielt Cheney an seinen Lügen fest, bis Hans Blix, der frühere UN-Chefwaffeninspektor, ihm das Wort entzog und die Central Intelligence Agency dem US-Senat berichtete, dass keine Verbindungen zwischen dem Irak und den Taliban und dem 11. September entdeckt worden waren.

Tatsächlich, so der CIA-Bericht, hasste Hussein die Taliban und hatte sie viele Jahre zuvor aus dem Irak vertrieben. Wir veröffentlichen diese Informationen in der Hoffnung, dass das amerikanische Volk nicht so leichtgläubig sein wird, wenn sein Präsident es das nächste Mal in einen Krieg verwickeln will. Wir möchten auch, dass das amerikanische Volk weiß, dass es von einer ausländischen "Denkfabrik", die es in einer Vielzahl von Fragen ständig in die Irre führt, grob getäuscht wird.

Lassen Sie uns einige der Fragen untersuchen und hoffen, dass das amerikanische Volk nie wieder von den geschickten "Kommunikatoren" in die Irre geführt wird.

Das amerikanische Volk ist in fünf großen Kriegen grob getäuscht worden, und das sollte für jede Nation genug sein. Doch leider hat die ununterbrochene Bombardierung des Irak und Serbiens durch US-amerikanisch-britische Flugzeuge gezeigt, dass das amerikanische Volk nichts aus dem Golfkrieg und der Art und Weise, wie er angezettelt wurde, gelernt hat und wie es auf äußerst verwerfliche Weise belogen und manipuliert wurde.

Der zweite Golfkrieg war ein hinreichender Beweis dafür, dass die Tavistock-Methoden immer noch funktionieren, und zwar so sehr, dass man zu unverhohlenen Lügen griff, wohl wissend, dass die Bush-Administration selbst dann, wenn sie als Lüge entlarvt würde, ihre Lügen einfach abtun würde, weil das amerikanische Volk nun durch und durch darauf konditioniert war, in einem Zustand ständiger "Schockstarre" keine Besorgnis darüber zu zeigen, was für jede Nation eine sehr ernste Lage war, in der sie sich befand.

Was kann gegen den Einfluss getan werden, den Tavistock und die vielen ihm angeschlossenen Institutionen auf das Land, die christliche Rechte, den Kongress, unsere Geheimdienste und das Außenministerium haben, ein Einfluss, der bis zum Präsidenten und zu unseren höchsten Militärs reicht? Wie ich bereits sagte, besteht das Hauptproblem darin, die breite Masse der Amerikaner davon zu überzeugen, dass es sich bei dem, was ihnen und dem Land widerfährt, nicht um einen "Wandel der Zeiten" aufgrund von Umständen handelt, die sich ihrer Kontrolle entziehen, sondern um ein sorgfältig ausgeklügeltes Komplott, eine echte Bedrohung für unser aller Zukunft, und nicht nur um eine "Verschwörungstheorie".

Wir können die Nation wachrütteln, aber nur, wenn an der Basis eine konzertierte Aktion durchgeführt wird. Die Lösung des Problems liegt in der Aufklärung der Amerikaner und im gemeinsamen Handeln.

Es besteht ein großer und dringender Bedarf, Millionen von Menschen darüber aufzuklären, was die geheimen Manipulatoren tun, und noch wichtiger, wie und warum sie es tun. Um dies zu erreichen, sind dringende verfassungsrechtliche Maßnahmen erforderlich. Es gibt viele führende Bürgerinnen und Bürger, die die Macht und die finanziellen Mittel haben, um eine Basiskampagne zu starten. Was nicht gewollt ist, ist eine dritte politische Partei.

Eine Basisbewegung, die gut ausgebildet ist und gemeinsam handelt, ist der einzige Weg (zumindest meiner Meinung nach), wie wir unser Land von den dunklen und bösen Mächten, die es an der Kehle haben, zurückgewinnen können. Gemeinsam, in einer Graswurzelbewegung, können wir Amerika aus dem Griff ausländischer Mächte befreien, Mächte, denen das Tavistock-Institut so gut dient, ausländische Mächte, die auf die Zerstörung Amerikas, wie es von unseren Gründervätern gegründet wurde, aus sind.

Diese Arbeit über das Tavistock-Institut ist eine weitere "Premiere" in meiner Serie über große Organisationen, deren Namen den meisten Lesern neu sein werden. Tavistock ist das wichtigste Nervenzentrum in den USA, das seit 1946, als es seine Tätigkeit in Nordamerika aufnahm, jede Facette unseres Lebens vergiftet und allmählich zum Schlechten verändert hat.

Tavistock spielte und spielt die führende Rolle bei der Gestaltung der US-Politik und des Weltgeschehens. Es ist zweifellos die Mutter aller Zentren für Gedankenkontrolle und Gedankenkonditionierung in der Welt. In den Vereinigten Staaten hat es großen Einfluss auf das Tagesgeschäft und bestimmt direkt den Kurs und die Richtung amerikanischer Denkfabriken wie Stanford Research, Esalen Institute, Wharton School, MIT, Hudson Institute, Heritage Foundation, Georgetown University und - noch direkter - den Einfluss auf das Weiße Haus und das Außenministerium. Tavistock hat einen tiefgreifenden Einfluss auf die Gestaltung der amerikanischen Innen- und Außenpolitik.

Tavistock ist ein Studienzentrum, das im Dienste des Schwarzen Adels und derjenigen steht, die sich für die Förderung der Neuen Weltordnung in einer Eine-Welt-Regierung einsetzen.

Tavistock arbeitet für den Club of Rome, den CFR, die Trilaterale Kommission, den German Marshall Fund, die Mont Pelerin Society, die Ditchley Group, die Freimaurer-Kontrollloge Quator Coronati und die Bank für Internationalen Zahlungsausgleich.

KAPITEL 28

Wie Tavistock gesunde Menschen krank macht

Die Geschichte von Tavistock beginnt mit ihrem Gründer, Brigadegeneral John Rawlings Reese im Jahr 1921. Es war Reese, der die Tavistock-Methoden der Massen-"Gehirnwäsche" entwickelte. Tavistock wurde als Forschungszentrum für den britischen Special Intelligence Service (SIS) gegründet.

Es war Reese, der die Methode der Kontrolle politischer Kampagnen sowie die Techniken der Gedankenkontrolle einführte, die bis heute andauern, und es waren Reese und Tavistock, die der UdSSR, Nordvietnam, China und Vietnam beibrachten, wie man seine Techniken anwendet - alles, was sie jemals darüber wissen wollten, wie man Einzelpersonen oder eine Masse von Menschen einer Gehirnwäsche unterzieht.

Reese war ein enger Vertrauter der verstorbenen Margaret Meade und ihres Mannes Gregory Bateson, die beide eine wichtige Rolle bei der Gestaltung der US-Institutionen spielten, die die Regierungspolitik bestimmen. Er war auch ein Freund von Kurt Lewin, der aus Deutschland ausgewiesen wurde, nachdem er beschuldigt wurde, ein aktiver Zionist zu sein. Lewin floh aus Deutschland, als klar wurde, dass die NSDAP Deutschland kontrollieren würde. Lewin stieg 1932 zum Direktor von Tavistock auf. Er spielte eine wichtige Rolle bei der Vorbereitung der amerikanischen Bevölkerung auf den Eintritt in den Zweiten Weltkrieg. Lewin war für die Organisation der größten Propagandamaschine der Menschheit verantwortlich, die er gegen die gesamte deutsche Nation richtete. Lewins Maschinerie war dafür verantwortlich, dass die amerikanische Öffentlichkeit den Krieg befürwortete, indem sie ein Klima des Hasses gegen Deutschland schürte. Was machte die Reese-Methode so erfolgreich? Im Grunde genommen war es Folgendes: Dieselben psychotherapeutischen Techniken, die zur Heilung eines psychisch kranken Menschen eingesetzt wurden, konnten auch in umgekehrter Richtung angewendet werden.

Es könnte auch dazu dienen, gesunde Menschen psychisch krank zu machen. Reese begann seine lange Reihe von Experimenten in den 1930er Jahren mit Rekruten der britischen Armee als Testpersonen. Von dort aus perfektionierte Reese die Techniken der Massen-Gehirnwäsche, die er später auf Länder anwandte, in denen ein Wandel anstand. Ein solches Land waren die Vereinigten Staaten, die nach wie vor im Mittelpunkt der Aufmerksamkeit von Tavistock stehen. Reese begann 1946 damit, seine Techniken zur Verhaltensänderung auf die amerikanische Bevölkerung anzuwenden. Nur wenige, wenn überhaupt, erkannten die extreme Bedrohung, die Reese für Amerika darstellte.

Das British Army Psychological Warfare Bureau wurde in Tavistock durch geheime Vereinbarungen mit Churchill eingerichtet, lange bevor Churchill Premierminister wurde. Die Vereinbarungen gaben der britischen Special Operations Executive, allgemein bekannt als SOE, die volle Kontrolle über die Politik der US-Streitkräfte, die über zivile Kanäle agierte und die ausnahmslos zur offiziellen Politik der US-Regierung wurde.

Dieses Abkommen ist immer noch fest in Kraft und für patriotische Amerikaner heute genauso inakzeptabel wie damals. Es war die Entdeckung dieses Abkommens, die General Eisenhower dazu veranlasste, seine historische Warnung vor der Machtanhäufung in den Händen des "militärisch-industriellen Komplexes" auszusprechen.

Damit wir den Einfluss von Tavistock auf das tägliche politische, soziale, religiöse und wirtschaftliche Leben der USA verstehen, möchte ich erklären, dass es Kurt Lewin war, der als Stellvertreter für die Gründung der folgenden amerikanischen Institutionen verantwortlich war, von denen viele für tiefgreifende Veränderungen in der amerikanischen Außen- und Lokalpolitik verantwortlich waren:

> ➤ Die psychologische Klinik von Harvard

> ➤ Das Massachusetts Institute of Technology (MIT)

> ➤ Der Ausschuss für nationale Moral

- ➢ Rand Corporation
- ➢ Nationaler Rat für Verteidigungsressourcen
- ➢ Das Nationale Institut für psychische Gesundheit
- ➢ Die nationalen Ausbildungslabors
- ➢ Das Stanford-Forschungszentrum
- ➢ Die Wharton School of Economics.
- ➢ Die New Yorker Polizeibehörde
- ➢ Das FBI
- ➢ Die CIA
- ➢ Das Rand-Institut

Lewin fiel die Aufgabe zu, Schlüsselpersonal für diese und andere hoch angesehene Forschungseinrichtungen auszuwählen, darunter Esalen, die Rand Corporation, die United States Air Force, die Navy, die Joint Chiefs of Staff und das Außenministerium. In späteren Jahren konditionierte Tavistock diejenigen, die ausgewählt wurden, um die ELF-Wettermodifikationsanlagen in Wisconsin und Michigan zu betreiben, als Schutz gegen die Anlagen, die von der Kola-Halbinsel in Russland aus betrieben wurden.

Durch Einrichtungen wie Stanford und Rand wurde das verräterische, berüchtigte "MK Ultra"-Projekt ins Leben gerufen. "MK Ultra" war ein 20-jähriges Experiment mit LSD und anderen "bewusstseinsverändernden" Drogen, das unter der Leitung von Aldous Huxley und dem Guru der "Ban the Bomb"-Bewegung, Bertrand Russell (dem obersten Staatsmann der 300), für und im Auftrag der CIA durchgeführt wurde.

Im zweiten Golfkrieg zeigten von Tavistock geschulte Agenten dem US-General Miller, wie man systematische Folterungen durchführt, um "Informationen" aus muslimischen Gefangenen zu extrahieren, die im Gefängnis von Abu Graib im Irak und in Guantanamo Bay auf Kuba festgehalten werden und die die Welt schockierten und empörten, als sie enthüllt wurden. Durch diese und andere ähnliche bewusstseinskontrollierende, stimmungsverändernde Drogen waren Lewin, Huxley und Russell in der Lage, der Jugend Amerikas unbeschreiblichen Schaden zuzufügen, einen Schaden, von dem wir uns als Nation wahrscheinlich nie ganz erholen werden. Ihre schrecklichen Drogenexperimente wurden von der Stanford Research, der McGill University, dem Bethesda Naval Hospital und an über das ganze Land verstreuten Standorten der US-Armee durchgeführt.

Es lohnt sich, daran zu erinnern, dass die Bewegung, die in den 1950er- und 1960er-Jahren unter unserer Jugend aufkam und als "New Age" oder "Age of Aquarius" bekannt wurde, ein Programm von Tavistock war. Es war nichts Spontanes dabei. Die Nacktheit wurde im Einklang mit dem Kurs zur Herabwürdigung der Frau eingeführt.

Im Jahr 2005 heißt die "neue" Modeerscheinung "Hip-Hop", eine Art Tanzspiel, das hauptsächlich von Kindern in den ärmsten Vororten der amerikanischen Städte gespielt wird. Er wurde von Tavistock aufgegriffen und in eine ausgewachsene Industrie verwandelt, deren Spezialisten die "Musik und die Texte" schreiben, bis er zu einem der besten Gewinnbringer für die Plattenindustrie wurde.

Die Methoden von Reese wurden von Aldous Huxley, Bertrand Russell, Arnold Toynbee und Alistair Crowley aufgegriffen. Russell machte sich die Tavistock-Methoden bei der Gründung seiner "CND" besonders zunutze: "Ban the Bomb"-Kampagne, die sich gegen US-Atomexperimente wandte. Tavistock-"Denkfabriken" wurden von der US-Regierung massiv finanziert. Solche Einrichtungen führen Forschungsexperimente zur Konditionierung der Bevölkerung durch. Die CND-Bewegung war eine Fassade, hinter der Huxley Drogen an die britische Jugend verteilte.

Bei diesen Experimenten war das amerikanische Volk mehr als jede andere nationale Gruppe in der Welt das Ziel. Wie ich 1969 und 2004 enthüllte, hat die US-Regierung seit 1946 Milliarden von Dollar in Projekte gesteckt, die als "verdeckte Operationen" eingestuft werden können, d.h. die experimentellen Programme laufen unter anderen Namen und Titeln, damit das ahnungslose amerikanische Volk keinen Protest gegen diese verschwenderischen Regierungsausgaben erhebt.

In solchen Tavistock-Experimenten wird jeder Aspekt des amerikanischen Lebensstils, seiner Sitten, seiner Traditionen, seiner

Geschichte daraufhin untersucht, ob er verändert werden kann. Jeder Aspekt unseres psychologischen und physiologischen Lebens wird in den Tavistock-Einrichtungen in den USA ständig untersucht.

Die "Change Agents" arbeiten unermüdlich daran, unsere Lebensweise zu verändern und es so aussehen zu lassen, als ob es sich lediglich um einen "Wandel der Zeit" handelt, dem wir uns anpassen müssen. Diese erzwungenen Veränderungen finden sich in der Politik, der Religion, der Musik, der Art und Weise, wie Nachrichten produziert und berichtet werden, dem Vortragsstil der Nachrichtenleser mit dem Übergewicht amerikanischer Leserinnen, denen jede letzte Spur von Weiblichkeit ausgetrieben wurde; dem Stil und Vortragsstil der Reden von Mr. Bush (kurze Stakkato-Sätze), begleitet von Gesichtsverrenkungen und Körperbewegungen, die ihm von Verwandlungskünstlern beigebracht wurden, seine Art zu gehen (US-Marine-Stil), der Aufstieg der so genannten christlichen Fundamentalisten in der Politik, die überwältigende Unterstützung für "Ismen", die Liste ist endlos.

Das Ergebnis dieser experimentellen Programme bestimmt, wie und wo wir in der Gegenwart und in der Zukunft leben werden, wie wir auf Stresssituationen in unserem nationalen und persönlichen Leben reagieren werden und wie unser Denken auf nationaler Ebene in Bezug auf Bildung, Religion, Moral, Wirtschaft und Politik in die "richtige Richtung" gelenkt werden kann.

Wir, das Volk, wurden und werden in den Tavistock-Institutionen endlos studiert. Wir werden seziert, profiliert, Gedanken gelesen und die Daten in Computerdatenbanken eingegeben, um zu planen, wie wir auf geplante zukünftige Schocks und Stresssituationen reagieren werden. All dies geschieht ohne unsere Zustimmung und unter grober Verletzung unseres verfassungsmäßigen Rechts auf Privatsphäre.

Diese Profiling-Ergebnisse und Prognosen werden in Datenbanken der National Security Agency, des FBI, des Geheimdienstes des Verteidigungsministeriums, der Joint Chiefs of Staff, der Central Intelligence Agency und der National Security Agency gespeichert, um nur einige Stellen zu nennen, an denen solche Daten gespeichert werden.

Die Grenzen zwischen interner und externer Spionage verschwimmen, während das amerikanische Volk auf die kommende Eine-Welt-Regierung vorbereitet wird, in der die Überwachung des Einzelnen ein noch nie dagewesenes Ausmaß erreichen wird.

Es war diese Art von Information, die es dem FBI ermöglichte, David Koresh und seine Davidianer zu verbrennen, während die Nation dies im nationalen Fernsehen mitverfolgte, ohne dass die Bevölkerung auch nur einen Mucks von sich gab und der Kongress erstaunlicherweise keinen Protest erhob. Mit einem Schlag wurden die Rechte des Staates Texas zerstört. Waco war als Testfall gedacht, um zu sehen, wie die Bevölkerung darauf reagieren würde, dass das 10th Amendment vor ihren Augen zerstört wurde, und die Menschen in Texas und den Vereinigten Staaten verhielten sich genau wie im Tavistock-Profil beschrieben; sie verhielten sich wie Schafe, die friedlich auf der Wiese grasten, während der Judas-Ziegenbock, der sie zur Schlachtbank führen sollte, die Herde umkreiste.

Was geschehen ist und weiterhin geschieht, wurde von Carters nationalem Sicherheitsberater, Zbigniew Brzezinski, in seinem 1970 veröffentlichten New-Age-Buch "The Technocratic Era" vorhergesagt. Was er vorausgesagt hat, geschieht vor unseren Augen, aber die tödliche, unheilvolle Natur dieser sich entfaltenden Ereignisse ist den Menschen entgangen. Die Realität dessen, was Brzezinski 1970 vorausgesagt hat, ist eingetreten. Ich schlage vor, dass Sie das Buch lesen - sofern es erhältlich ist - und dann, wie ich es getan habe, die Ereignisse, die seit 1970 eingetreten sind, mit den Aussagen in "Das technotronische Zeitalter" vergleichen. Die Genauigkeit von Brzezinskis Vorhersagen ist nicht nur erstaunlich, sondern auch ziemlich beängstigend.

Wenn Sie immer noch skeptisch sind, dann lesen Sie 1984 von George Orwell, einem ehemaligen britischen Geheimdienstmitarbeiter der M16. Orwell musste seine aufsehenerregende Enthüllung als Fiktion verfassen, um nicht nach dem britischen Gesetz über Staatsgeheimnisse verfolgt zu werden. Orwells "newspeak" ist heute überall zu finden, und genau wie er vorausgesagt hat, regt sich kein Widerstand.

Die Leser dachten, Orwell beschreibe Russland, aber er sagte das

Kommen eines Regimes voraus, das noch viel schlimmer war als das bolschewistische Regime, nämlich die Regierung der Neuen Weltordnung Großbritanniens.

Man muss sich nur die von der Blair-Regierung verabschiedeten Gesetze ansehen, um zu erkennen, dass die Freiheiten beschnitten wurden, dass politischer Dissens unterdrückt wurde, dass die Magna Carta in Flammen aufgegangen ist und an ihrer Stelle eine Reihe von drakonischen Gesetzen steht, die eine bedrohliche Lektüre darstellen. Ein altes Sprichwort besagt: "Was heute für England gilt, gilt morgen auch für die Vereinigten Staaten".

Ob es uns gefällt oder nicht, Brzezinski sagte voraus, daß wir, das Volk, nichts mehr von unserem Recht auf Privatsphäre haben würden; jedes kleine Detail unseres Lebens würde der Regierung bekannt sein und könnte sofort aus Datenbanken abgerufen werden. Bis zum Jahr 2000, so Brzezinski, würden die Bürger so stark von der Regierung kontrolliert werden, wie es noch nie zuvor eine andere Nation erlebt hat.

Heute, im Jahr 2005, stehen wir unter ständiger Überwachung, wie man es sich vor ein paar Jahren noch nicht vorstellen konnte, der vierte Verfassungszusatz wurde mit Füßen getreten, unser bester Schutz vor einem gigantischen Staat, der 10th Verfassungszusatz existiert nicht mehr, und all dies wurde durch die Arbeit von Reese und den Sozialwissenschaftlern, die das Tavistock-Institut kontrollieren, möglich gemacht.

1969 gründete Tavistock auf Anordnung des Komitees der 300 den Club of Rome, wie ich in meinen Monographien von 1969 erstmals berichtete. Der Club of Rome gründete dann die North Atlantic Treaty Organization (NATO) als politisches Bündnis.

1999 entdeckten wir die Wahrheit über die NATO: Sie ist ein politisches Gebilde mit militärischer Unterstützung durch ihre Mitgliedsstaaten, und Tavistock stellte von Anfang an wichtiges Personal für die NATO zur Verfügung und tut es immer noch. Sie schreiben alle wichtigen Richtlinien für die NATO. Mit anderen Worten: Tavistock kontrolliert die NATO.

Ein Beweis dafür ist die Art und Weise, in der die NATO Serbien 72 Tage und Nächte lang bombardieren konnte und damit durchkam, obwohl sie gegen die vier Genfer Konventionen, die

Haager Konvention, die Nürnberger Protokolle und die Charta der Vereinten Nationen verstieß. Es gab keinen Aufschrei des amerikanischen oder britischen Volkes gegen diese barbarische Aktion.

Natürlich war dies alles in den Datenbanken von Tavistock vorherbestimmt worden: Sie wussten genau, wie die Öffentlichkeit auf die Bombardierung reagieren würde oder nicht. Hätte man im Voraus eine ungünstige Entscheidung getroffen, wie die Öffentlichkeit reagieren würde, hätte es keine Bombenangriffe auf Serbien gegeben.

Genau dieselben Tavistock-Studien wurden verwendet, um die Reaktion der Öffentlichkeit auf den Abwurf von Marschflugkörpern und Bomben auf die offene Stadt Bagdad im Jahr 2002 zu ermitteln, Rumsfelds berüchtigte "Shock and Awe"-Taktik. Ein barbarisches Verhalten dieses Ausmaßes wurde in Kauf genommen, weil der Präsident und seine Männer schon vorher wussten, dass es keinen Aufschrei in der amerikanischen Öffentlichkeit geben würde.

Sowohl der Club of Rome als auch die NATO haben beträchtlichen Einfluss auf außenpolitische Entscheidungen der US-Regierung, und sie tun dies auch heute noch, wie wir im Fall der unprovozierten Angriffe auf Serbien und den Irak gesehen haben, die von der Clinton- bzw. der Bush-Regierung durchgeführt wurden. Die Geschichte liefert weitere Beispiele für die nationale Kontrolle der USA durch Tavistock.

Als der Zweite Weltkrieg ausbrach, wurden die Vereinigten Staaten einer im Voraus geplanten und vom Tavistock-Institut vorbereiteten und durchgeführten Gehirnwäsche-Kampagne größten Ausmaßes unterzogen.

Dies würde den Weg für einen reibungslosen Eintritt der USA in einen Krieg ebnen, der uns nichts angeht, und diejenigen mundtot machen, die dagegen waren. Alle großen Reden Roosevelts wurden von Technikern verfasst, die in der Bewusstseinskontrolle in Tavistock ausgebildet waren und von denen viele aus der Fabian Society stammten.

Den Amerikanern wurde erklärt, dass der Krieg von Deutschland begonnen wurde und dass die Gefahr, die Deutschland für den Weltfrieden darstellte, weitaus größer war als die Gefahr, die vom

Bolschewismus ausging. Eine beträchtliche Anzahl von Sozialwissenschaftlern, die an den Tavistock-Instituten in den USA arbeiteten, wurden ausgewählt, um die amerikanische Bevölkerung davon zu überzeugen, dass der Eintritt Amerikas in den Krieg der richtige Weg sei, den es einschlagen sollte. Dies gelang ihnen jedoch erst, als Japan in Pearl Harbor "gezwungen war, den ersten Schuss abzugeben".

KAPITEL 29

Topologische Psychologie bringt die USA in den Irak-Krieg

Kurt Lewins topologische Psychologie - Standardkost an den Tavistock-Instituten - wurde ausgewählten amerikanischen Wissenschaftlern beigebracht, die dorthin geschickt wurden, um ihre Methodik zu erlernen, und die Gruppe kehrte in die USA zurück, um die Amerikaner zu zwingen, zu glauben, dass die Unterstützung Großbritanniens - dem Anstifter des Krieges - in unserem besten Interesse sei. Die topologische Psychologie ist nach wie vor die am weitesten fortgeschrittene Methode zur Herbeiführung von Verhaltensänderungen, sei es bei Einzelpersonen oder bei großen Bevölkerungsgruppen.

Leider wurde die topologische Psychologie von den Massenmedien nur allzu erfolgreich eingesetzt, um Amerika in eine von den Briten herbeigeführte Situation im Irak zu stürzen, einen weiteren Krieg, in den wir uns nicht hätten einmischen dürfen. Die Berufslügner, die dieses Land regieren, die Huren der Medien, die verräterischen, verräterischen "Sprecher" für die Eine-Welt-Regierung-Neue-Welt-Ordnung, haben genau die topologische Psychologie gegen diejenigen eingesetzt, die sagten, wir sollten den Irak nicht angreifen.

Bush, Baker, Haig, Rumsfeld, Rice, Powell, General Myers, Cheney und diejenigen im Kongress, die ihnen in einer servilen Zurschaustellung von Stiefelleckerei zu Füßen lagen, haben dem amerikanischen Volk eine Gehirnwäsche verpasst, damit es glaubt, der irakische Präsident Saddam Hussein sei ein Monster, ein böser Mann, ein Diktator, eine Bedrohung für den Weltfrieden, der entmachtet werden müsse, obwohl der Irak den Vereinigten Staaten nie etwas angetan hatte. Zwar mag an den Behauptungen, Hussein habe einige schreckliche Taten begangen, etwas Wahres dran sein, aber dasselbe könnte man auch von Wilson und Roosevelt sagen, allerdings in millionenfacher Vergrößerung.

Tavistocks Krieg gegen die US-Verfassung hatte das amerikanische Volk völlig verdummt, so dass es irgendwie glaubte, die USA hätten das Recht, den Irak anzugreifen und seinen Führer zu beseitigen, obwohl die Verfassung eine solche Aktion ausdrücklich verbietet, ganz zu schweigen davon, dass sie gegen internationales Recht und die Nürnberger Protokolle verstieß. Wie bereits erwähnt, bedarf es einer "erfundenen Situation", um das amerikanische Volk in Aufruhr zu versetzen.

Im Ersten Weltkrieg waren es die vom Kaiser begangenen "Gräueltaten". Im Zweiten Weltkrieg war es Pearl Harbor, in Korea waren es die "Geistertorpedoboote" des nie stattgefundenen Angriffs Nordkoreas auf die US-Marine.

Im Irak waren es die Täuschungen und Lügen von April Glaspie; in Serbien war es die "Sorge" von Madame Albright um die angebliche "Verfolgung" albanischer illegaler Einwanderer, die nach Serbien strömten, um dem wirtschaftlichen Elend in ihrer Heimat zu entkommen, die als Vorwand für ihren selbstgerechten Kreuzzug gegen Serbien diente.

Tavistock prägte einen neuen Namen für die illegalen Albaner; fortan sollten sie "Kosovaren" genannt werden. Natürlich erhob die profilierte und programmierte amerikanische Öffentlichkeit keinen Einspruch, als Serbien, ohne gerechten Grund und ohne den Vereinigten Staaten jemals geschadet zu haben, sechsundsiebzig Tage und Nächte lang gnadenlos bombardiert wurde!

Die wirkliche Gefahr für den Frieden geht von unserer einseitigen Politik gegenüber den Nationen des Nahen Ostens und unserer Haltung gegenüber sozialistischen Regierungen aus. Die Appelle, sich in der Anfangsphase des Zweiten Weltkriegs um die Flagge zu scharen, waren reine topologische Psychologie von Reese - und sie wiederholten sich im Golfkrieg, im Koreakrieg, im Irak (zweimal) und in Serbien.

Bald wird es wieder Nordkorea sein. Die USA haben diese Nation mehr als 25 Jahre lang verfolgt - nur dieses Mal wird der Vorwand sein, dass Nordkorea im Begriff ist, eine Atombombe auf eine amerikanische Stadt zu werfen! In all diesen Kriegen erlag das amerikanische Volk der großen Trommel der Tavistock-Gehirnwäsche unter dem Deckmantel des "Patriotismus", gewürzt mit einer kräftigen Dosis Angst, die Tag und Nacht geschlagen wurde. Die Amerikaner glaubten an den Mythos, dass Deutschland der "Bösewicht" sei, der die Welt beherrschen wolle; wir lehnten die Bedrohung durch den Bolschewismus ab.

Zweimal wurden wir gegen Deutschland aufgehetzt. Wir glaubten unseren Kontrolleuren, weil wir nicht wussten, dass wir einer Gehirnwäsche unterzogen, manipuliert und kontrolliert wurden. Und so wurden unsere Söhne losgeschickt, um auf den Schlachtfeldern Europas für eine Sache zu sterben, die nicht die Sache Amerikas war.

Unmittelbar nachdem Winston Churchill britischer Premierminister geworden war, nachdem er Neville Chamberlain verdrängt hatte, weil es diesem gelungen war, einen Friedensvertrag mit Deutschland zu schließen, begann Churchill, der große Verfechter der Achtung des Völkerrechts, gegen internationale Gesetze zu verstoßen, die das zivilisierte Verhalten in Kriegen regeln.

Auf Anraten des Tavistock-Theoretikers Richard Crossman-Winston übernahm Churchill den Tavistock-Plan für die Terror-Bombardierung der Zivilbevölkerung. (Diese Politik wurde auch im Irak und in Serbien angewandt.)

Churchill erteilte der Royal Air Force (RAF) den Befehl, die kleine deutsche Stadt Freiberg zu bombardieren, eine unverteidigte Stadt, die auf der Liste solcher Städte in Deutschland und Großbritannien stand und die beide Seiten in einem schriftlichen Pakt als "offene, unverteidigte Stadt" bezeichnet hatten, die nicht bombardiert werden sollte.

Am Samstagnachmittag, dem 27. Februar 1940, griffen RAF-"Mosquito"-Bomber Freiberg an und töteten 300 Zivilisten, darunter 27 Kinder, die auf einem Schulhof spielten, der eindeutig als Schule erkennbar war.

Dies war der Beginn der Terrorbombenkampagne der RAF gegen deutsche zivile Ziele; die berüchtigte, von Tavistock inspirierte Prudential Bombing Survey, die sich ausschließlich gegen deutsche Arbeiterwohnungen und die zivile Infrastruktur richtete. Tavistock versicherte Churchill, dass solche massiven Terrorbombardierungen

Deutschland in die Knie zwingen würden, sobald das Ziel der Zerstörung von 65 % der deutschen Arbeiterwohnungen erreicht sei.

Churchills Entscheidung, Terrorangriffe auf Deutschland durchzuführen, war ein Kriegsverbrechen und bleibt ein Kriegsverbrechen. Churchill war ein Kriegsverbrecher und hätte für seine abscheulichen Verbrechen gegen die Menschheit vor Gericht gestellt werden müssen.

Die Bombardierung von Freiberg ohne Absprache mit Frankreich war die erste Abweichung von zivilisiertem Verhalten im Zweiten Weltkrieg, und die britische Regierung trug die alleinige Schuld an den darauf folgenden Luftangriffen der Deutschen. Churchills Terrortaktik wurde von den USA im unerklärten Krieg gegen den Irak, Serbien, den Irak und Afghanistan, der im März 1999 begann, buchstabengetreu befolgt, und zwar in derselben gnadenlosen Art und Weise wie Churchill.

Kurt Lewin, dessen Hass auf Deutschland keine Grenzen kannte, entwickelte die Politik der Terrorbombardierung von Zivilwohnungen. Lewin war der "Vater" der Strategic Bombing Survey, die darauf abzielte, 65 Prozent der deutschen Arbeiterwohnungen zu zerstören und wahllos so viele deutsche Zivilisten wie möglich zu töten.

Die deutschen militärischen Verluste wurden von den zivilen Opfern des Krieges weit übertroffen, die durch "Bomber" Harris und seine schweren Nachtangriffe der RAF auf deutsche Arbeiterwohnungen verursacht wurden. Dies war ein großes Kriegsverbrechen, das bis heute ungesühnt geblieben ist.

Dies widerlegt die von Tavistock verbreitete Behauptung, Deutschland habe mit diesen Terrorangriffen begonnen. Tatsache ist, dass die Luftwaffe erst dann mit Angriffen auf London zurückschlug, nachdem acht Wochen lang Terrorangriffe auf Berlin schwere Schäden an zivilen Wohnhäusern verursacht und nichtmilitärische Ziele Tausende von Zivilisten getötet hatten. Die deutschen Vergeltungsmaßnahmen erfolgten erst nach zahllosen direkten Appellen Hitlers an Churchill, das Abkommen nicht zu brechen, was der "große Mann" ignorierte.

Churchill, der Meisterlügner, der vollendete Lügner, war mit Hilfe und unter der Leitung von Lewin in der Lage, die Welt davon zu überzeugen, dass Deutschland mit der Bombardierung der Zivilbevölkerung als bewusster Politik begann, obwohl es, wie wir gesehen haben, Churchill war, der sie initiierte. Die Dokumente des britischen Kriegsministeriums und der RAF spiegeln diesen Standpunkt wider. Der Schaden, den die Luftwaffe in London anrichtete, war im Vergleich zu dem, was die RAF in deutschen Städten anrichtete, relativ gering, aber die Welt erfuhr nichts davon.

Die Welt sah nur kleine Teile Londons, die durch deutsche Luftangriffe beschädigt worden waren, und Churchill schritt über die Trümmer, den Kiefer vorgestreckt und die Zigarre zwischen den Zähnen, der Inbegriff des Trotzes! Wie gut hatte Tavistock ihn gelehrt, solche Ereignisse zu inszenieren! (Wir sehen das Echo von Churchills affektiertem Auftreten in George Bush, der anscheinend selbst eine gewisse "Ausbildung" genossen hat).

Churchills "Bulldoggen"-Charakter wurde von Tavistock geschaffen. Sein wahrer Charakter wurde nie enthüllt. Die gefühllose Bombardierung Freibergs verblasste zu einem Schatten im Vergleich zu dem gefühllosen, barbarischen, unchristlichen, unmenschlichen Brandbombenangriff auf die offene, unverteidigte Stadt Dresden, der mehr Menschenleben forderte als der spätere Atombombenangriff auf Hiroshima.

Die Bombardierung Dresdens und der Zeitpunkt des Angriffs waren eine kaltblütige Entscheidung, die der "große Mann" in Absprache mit Tavistock getroffen hatte, um "Schock und Schrecken" zu verbreiten und seinen Freund Josef Stalin zu beeindrucken. Es war auch ein offener Angriff auf das Christentum, der in der Fastenzeit stattfand.

Es gab keinen militärischen oder strategischen Grund für die Bombardierung Dresdens, das von Lewin als Ziel ausgewählt worden war. Meiner Meinung nach ist die Bombardierung Dresdens, das voller deutscher Zivilisten war, die vor dem russischen Ansturm aus dem Osten flohen, während die Fastenzeit gefeiert wurde, das abscheulichste Kriegsverbrechen, das je begangen wurde. Da das britische und amerikanische Volk jedoch gründlich programmiert, konditioniert und einer gründlichen Gehirnwäsche unterzogen worden war, ging kaum ein Aufschrei durch die Reihen. Die Kriegsverbrecher, "Bomber" Harris, Churchill, Lewin und Roosevelt, kamen mit diesem schrecklichen

Verbrechen gegen die Menschlichkeit davon.

Am 5. Mai 2005 erklärte der russische Präsident Wladimir Putin während eines Staatsbesuchs in Berlin auf einer gemeinsamen Konferenz mit dem deutschen Bundeskanzler Gerhard Schröder gegenüber der deutschen Zeitung Beeld, dass die alliierten Streitkräfte nicht für die Schrecken des Zweiten Weltkriegs, einschließlich der Bombardierung Dresdens, entschuldigt werden können: "Die westlichen Alliierten haben nicht mit besonderer Menschlichkeit geglänzt", sagte er. "Es ist für mich bis heute unverständlich, warum Dresden zerstört wurde. Es gab keinen militärischen Grund dafür."

Vielleicht wusste der russische Staatschef nichts von Tavistock und der Prudential Bombing Survey, die das schreckliche Bombardement anordnete, aber mit Sicherheit werden die Leser dieses Werkes jetzt wissen, warum diese barbarische und schreckliche Gräueltat durchgeführt wurde.

Um auf Reese und seine frühe Arbeit in Tavistock zurückzukommen, bei der er Gehirnwäsche-Experimente an 80.000 Soldaten der britischen Armee durchführte. Nach einer fünfjährigen "Umprogrammierung" dieser Männer war Reese zuversichtlich, dass sein System, geistig stabile Menschen krank zu machen, bei jeder Massengruppe funktionieren würde. Reese war sich sicher, dass er Massengruppen von Menschen "behandeln" konnte, ob sie es wollten oder nicht, und ohne dass die Opfer überhaupt wussten, was mit ihrem Geist gemacht wurde. Auf die Frage nach der Angemessenheit seines Handelns antwortete Reese, dass es nicht notwendig sei, vor Beginn seiner Experimente die Erlaubnis der "Probanden" einzuholen.

Der von Reese und seinen Gurus entwickelte modus operandi erwies sich als erfolgreich. Die Reese-Lewin-Methode der Bewusstseinsmanipulation erwies sich als äußerst wirksam und wird in Amerika noch heute, im Jahr 2005, in großem Umfang angewendet. Wir werden manipuliert, unsere Meinungen werden für uns hergestellt, und das alles ohne unsere Zustimmung. Was war der Zweck dieser Verhaltensänderungen? Sie sollten erzwungene Veränderungen unserer Lebensweise bewirken, ohne unsere Zustimmung und ohne dass wir uns dessen bewusst sind, was geschieht.

Aus seinen begabtesten Studenten wählte Reese das, was er "mein erstes Team" nannte, für die erste Stufe seiner "unsichtbaren Hochschulabsolventen" aus, die "Schocktruppen", die in Schlüsselpositionen im britischen Geheimdienst, in der Armee, im Parlament und später im Obersten Hauptquartier der Alliierten Expeditionsstreitkräfte (SHAEF) eingesetzt werden sollten.

Die "Absolventen des ersten Teams" kontrollierten anschließend General Eisenhower, der nur noch eine Marionette in ihren Händen war. Die "Absolventen des ersten Teams" wurden in jedes politische Gremium der Vereinigten Staaten eingeschleust.

Die "Absolventen des ersten Teams" trafen die politischen Entscheidungen der USA. Das "Secret Team", wie es später genannt wurde, war für die öffentliche Hinrichtung des Präsidenten verantwortlich. John F. Kennedy vor den Augen Amerikas und der Welt zu exekutieren, um künftigen Präsidenten zu zeigen, dass sie alle Anweisungen der "Olympioniken" zu befolgen hatten. Kissinger war einer von vielen "Absolventen des ersten Teams", die in der US-Regierung, im OS und im FBI in eine Führungsposition gebracht wurden.

Major Louis Mortimer Bloomfield, ein kanadischer Staatsbürger, leitete während des Zweiten Weltkriegs die Abteilung Fünf der Spionageabwehr des FBI. In Großbritannien war es H.V. Dicks, der dafür verantwortlich war, "Absolventen des ersten Teams" in Schlüsselpositionen des Geheimdienstes, der Kirche von England, des Außenministeriums und des Kriegsministeriums zu platzieren, ganz zu schweigen vom Parlament.

Tavistock war in der Lage, Experimente aus Kriegszeiten in Friedenszeiten durchzuführen, da ihm alle Einrichtungen zur Verfügung gestellt wurden, und mit dieser Erfahrung konnte es seinen Einfluss auf die amerikanischen und britischen Militäreinrichtungen und Geheimdienste verstärken.

In Amerika haben die unheimlichen Experimente von Tavistock den American Way of Life vollständig und für immer verändert. Wenn diese Wahrheit von der Mehrheit unseres Volkes erkannt wird, wenn die weitreichende Kontrolle, die Tavistock über unser tägliches Leben ausübt, begriffen wird, dann erst werden wir in der Lage sein, uns zu wehren, wenn wir bis dahin nicht zu völlig schockierten

Automaten geworden sind.

Bis 1942 waren die Kommandostrukturen der britischen und amerikanischen Militär- und Nachrichtendienste so eng miteinander verflochten, dass sie nicht mehr voneinander getrennt werden konnten.

Dies führte zu den vielen seltsamen und merkwürdigen politischen Maßnahmen unserer Regierung, von denen die meisten direkt der US-Verfassung und der Bill of Rights widersprachen und den Wünschen von "Wir, das Volk" zuwiderliefen, wie sie durch unsere gewählten Vertreter im Kongress zum Ausdruck kamen. Kurz gesagt, unsere gewählten Vertreter hatten die Kontrolle über unsere Regierung verloren. Winston Churchill nannte es "eine besondere Beziehung".

Gegen Ende des Zweiten Weltkriegs wurde eine Reihe sorgfältig ausgewählter und profilierter hochrangiger politischer und militärischer Persönlichkeiten aus Großbritannien und den Vereinigten Staaten zu einer Konferenz eingeladen, die von Reese geleitet wurde. Was Reese der Gruppe erzählte, ist vertraulichen Notizen entnommen, die von einem der Teilnehmer des Treffens zusammengestellt wurden, der jedoch anonym bleiben möchte:

"Wenn wir die nationalen und sozialen Probleme unserer Zeit offen anpacken wollen, brauchen wir Schocktruppen, und die kann die Psychiatrie, die sich ausschließlich auf Institutionen stützt, nicht bereitstellen.

Wir brauchen mobile Teams von Psychiatern, die sich frei bewegen und mit der lokalen Situation in bestimmten Gebieten in Kontakt treten können. In einer völlig verrückten Welt müssen Gruppen von Psychiatern, die miteinander verbunden sind und jeweils in der Lage sind, den gesamten Bereich der Politik und der Regierung zu beeinflussen, die Schiedsrichter, die Machtkabale sein."

Könnte etwas klarer sein? Hier befürwortete Reese das gesetzeswidrige Verhalten einer Gruppe von Psychiatern, die zusammengeschlossen waren, um erste Teams für seine unsichtbaren Kollegien zu bilden, die frei von allen sozialen, ethischen und rechtlichen Beschränkungen waren und in Gebiete mit geistig gesunden Bevölkerungsgruppen gebracht werden konnten, die nach Ansicht von Reese und seinem Team durch umgekehrte psychologische "Behandlung" krank gemacht werden mussten. Als "gesund" galt jede Gemeinschaft, die sich erfolgreich gegen die Massengehirnwäsche gewehrt hatte, wie die Ergebnisse der "Umfragen" zeigten.

Auf die "ersten Teams" würden "Schocktruppen" folgen, wie wir sie bei den Umweltgruppen sehen. Und das ist nicht verwunderlich, denn die Environmental Protection Agency (EPA) ist ein Monster, das durch Tavistocks "Umweltbedenken" geschaffen wurde, die von Tavistock selbst erzeugt und über Schocktruppen an die Environmental Protective Agency weitergegeben wurden.

Die EPA ist nicht die einzige von Tavistock geschaffene Kreatur. Abtreibung und Homosexualität sind von Tavistock geschaffene und unterstützte Fehlentwicklungen.

Aufgrund der von Tavistock geschaffenen und unterstützten Programme haben wir in den Vereinigten Staaten einen schrecklichen Verfall unseres moralischen Lebens, unseres religiösen Lebens erlitten; eine Entwürdigung der Musik durch die Verirrung der Rock'n'Roll-"Musik", die nach einer relativ zahmen Einführung durch die Beatles, gefolgt von Rap und Hip-Hop, immer schlimmer wurde; eine Zerstörung der Kunst, wie wir sie bei PBS in den entarteten Spottobjekten von Mapplethorpe sehen. Wir haben eine Ausbreitung der Drogenkultur und eine verstärkte Anbetung des Goldenen Kalbs erlebt. Die Gier nach Geld war noch nie in einer Zivilisation so groß wie in der heutigen.

Dies sind die bitteren Früchte der Tavistock-Politik, die von "unsichtbaren Hochschulabsolventen" in unsere Gesellschaft eingepflanzt wurde, die Mitglieder von Schulräten wurden und sich in Führungspositionen in unseren Kirchen einschlichen. Sie drängten sich auch in wichtige parteipolitische Positionen auf Stadt- und Staatsebene, wo immer ihr Einfluss zu spüren war.

Die "Absolventen" wurden Mitglieder von Schlichtungsgremien, Schulgremien, Universitätsgremien, Gewerkschaften, des Militärs, der Kirche, der Kommunikationsmedien, der Unterhaltungsmedien und des öffentlichen Dienstes sowie des Kongresses, und zwar in einem Maße, dass es für den geschulten Beobachter offensichtlich wird, dass Tavistock die Zügel der Regierung übernommen hat.

Reese und seine Tavistock-Kollegen waren erfolgreicher als in ihren kühnsten Träumen, da sie die Kontrolle über die wichtigsten Institutionen, auf denen die Regierung beruht, übernommen haben. Die Eltern, das Komitee der 300, müssen über die Fortschritte des jungen Club of Rome erfreut sein.

Der vierte Juli ist bedeutungslos geworden. Es gibt keine amerikanische "Unabhängigkeit" mehr zu feiern. Die Siege von 1776 wurden negiert und weitgehend rückgängig gemacht, und es ist nur noch eine Frage der Zeit, bis die US-Verfassung zugunsten einer neuen Weltordnung über Bord geworfen wird. Während der Amtszeit von G.W. Bush hat sich dieser Prozess beschleunigt.

KAPITEL 30

Meine Wahl des Kandidaten, nicht meine Wahl

Betrachten wir die Art und Weise, wie eine Wahl abläuft. Das amerikanische Volk wählt keinen Präsidenten. Es wählt einen Parteikandidaten, der von den Auserwählten der Partei ausgewählt wird, meistens unter der Kontrolle des Ausschusses der 300. Es handelt sich nicht um eine Wahl des Kandidaten, wie uns so oft erzählt wird. In Wahrheit haben die Wählerinnen und Wähler keine andere Wahl, als sich für einen der vorab ausgewählten Kandidaten zu entscheiden.

Die Kandidaten, von denen die Öffentlichkeit glaubt, dass sie sie wählen (unsere Wahl), wurden vom Tavistock-Institut gründlich überprüft, und wir wurden dann einer Gehirnwäsche unterzogen, damit wir sie für tugendhaft halten.

Derartige Eindrücke werden von Denkfabriken wie Yankelovich, Skalley and White vermittelt, die von dem Tavistock-Absolventen Daniel Yankelovich geleitet werden. Von Tavistock kontrollierte "Denkfabriken" sagen uns, wie wir auf die von ihnen gewählte Art und Weise abstimmen sollen. Seit dem Aufkommen von Yankelovich hat sich die Zahl der profilbildenden" Unternehmen auf über einhundertfünfzig solcher Einrichtungen erhöht. Nehmen Sie die Beispiele von James Earl Carter und George Bush. Carter kam aus der relativen Bedeutungslosigkeit und "gewann" das Weiße Haus, was nach Ansicht der Medienmogule bewies, dass das amerikanische System funktioniert.

Die Wahl von Carter hat bewiesen, dass Tavistock dieses Land beherrscht und die Mehrheit der Wähler dazu bringen kann, für einen Mann zu stimmen, über den sie fast nichts wissen. Zu sagen, dass "das System funktioniert hat" in Bezug auf Carter und später in Bezug auf William Jefferson Clinton, war genau die fehlangepasste Reaktion, die Tavistock von einer massenhaft gehirngewaschenen

Bevölkerung erwartete.

Carter spiegelte wider, dass die Wähler für einen Kandidaten stimmen, der für sie vorher ausgewählt wurde. Kein denkender Mensch hätte den Skull-and-Bones-Mann George Bush als Vizepräsidenten gewollt, aber wir haben Bush bekommen. Wie kam es dazu, dass Carter ins Weiße Haus einziehen konnte? Es geschah folgendermaßen: Ein gewisser Dr. Peter Bourne, der hauseigene Sozialpsychologe von Tavistock, erhielt den Auftrag, einen Kandidaten zu finden, den Tavistock manipulieren konnte. Mit anderen Worten: Bourne sollte den "richtigen" Kandidaten für das Amt nach den Regeln von Tavistock finden, einen, der den Wählern verkauft werden konnte.

Bourne, der Carters Geschichte kannte, schlug seinen Namen zur Wahl vor. Nachdem Carters Vorgeschichte bestätigt worden war, wurden die amerikanischen Wähler "behandelt", d.h. sie wurden einer anhaltenden Gehirnwäsche unterzogen, um sie davon zu überzeugen, dass sie Carter als ihre Wahl gefunden hatten. Als Tavistock mit seiner Arbeit fertig war, war es eigentlich nicht mehr nötig, eine Wahl abzuhalten. Sie wurde zu einer reinen Formalität. Carters Sieg war ein persönlicher Sieg für Reese, während Bush ein Sieg für die Methodik von Tavistock war. Eine noch größere "Erfolgsgeschichte" sollte mit dem Verkauf von William Jefferson Clinton als Kandidat für das Weiße Haus folgen, eine Leistung, die in jedem anderen Land vielleicht unmöglich gewesen wäre.

Dann kam der Verkauf von George W. Bush, einem gescheiterten Geschäftsmann, der sich vor dem Dienst in Vietnam gedrückt hatte, und einem Mann mit sehr wenig Erfahrung.

Tavistock musste einen hohen Gang einlegen, aber selbst das war nicht genug. Als feststand, dass Bush nicht gewinnen würde, griff der Oberste Gerichtshof der USA unrechtmäßig in eine staatliche Wahl ein und sprach dem Verlierer den Sieg zu.

Eine verblüffte (schockierte) Wählerschaft ließ die enorme Verletzung der US-Verfassung unwidersprochen über sich ergehen und stellte damit sicher, dass ihre Zukunft in einer Neuen Weltordnung gelebt wird - einer internationalen kommunistischen Eine-Welt-Regierung, einer Diktatur der internationalen Kommunisten.

Reese baute die Operationsbasis von Tavistock weiter aus und nahm Dorwin Cartwright, einen hochqualifizierten Bevölkerungsprofiler, an Bord. Eine seiner Spezialitäten war die Messung der Reaktion der Bevölkerung auf eine Lebensmittelknappheit. Ziel war es, Erfahrungen zu sammeln, wenn die Lebensmittelwaffe gegen eine Bevölkerungsgruppe eingesetzt wird, die sich nicht an die Tavistock-Vorschriften halten will.

Tavistock hat es so geplant: Die internationalen Nahrungsmittelkartelle werden die Nahrungsmittelproduktion und die Verteilung der weltweiten Nahrungsmittelressourcen kontrollieren. Hungersnot ist eine Kriegswaffe, so wie Wetterveränderungen eine Kriegswaffe sind. Tavistock wird die Waffe der Hungersnot hemmungslos einsetzen, wenn die Zeit reif ist. Um die Expansion von Tavistock fortzusetzen, stellte Reese Ronald Lippert ein.

Als Tavistock Lippert einstellte, ging es darum, bei der künftigen Kontrolle des Bildungswesens Fuß zu fassen, angefangen bei den Kleinkindern. Lippert war ein Experte darin, den Verstand der Kleinsten zu manipulieren. Als ehemaliger US-Agent war er ein hochqualifizierter Theoretiker und ein Spezialist für die Vermischung von Ethnien als Mittel zur Schwächung nationaler Grenzen. Nach seiner Anstellung bei Tavistock begann Lippert seine Arbeit mit der Gründung einer "Denkfabrik", die sich mit dem befasste, was er "gemeinschaftliche Beziehungen" nannte, d. h. mit der Suche nach Methoden, mit denen die natürlichen Grenzen zwischen den Ethnien abgebaut werden konnten.

Die so genannten "Bürgerrechte" sind reine Reese- und Lippert-Gesetze und haben keine verfassungsrechtliche Grundlage. (Siehe "Was Sie über die US-Verfassung wissen sollten" für eine vollständige Erklärung der so genannten "Bürgerrechte").

Am Rande möchte ich darauf hinweisen, dass alle Bürgerrechtsgesetze in den USA auf dem 14.th Zusatzartikel beruhen, aber das Problem ist, dass der vierzehnte nie ratifiziert wurde. Daher ist er nicht Teil der US-Verfassung und alle Gesetze, die sich darauf stützen, sind null und nichtig. Im Grunde genommen gibt es keine solche Verfassungsbestimmung für Bürgerrechte.

Lippert begründete die "Bürgerrechte" von Martin Luther King mit der Tatsache, dass es dafür keine Grundlage in der Bundesverfassung gab. Die Beförderung von Kindern an ihren Schulen vorbei war ein weiterer Erfolg der Lippert-Reese-Gehirnwäsche. Kinder an ihrem Zielort vorbeizubringen, war sicherlich kein "Recht". Um der amerikanischen Bevölkerung die Idee der "Bürgerrechte" zu verkaufen, wurden drei "Think Tanks" gegründet:

➢ Das Forschungszentrum für Wissenschaftspolitik

➢ Das Institut für Sozialforschung

➢ Die nationalen Ausbildungslabors

Über die Science Policy Research Unit gelang es Lippert, Tausende seiner gehirngewaschenen "Absolventen" in Schlüsselpositionen in den Vereinigten Staaten, Westeuropa (einschließlich Großbritannien), Frankreich und Italien zu bringen. Heute haben Großbritannien, Frankreich, Italien und Deutschland allesamt sozialistische Regierungen, für die Tavistock den Grundstein gelegt hat.

Hunderte von hochrangigen Führungskräften einiger der renommiertesten Unternehmen Amerikas wurden in der einen oder anderen von Lipperts Einrichtungen ausgebildet. Die National Training Laboratories erlangten die Kontrolle über die 2 Millionen Mitglieder zählende National Education Association, und mit diesem Erfolg kam die vollständige Kontrolle über die Ausbildung an amerikanischen Schulen und Universitäten.

Aber der vielleicht tiefgreifendste Einfluss auf Amerika wurde durch die Kontrolle der NASA durch Tavistock ausgeübt, zum Teil aufgrund des Sonderberichts über das Raumfahrtprogramm der NASA, den Dr. Anatole Rappaport für den Club of Rome verfasst hatte. Der verblüffende Bericht wurde auf einem Seminar im Mai 1967 veröffentlicht, zu dem nur die am sorgfältigsten ausgewählten und profilierten Delegierten aus den obersten Rängen der Wirtschaft und der Regierungen der am stärksten industrialisierten Nationen eingeladen waren.

Zu den Teilnehmern gehörten Mitglieder des Foreign Policy Institute, während das Außenministerium den Verschwörer des Wassermannzeitalters, Zbigniew Brzezinski, als Beobachter entsandte. In seinem Abschlussbericht bezeichnete das von Tavistock kontrollierte Symposium die Arbeit der NASA als "unangemessen" und schlug vor, ihre Raumfahrtprogramme sofort einzustellen. Die US-Regierung kam dem nach, indem sie die Finanzierung einstellte, was dazu führte, dass die NASA neun Jahre lang ruhte - genug Zeit für das sowjetische Raumfahrtprogramm, um aufzuholen und die USA zu überflügeln.

Rappaports NASA-Sonderbericht stellte fest, dass die Behörde "zu viele qualifizierte Leute, zu viele Wissenschaftler und Ingenieure" hervorbringt, deren Dienste in der kleineren, schöneren, postindustriellen Gesellschaft, wie sie vom Club of Rome gefordert wird, nicht benötigt werden. Rappaport bezeichnete unsere hochqualifizierten und ausgebildeten Raumfahrtwissenschaftler und -ingenieure als "überflüssig". Die US-Regierung, die, wie ich bereits angedeutet habe, unter der Fuchtel von Tavistock zu stehen scheint, kürzte daraufhin die Mittel. Die Einmischung in die NASA ist ein perfektes Beispiel dafür, wie Großbritannien die Innen- und Außenpolitik der USA kontrolliert.

Das Juwel in der Krone von Tavistock ist das Aspen Institute in Colorado, das jahrelang unter der Leitung von Robert Anderson stand, einem Absolventen der Universität von Chicago, die in den Vereinigten Staaten für Gehirnwäsche bekannt ist. Die Aspen-Einrichtung ist die nordamerikanische Heimat des Club of Rome, der lehrt, dass eine Rückkehr der Monarchie sehr gut für Amerika wäre. John Nesbitt, ein weiterer Tavistock-Absolvent, hielt in Aspen ziemlich regelmäßig Seminare ab, in denen die Einführung einer Monarchie unter führenden Geschäftsleuten propagiert wurde.

Einer von Nesbitts Schülern war William Jefferson Clinton, der schon damals als Präsidentschaftskandidat gehandelt wurde. Nesbitt ist wie Anderson von den britischen Royals geblendet und folgt deren Katharer-Doktrinen, die sich um ökologische Belange scheren.

Die Philosophical Radicals hatten den Glauben der Bogomilen und Katharer in die sozialistischen Kreise in Großbritannien eingeführt. Andersons Schützlinge waren Margaret Thatcher und George Bush, deren Aktionen im Golfkrieg zeigten, dass Tavistock seine Hausaufgaben ziemlich gut gemacht hatte. Anderson ist ein typischer Vertreter der verblendeten, gehirngewaschenen

"Führungspersönlichkeiten mit Hochschulabschluss", und seine Spezialität ist es, gezielte Gruppen von Wirtschaftsführern in Umweltschulungen zu unterrichten.

Ökologische Fragen sind Andersons Spezialgebiet. Obwohl Anderson einen Teil seiner Aktivitäten aus seinen eigenen enormen finanziellen Mitteln finanziert, erhält er auch Spenden aus der ganzen Welt, unter anderem von Königin Elizabeth und ihrem Gemahl, Prinz Philip. Anderson gründete die militante Ökologiebewegung "Friends of the Earth" und die "United Nations Conference on the Environment".

Neben seiner Tätigkeit in Aspen ist Anderson Präsident und CEO der Atlantic Richfield Company-ARCO, in deren Verwaltungsrat folgende Persönlichkeiten vertreten sind:

Jack Conway

Am besten in Erinnerung geblieben ist er durch seine Arbeit für den United Way Appeal Fund und als Direktor der Socialist International Ford Foundation, beides so unamerikanisch, wie man nur sein kann. Conway ist auch Direktor des "Center for Change", einer auf Tavistock-Schocktruppen spezialisierten Clearingstelle.

Philip Hawley

Er ist Vorsitzender der Firma "Hawley and Hale" in Los Angeles, die mit "Transamerica" zusammenarbeitet, einer Firma, die sich darauf spezialisiert hat, antichristliche, familienfeindliche, abtreibungsfreundliche, lesbische, homosexuelle und drogenfreundliche Filme zu produzieren. Hawley steht in Verbindung mit der Bank of America, die das Center for the Study of Democratic Institutions finanziert, eine klassische Denkfabrik der Tavistock-Gehirnwäsche-Institution zur Förderung des Drogenkonsums und der Legalisierung von Drogen.

Dr. Joel Fort

Dieser britische Staatsangehörige, Fort, war zusammen mit dem ehrenwerten David Astor und Sir Mark Turner, einem Direktor des Royal Institute for Inter-national Affairs (RIIA), dessen elender amerikanischer Diener Henry Kissinger ist, im Vorstand der Londoner Zeitung "Observer".

Das Königliche Institut für Internationale Angelegenheiten (RIIA)

Der als Schwesterorganisation gegründete Council on Foreign Relations (CFR), Amerikas de facto geheime Regierung der mittleren Ebene, ist der ausführende Arm des Komitees der 300. Im Mai 1982 verkündete Kissinger stolz die Kontrolle von Tavistock über Amerika.

Der Anlass war ein Abendessen für RIIA-Mitglieder. Kissinger lobte die britische Regierung, wie man es von einem Tavistock-Absolventen erwartet. In seiner besten Grabesstimme sagte Kissinger: "In meiner Zeit im Weißen Haus habe ich das britische Außenministerium besser informiert als das US-Außenministerium."

Der gemeinsame Nenner der drei Lippert-Institute ist die ursprünglich in Tavistock gelehrte Methodik der Gehirnwäsche. Alle drei Lippert-Institute wurden durch staatliche Zuschüsse finanziert. In diesen Instituten wurden und werden die obersten Verwaltungsbeamten und politischen Entscheidungsträger der Regierung darin geschult, wie man Amerikas etablierte Lebensweise untergräbt, die auf der westlichen Zivilisation und der Verfassung der Vereinigten Staaten beruht. Die Absicht ist, die Institutionen, die das Fundament der Vereinigten Staaten bilden, zu schwächen und schließlich zu zerschlagen.

Der nationale Bildungsverband

Wie groß Lipperts Kontrolle über die National Education Association war, lässt sich daran ablesen, dass die gehirngewaschenen Mitgliedslehrer gemäß den Anweisungen der Führung geschlossen für William Jefferson Clinton gestimmt haben.

Die Corning-Gruppe

Das Unternehmen schenkte Wye Plantation dem Aspen Institute, das zum wichtigsten Trainingsgelände für New-Age-Rekruten und "Schocktruppen" wurde. James Houghton, der stellvertretende Vorsitzende von Coming, ist ein Bote der Familie Pierepoint Morgan von Morgan Guarantee and Trust an der Wall Street. Morgan erhält täglich Briefings von der RIIA direkt aus London, die zu ANWEISUNGEN werden, die an den US-Außenminister weitergeleitet werden.

Der ehemalige Finanzminister William Fowler war Teil der Corning-Aspen-Schnittstelle. Er ist der Hauptbefürworter der Übergabe der US-Finanzpolitik an den Internationalen Währungsfonds (IWF) und drängte ständig darauf, dass die Bank für Internationalen Zahlungsausgleich das interne US-Bankwesen kontrolliert. Es ist bezeichnend, dass Wye Plantation der Ort der arabisch-israelischen Friedensgespräche war, die als Wye-Abkommen bekannt sind.

Konferenzzentrum für Führungskräfte

Dieses "Fachausbildungszentrum", das unter der Leitung von Robert L. Schwartz Verhaltensänderungen lehren soll, wird nach dem Vorbild des Esalen-Instituts geführt.

Schwartz verbrachte drei Jahre am Esalen-Institut und arbeitete eng mit Aldous Huxley zusammen, Tavistocks "respektablem" Drogenkultur-Pusher Nr. I, der für die Einführung von LSD bei amerikanischen College-Studenten verantwortlich war. Schwartz war auch ein enger Freund der Anthropologin Margaret Meade und ihres Mannes Gregory Bateson. Von Stanford und Esalen zog Schwartz nach Terrytown House, dem Anwesen von Mary Biddle Duke in Westchester, wo er mit großen Zuschüssen von IBM und AT&T das Executive Conference Center eröffnete; die erste Vollzeit-"Graduiertenschule" des Wassermannzeitalters und des Neuen Zeitalters für hochkarätige Führungskräfte aus allen Bereichen von Corporate America, Industrie, Handel und Bankwesen.

Tausende von Führungskräften und Managern aus amerikanischen Unternehmen, insbesondere aus den Fortune-500-Firmen, der Crème de la Crème der Geschäftswelt, zahlten 750 Dollar pro Kopf, um in Seminaren von Schwartz, Meade, Bateson und anderen Tavistock-Gehirnwäschespezialisten in der Age of Aquarius Age-Methodik unterrichtet zu werden.

Schwartz war einst eng mit Scientology verbündet, und er war auch Redakteur des TIME Magazine. Aspen Institute - New-Age-Zentren wurden großzügig von IBM und AT&T finanziert.

Für Amerikaner, die keinen Zugang zu dieser Art von Informationen haben, ist es schwer zu glauben, dass IBM und AT&T, zwei bekannte Namen in der amerikanischen Geschäftswelt, irgendetwas mit Bewusstseinskontrolle, Gehirnwäsche, Verhaltensmodifikation und transzendentaler Meditation, Bahai-Sensitivitätstraining, Zen-Buddhismus, umgekehrter Psychologie und all den anderen Programmen des New Age - Age of Aquarius zu tun haben, die darauf abzielen, die Moral des amerikanischen Volkes zu brechen und das Familienleben zu schwächen. Das Christentum wurde nicht gelehrt.

Die meisten Amerikaner, die nicht wissen, in welchem Ausmaß Corporate America im In- und Ausland das Sagen hat, und zwar in einer Weise, die für die US-Verfassung und die Bill of Rights gefährlich ist, würden daran zweifeln. Ohne Corporate America hätten wir niemals den Vietnamkrieg, den Golfkrieg, den Krieg gegen Serbien und einen zweiten Krieg gegen den Irak erlebt. Auch hätten Carter und Clinton nicht den Hauch einer Chance gehabt, ins Weiße Haus einzuziehen, allen Widrigkeiten zum Trotz!

Sollte das, was hier geschrieben steht, nicht stimmen, könnten diese Unternehmen den Wahrheitsgehalt jederzeit leugnen, aber bisher haben sie das nicht getan. Es würde schockieren, wenn man herausfände, dass eine große Anzahl von Unternehmensgiganten, die der amerikanischen Öffentlichkeit ein Begriff sind, ihre Führungskräfte und Mitarbeiter der oberen Managementebene zu Schwartz, Meade, Bateson, John Nesbitt, Lewin, Cartwright und anderen Tavistock-Spezialisten für Verhaltensänderungen und Gedankenkontrolle schicken, um ihre Gehirne durcheinander zu bringen: Im Executive Conference Center treffen sich Führungskräfte von Unternehmen mit John Nesbitt, der dem Schwarzen Adel und dem Haus von Guelph, besser bekannt als das Haus von Windsor, der RIIA, den Milner-Round-Table-Gruppen, dem Club of Rome und dem Aspen-Institut angehört. Nesbitt ist typisch für die Agenten, die von der britischen Regierung eingesetzt werden, um die US- und Außenpolitik zu lenken.

Nesbitt ist ein überzeugter Monarchist und ein Spezialist des Club of Rome für Nullwachstum in der Industrie, insbesondere in der Schwerindustrie. Er glaubt an Nullwachstum nach der Industrialisierung bis hin zur Rückkehr der Welt in einen Feudalstaat. Bei einer seiner Gehirnwäsche-Sitzungen sagte er den

Führungskräften von "Business America" (mein neuer Begriff):

"Die Vereinigten Staaten bewegen sich auf eine Monarchie wie Großbritannien zu und auf ein Regierungssystem, in dem der Kongress, das Weiße Haus und der Oberste Gerichtshof nur noch symbolisch und rituell sind. Dies wird eine echte Demokratie darstellen; das amerikanische Volk interessiert sich nicht dafür, wer Präsident ist; die Hälfte von ihnen wählt sowieso nicht. Amerikas Wirtschaft entwickelt sich weg von einem Nationalstaat und hin zu immer kleineren Machtzentren, möglicherweise zu mehreren Nationen. Wir müssen den Nationalstaat durch einen geografischen, ökologischen Geisteszustand ersetzen.

"Die Vereinigten Staaten werden sich von der Konzentration der Schwerindustrie entfernen. Auto-, Stahl- und Wohnungsbau werden nie wieder aufleben. Buffalo, Cleveland, Detroit, die alten Industriezentren werden sterben. Wir bewegen uns auf eine Informationsgesellschaft zu. Es gibt und wird weiterhin viel Schmerz geben, aber im Großen und Ganzen ist diese Wirtschaft besser dran als noch vor zehn Jahren." Nesbitt gab damit genau das wieder, was Graf Davignon 1982 gesagt hatte.

KAPITEL 31

Nullwachstum in Landwirtschaft und Industrie: Amerikas postindustrielle Gesellschaft.

1983 schrieb ich eine Monographie mit dem Titel "The Death of the Steel Industry" (Der Tod der Stahlindustrie), in der ich detailliert beschrieb, wie der französische Aristokrat Etienne Davignon vom Club of Rome mit der Aufgabe betraut wurde, die amerikanische Stahlindustrie zu verkleinern.

Zu der Zeit, als dieses Werk veröffentlicht wurde, waren viele Menschen skeptisch, aber auf der Grundlage von Informationen über den Club of Rome - von dem die meisten Amerikaner und die meisten Schriftsteller vor meinem gleichnamigen Artikel von 1970 noch nie etwas gehört hatten - war ich mir sicher, dass Nesbitts Vorhersage eintreten könnte, und in den folgenden sieben Jahren stellte sich heraus, dass sie zutraf, wenn auch nicht in jeder Hinsicht. Obwohl Teile von Nesbitts Vorhersagen nicht zutrafen - ihre Zeit war noch nicht gekommen - lag er in vielerlei Hinsicht richtig, was die Absichten unserer geheimen Regierung anbelangt.

Keiner der Industriekapitäne, die an den EWG-Gehirnwäschesitzungen von Tavistock teilnahmen, hielt es für angebracht, gegen die Aussagen von Nesbitt zu protestieren. Wie konnte ich da erwarten, dass ein unbekannter Schriftsteller wie ich, von dem niemand je etwas gehört hatte, etwas bewirken würde?

Die Konferenzen und Schulungen der Führungskräfte in Tarrytown House bewiesen, dass Reeses Gehirnwäsche-Techniken einwandfrei funktionierten. Hier fand ein Forum statt, an dem die Industriekapitäne, die Elite der amerikanischen Unternehmenswelt, teilnahmen, die sich freuten, am Niedergang der amerikanischen Stahlindustrie mitzuwirken, den einzigartigen Binnenmarkt zu opfern, der Amerika zu einer großen Industrienation gemacht hatte, die Verfassung und die Bill of Rights zu zerreißen und

Völkermordprogramme zu befürworten, die die Ausmerzung der Hälfte der Weltbevölkerung vorsahen; Ersetzung des Christentums durch östlichen Mystizismus und die Kabbala; Befürwortung von Programmen, die zu einem Zusammenbruch der Moral der Nation und zur Zerstörung des Familienlebens führen würden; ein zukünftiges balkanisiertes Amerika.

Niemand kann leugnen, dass Reese und seine Tavistock-Methoden eine erstaunliche Gehirnwäsche bei den Führern unserer Unternehmen, unseren politischen und religiösen Führern, unseren Richtern, unseren Erziehern und den Wächtern der Moral der Nation durchgeführt haben, ganz zu schweigen vom US-Repräsentantenhaus und dem Senat.

1974 legte Professor Harold Isaacson vom Massachusetts Institute of Technology (MIT) in seinem Buch "Idols of the Tribe" den Plan von Tavistock offen, Mexiko, Kanada und die USA zu Staaten vom Typ Balkan zusammenzuschließen. Ich möchte meine Leser daran erinnern, dass das MIT von Kurt Lewin gegründet wurde, demselben Kurt Lewin, der wegen seiner Gehirnwäsche-Experimente aus Deutschland vertrieben wurde; demselben Lewin, der die Strategic Bombing Survey plante; Reeses wichtigstem Theoretiker.

Alles, was Isaacson tat, war, den Wassermann-Entwurf in einer lesbareren, detaillierteren Weise als die Stanford-Willis-Harmon-Studie über den Wassermann darzulegen. 1981, sieben Jahre später, wurden Isaacsons Ideen (Tavistocks Wassermann-Blaupause) von Joel Gallo, Herausgeber der Washington Post und Sprachrohr des britischen House of Windsor und des Club of Rome, der Öffentlichkeit vorgestellt. Gallo nannte seine Präsentation "The Nine Nations of North America". Gallos Version von Tavistocks Plan für ein zukünftiges Amerika sah Folgendes vor:

> ➤ Der Tod der Stahlindustrie und der Niedergang der Industrie im industriellen Nordosten und die Gründung der "Nation of the North East".

> ➤ Dixie, die entstehende Nation des Südens.

> ➤ Etopia, bestehend aus den Küstenregionen des Nordwestpazifiks.

> (Willis Harmon hat in seinem Aufsatz Age of Aquarius den Begriff "Ökotopia" verwendet).

> Der Rest Südwestamerikas soll mit Mexiko als "Kornkammer" zusammengelegt werden.

> Der Mittlere Westen soll als "The Empty Quarter" bezeichnet werden.

> Teile Kanadas und der Inseln werden als "für besondere Zwecke" ausgewiesen

(Vielleicht werden diese Gebiete die Standorte für künftige "Gulags" sein, nachdem wir das Undenkbare gesehen haben - die Wiederaufbauanlage des Gefängnisses von Guantanamo Bay, wo Gedankenmanipulation und Folter tatsächlich praktiziert werden).

In all diesen letztgenannten Gebieten gäbe es keine großen Städte, die im Widerspruch zur "Ökotopie" stünden. Um sicherzugehen, dass jeder versteht, wovon er spricht, legte Gallo seinem Buch eine Karte bei. Das Problem ist, dass die Amerikaner Gallo nicht ernst genommen haben. Es war genau die Reaktion, die Tavistock von ihnen erwartet hatte, nämlich eine "perfekte maladaptive Reaktion".

Die amerikanische Rechte wuchs mit den Rockefellers, den Warburgs, der Freimaurerei, den Illuminaten, dem Council on Foreign Relations, der Federal-Reserve-Verschwörung und der Trilateralen Kommission auf. Von den inneren Abläufen war nicht viel veröffentlicht worden.

Als ich 1969 begann, meine Forschungen zu veröffentlichen, hatten die meisten Amerikaner noch nichts vom Komitee der 300, der Cini-Stiftung, dem Marshall-Fonds, dem Club of Rome und schon gar nicht vom Tavistock-Institut, dem Schwarzen Adel von Venedig und Genua gehört. Im Folgenden finden Sie eine Liste der Tavistock-Gehirnwäsche-Institutionen in den Vereinigten Staaten, die in meinen 1969 veröffentlichten Monographien erwähnt wurden:

> Stanford Forschungszentrum. Es beschäftigt 4.300 Mitarbeiter und verfügt über ein Jahresbudget von über 200 Millionen Dollar.

> MIT/Sloane. Es beschäftigt 5000 Personen und verfügt

über ein Jahresbudget von 20 Millionen Dollar.

> Universität von Pennsylvania Wharton School. Sie beschäftigt zwischen 700 und 800 Personen und verfügt über ein Jahresbudget von über 35 Millionen Dollar.

> Management und Verhaltensforschung. Beschäftigt 40 Personen und verfügt über ein Jahresbudget von 2 Millionen Dollar.

> Rand Corporation. Sie beschäftigt mehr als 2000 Mitarbeiter und verfügt über ein Jahresbudget von 100 Millionen Dollar.

> Nationale Ausbildungslabors. Beschäftigt 700 Personen und verfügt über ein Jahresbudget von 30 Millionen Dollar.

> Das Hudson-Institut. Es beschäftigt zwischen 120 und 140 Personen und verfügt über ein geschätztes Jahresbudget von 8 Millionen Dollar.

> Esalen-Institut. Es beschäftigt zwischen 1800 und 2000 Personen und verfügt über ein Jahresbudget von über 500 Millionen Dollar.

(Alle Zahlen von 1969)

So gab es 1989 allein in den Vereinigten Staaten bereits ein Tavistock-Netz mit 10 bis 20 größeren Einrichtungen sowie 400 bis 500 mittelgroßen Einrichtungen mit mehr als 5.000 Satellitengruppen, die sich alle um Tavistock drehten. Zusammen beschäftigen sie mehr als 60.000 Mitarbeiter, die auf die eine oder andere Weise auf dem Gebiet der Verhaltenswissenschaften, der Gedankenkontrolle, der Gehirnwäsche, der Meinungsforschung und der öffentlichen Meinungsbildung spezialisiert sind.

Und sie alle arbeiteten gegen die Vereinigten Staaten, unsere Verfassung und die Bill of Rights.

Seit 1969 wurden diese Einrichtungen ausgebaut und zahlreiche neue Einrichtungen in das Netz aufgenommen. Sie werden nicht nur durch große Privat- und Unternehmensspenden, sondern auch durch die Regierung der Vereinigten Staaten selbst finanziert. Zu den Kunden von Tavistock gehören:

> Das Außenministerium

> Der U.S. Postdienst

> Verteidigungsministerium

> Die CIA: Die U.S. Navy Abteilung des Marinegeheimdienstes

> Das Nationale Aufklärungsbüro

> Der Nationale Sicherheitsrat

> Das FBI

> Kissinger Associates

> Duke-Universität

> Der Bundesstaat Kalifornien

> Georgetown University und viele mehr.

Zu den Kunden von Tavistock im privaten und unternehmerischen Bereich gehören unter anderem:

> Hewlett Packard

> RCA

> Krone Zeilerbach

> McDonald Douglas

> IBM, Microsoft, Apple Computers, Boeing

> Kaiser Industrien

> TRW

> Blythe Eastman Dillon

> Wells Fargo Bank of America

> Bechtel Corp.

> Halliburton

> Raytheon

> McDonnell Douglas

- Shell-Öl
- British Petroleum
- Conoco
- Exxon Mobil
- IBM und AT&T.

Dies ist keineswegs eine vollständige Liste, die von Tavistock eifersüchtig gehütet wird. Diese Namen sind nur die Namen, die ich sichern konnte. Ich würde sagen, dass die Mehrheit der Amerikaner sich überhaupt nicht bewusst ist, dass sie sich in einem totalen Krieg befinden, der seit 1946 gegen sie geführt wird; ein Krieg von verheerendem Ausmaß und unablässigem Druck; ein Krieg, den wir schnell verlieren und der uns überwältigen wird, wenn das amerikanische Volk nicht von seiner vorgefassten Meinung "das kann in Amerika nicht passieren" abgeschüttelt werden kann.

KAPITEL 32

Entlarvung der hochrangigen parallelen Geheimregierung

Die einzige Möglichkeit, diesen mächtigen und heimtückischen Feind zu besiegen, besteht darin, dass wir unser Volk, insbesondere unsere jungen Leute, in der Verfassung unterrichten und an unserem christlichen Glauben festhalten. Andernfalls wird unser unschätzbares Erbe für immer verloren sein. Die Macht, die Tavistock über diese Nation ausübt, muss gebrochen werden.

Es ist zu hoffen, dass dieses Werk zu einem Schulungshandbuch für Millionen von Amerikanern wird, die den Feind bekämpfen wollen, aber bisher nicht in der Lage waren, ihn zu erkennen.

Die politischen Kräfte, die von Geheimgesellschaften kontrolliert werden, die alle gegen Amerikas republikanische, konstitutionelle Ideale sind, mögen nichts, was das Tavistock-Institut und seine Illoyalität gegenüber Amerika aufdeckt, und noch weniger, wenn solche Enthüllungen nicht lächerlich gemacht und ignoriert werden können. Natürlich zahlen diejenigen, die sich dafür einsetzen, die Taten unserer geheimen Regierung zu entlarven, immer einen hohen Preis für solche Enthüllungen.

Niemand, der an der Zukunft Amerikas interessiert ist, kann es sich leisten, die Art und Weise zu ignorieren, in der das Tavistock-Institut das amerikanische Volk gepeitscht und die Regierung manipuliert hat, selbst wenn die Mehrheit der Amerikaner in Unkenntnis darüber bleibt, was vor sich geht. Mit der fast vollständigen Kontrolle, die unsere hochrangige, parallele und geheime Regierung über unsere Nation ausübt, hat Amerika aufgehört, eine freie und unabhängige Nation zu sein. Im Allgemeinen kann man den Beginn unseres Niedergangs auf die Zeit festlegen, in der Woodrow Wilson von der britischen Aristokratie "gewählt" wurde.

Die meisten der jüngeren Aktivitäten von Tavistock in den Vereinigten Staaten konzentrierten sich auf das Weiße Haus und darauf, den ehemaligen Präsidenten G.H.W. Bush, den ehemaligen Präsidenten Clinton und Präsident G.W. Bush zum Krieg gegen den Irak zu bewegen. Tavistock ist führend in dem Bestreben, das im zweiten Verfassungszusatz verankerte Recht der Bürger, Waffen zu besitzen und zu tragen, zu zerstören.

Sie hat auch dazu beigetragen, wichtigen Mitgliedern der Legislative mitzuteilen, dass sie keinen Bedarf mehr an der US-Verfassung haben, was zu einer Vielzahl von neuen Gesetzen führt, die gar keine Gesetze sind, da sie den Test der Verfassungsmäßigkeit nicht bestehen und zu Boden fallen.

Tavistock ist nach wie vor die Mutter aller Forschungseinrichtungen in Amerika und Großbritannien und führend auf dem Gebiet der Verhaltensmodifikationstechniken, der Gedankenkontrolle und der Meinungsbildung und -formung.

Das Rand-Institut in Santa Monica hat unter der Leitung von Tavistock das als "El Nino" bekannte Phänomen als Experiment zur Wetterveränderung geschaffen. Tavistock ist auch stark an den New-Age-"UFO"-Experimenten und der Sichtung von Außerirdischen beteiligt, und zwar im Rahmen seiner Bewusstseinskontrollverträge mit der CIA.

Das Rand Institute führt das ICBM-Programm durch und erstellt Primäranalysen für ausländische Regierungen. Rand und Tavistock haben erfolgreich ein Profil der weißen Bevölkerung Südafrikas erstellt, um das Wasser für eine kommunistische Übernahme durch den Afrikanischen Nationalkongress zu testen, wobei sie vom US-Außenministerium unterstützt und stark gefördert wurden. "Bischof" Desmond Tutu, der eine führende Rolle bei der Vorbereitung des Sturzes der weißen Regierung spielte, ist eine Schöpfung von Tavistock.

Die Georgetown University wurde 1938 vollständig von Tavistock übernommen. Ihre Struktur und ihre Programme wurden so umgestaltet, dass sie dem Plan des Tavistock "Brain Trust" als Zentrum für höhere Bildung entsprachen. Dies ist für die Vereinigten Staaten von großer Bedeutung, wenn man bedenkt, dass Herr Clinton an der Georgetown University seine Kunst der

Massenmanipulation und -verschleierung gelernt hat.

Alle Außendienstmitarbeiter des Außenministeriums werden in Georgetown ausgebildet. Drei der bekanntesten Absolventen waren Henry Kissinger, William Jefferson Clinton und Richard Armitage. Die Loyalisten der "unsichtbaren Armee" von Georgetown haben den Vereinigten Staaten unermesslichen Schaden zugefügt und werden ihre Rolle zweifellos bis zum Ende ausspielen, bis sie entwurzelt, entlarvt und unschädlich gemacht werden.

Einige der hässlichsten und grausamsten Aktionen gegen Amerika wurden in Tavistock geplant. Ich beziehe mich auf den Bombenanschlag auf das Marinelager am Flughafen von Beirut, bei dem 200 unserer besten jungen Soldaten ums Leben kamen. Eine Person, von der man annimmt, dass sie von dem bevorstehenden Angriff der libanesischen Terroristen wusste, war Außenminister George Schultz. Unbestätigten Berichten zufolge wurde Schultz im Vorfeld des Anschlags vom israelischen Geheimdienst Mossad gewarnt.

Wenn Schultz eine solche rechtzeitige Warnung erhalten hat, hat er sie nie an den Kommandanten der Marinebasis in Beirut weitergeleitet. Schultz war und ist immer noch ein treuer Diener des Komitees der 300 über die Bechtel Corporation.

Doch ein Jahr, nachdem ich meinen Verdacht über Schultz und Bechtel geäußert hatte (1989), brach ein unzufriedener hochrangiger Mossad-Agent aus der Reihe und schrieb ein Buch über seine Erfahrungen.

Teile des Buches enthielten genau dieselben Informationen, die ich ein Jahr zuvor gedruckt hatte, was mich zu der Überzeugung gebracht hat, dass die Verdächtigungen, die ich 1989 über Schultz geäußert hatte, nicht ganz unbegründet waren. Die ganze Episode erinnert mich an den Verrat von General Marshall, der dem Befehlshaber auf Hawaii absichtlich Informationen über einen bevorstehenden japanischen Luftangriff auf Pearl Harbor vorenthielt.

Es gibt immer mehr Beweise dafür, dass der Einfluss von Tavistock auf die CIA zunimmt. Es gibt viele andere Nachrichtendienste, die Anweisungen von Tavistock erhalten, insbesondere das National Reconnaissance Office (NRO), die Defense Intelligence Agency

(DJA), der Nachrichtendienst des Finanzministeriums und der Nachrichtendienst des Außenministeriums.

Jedes Jahr, wenn sich der Jahrestag der Ermordung von Präsident John Kennedy jährt, werde ich an die führende Rolle erinnert, die bei der Planung seiner öffentlichen Hinrichtung gespielt wurde; insbesondere die Rolle, die der MI6 spielte. Nach 20 Jahren eingehender Untersuchung der Ermordung von JFK glaube ich, der Wahrheit sehr nahe gekommen zu sein, wie sie in der Monographie "The Assassination of President John F. Kennedy" beschrieben wird. "

Der unaufgeklärte Mord an Präsident Kennedy bleibt eine grobe Beleidigung für alles, wofür die Vereinigten Staaten stehen. Wie kann es sein, dass wir, eine angeblich freie und souveräne Nation, zulassen, dass die Vertuschung eines Verbrechens Jahr für Jahr fortgesetzt wird? Unsere Geheimdienste wissen doch sicher, wer die Täter sind? Wissen wir nicht, dass der Mord an Kennedy am helllichten Tag vor Millionen von Amerikanern verübt wurde, als Beleidigung und als Warnung, dass die Reichweite des Komitees der 300 weit über das hinausgeht, wogegen sich sogar unser höchster gewählter Beamter verteidigen konnte?

Die Täter lachen über unsere Verwirrung, in der Gewissheit, dass sie niemals vor Gericht gestellt werden, und sie freuen sich über den Erfolg ihrer üblen Tat und die Unfähigkeit von uns, dem Volk, den korporativen Schleier zu durchdringen, der ihre Gesichter vor dem Blick verbirgt.

Die massive Vertuschung der Ermordung Kennedys bleibt bestehen. Wir haben alle Einzelheiten darüber, wie der Ausschuss für Ermordungen des Repräsentantenhauses seiner Pflicht nicht nachkam, indem er stichhaltige Beweise ignorierte und sich an fadenscheinigen Beispielen festhielt; er ignorierte die Tatsache, dass die Röntgenaufnahmen von Kennedys Kopf, die im Bethesda-Krankenhaus gemacht wurden, manipuliert wurden.

Die Liste der Sünden des Ausschusses der 300 und seines Dieners, des Tavistock-Instituts, ist endlos. Warum hat der Senatsausschuss keine Anstrengungen unternommen, um das seltsame Verschwinden von Kennedys Sterbeurkunde zu untersuchen; ein wichtiges Beweisstück, das gefunden werden sollte, egal wie lange es dauert und egal was es kostet? Auch Admiral Burkely, der Marineoffizier, der die Bescheinigung unterzeichnet hatte, wurde nicht ernsthaft zu den Umständen des seltsamen - sehr seltsamen - unerklärlichen Verschwindens dieses wichtigen Beweisstücks befragt.

An dieser Stelle muss ich das Thema der Ermordung von John F. Kennedy (die meiner Meinung nach ein Projekt im Zusammenhang mit Tavistock war) verlassen, das vom MI6 und dem Leiter der FBI Five Division, Major Louis Mortimer Bloomfield, durchgeführt wurde. Die CIA ist ein Kunde von Tavistock, zusammen mit buchstäblich Dutzenden anderer US-Regierungsstellen. In den Jahrzehnten, die seit dem Mord vergangen sind, hat keine einzige dieser Agenturen aufgehört, mit Tavistock Geschäfte zu machen. Vielmehr hat Tavistock viele neue Namen von Regierungsbehörden in seine Kundenliste aufgenommen.

Bei der Durchsicht meiner Unterlagen entdeckte ich, dass Reese 1921, als er Tavistock gründete, unter der Kontrolle des britischen Geheimdienstes SIS stand.

So war Tavistock von Anfang an eng mit der Geheimdienstarbeit verbunden, und das ist es bis zum heutigen Tag. Der Fall Rudolph Heß mag für nicht wenige unserer Leser von mehr als nur flüchtigem Interesse sein. Es sei daran erinnert, dass Heß in der Nacht vor seiner Entlassung aus dem Gefängnis in Spandau von zwei SIS-Agenten ermordet wurde.

Die RIIA befürchtete, dass Heß das Geheimnis der engen Beziehungen zwischen Mitgliedern der britischen Oligarchie - einschließlich Winston Churchill - und der deutschen Thule-Gesellschaft, deren Anführer Heß gewesen war, lüften würde.

Von mehr als nur beiläufigem Interesse ist die Tatsache, dass das Tavistock Institute nach dem 11th Herzog von Bedford, der Marquise von Tavistock, benannt wurde. Der Titel wurde an seinen Sohn, die 12th Marquise von Bedford, weitergegeben. Auf sein Anwesen flog Hess, um den Krieg zu beenden. Churchill wollte dies jedoch nicht zulassen und ordnete an, Hess zu verhaften und zu inhaftieren. Die Frau des Herzogs von Bedford beging Selbstmord, indem sie eine Überdosis Schlaftabletten einnahm, als klar wurde, dass Heß nie wieder freigelassen werden würde, selbst wenn der

Krieg zu Ende wäre.

In meinen Werken "Who Murdered Rudolph Hess" und "King Makers, King Breakers-The Cecils" zeige ich auf, wie eng diese virtuelle Verwandtschaft mit Hess und anderen wichtigen Mitgliedern von Hitlers innerem Kreis bis zum Beginn des Zweiten Weltkriegs war. Hätte Heß seine Mission beim Herzog von Bedford erfüllt, wären Churchill und fast die gesamte britische Oligarchie als Betrüger entlarvt worden.

Das Gleiche wäre passiert, wenn Hess nicht als einsamer Gefangener in Spandau in Berlin gehalten worden wäre, wo er nach dem Ende des Zweiten Weltkriegs jahrelang von Truppen aus Großbritannien, den Vereinigten Staaten und der UdSSR bewacht wurde, entgegen jeglicher Logik und zu enormen Kosten (schätzungsweise 50.000 Dollar pro Tag).

Da das veränderte Russland glaubte, Amerika und Großbritannien in Verlegenheit bringen zu können - insbesondere Großbritannien -, kündigte es plötzlich die Freilassung von Heß an. Die Briten konnten es sich nicht leisten, das Risiko einzugehen, dass ihre Kriegsführer entlarvt würden, also wurde der Befehl gegeben, Heß zu töten.

Tavistock bietet den Menschen, die wir überall in den Vereinigten Staaten, in jeder nennenswerten Stadt, finden, Dienstleistungen unheimlicher Natur an. Sie haben die führenden Persönlichkeiten dieser Städte in ihrer Hand, sei es bei der Polizei, der Stadtverwaltung oder einer anderen Behörde.

Dies ist auch in jeder Stadt der Fall, in der die Illuminaten und Freimaurer zusammen mit Tavistock ihre geheimen Befugnisse ausüben, um die Verfassung und die Bill of Rights mit Füßen zu treten.

Man kann sich nur wundern, wie viele unschuldige Menschen heute im Gefängnis sitzen, weil sie nichts über ihre Verfassung und die Bill of Rights wussten; Opfer von Tavistock, einer und alle. Schauen Sie sich die Fernsehserie "COPS" genau an.

Es ist die übliche Tavistock-Meinungskontrolle und Meinungsmache. Darin finden Sie jede mögliche Verletzung der verfassungsmäßigen Rechte von Personen, die von der Polizei angehalten oder verhaftet werden. Ich bin der festen Überzeugung, dass "COPS" dazu dient, die Öffentlichkeit zu konditionieren und uns glauben zu machen, dass solche groben Rechtsverletzungen, deren Zeugen wir sind, die Norm sind; dass die Polizei tatsächlich solche übermäßigen Befugnisse hat und dass die verfassungsmäßigen Garantien, auf die jeder Bürger Anspruch hat, in der Praxis nicht existieren. "COPS" ist ein äußerst heimtückisches Gehirnwäsche- und Meinungsbildungskontrollprogramm, und es würde nicht überraschen, wenn Tavistock irgendwo darin verwickelt wäre.

KAPITEL 33

Interpol in den U.S.A.:
Ursprung und Zweck der Einrichtung

Zu den vielen internationalen Agenturen, denen Tavistock dient, gehört David Rockefellers privater Nachrichtendienst, besser bekannt als INTERPOL. Es ist eine völlige Vernachlässigung seiner gesetzlichen Pflichten, dass diese illegale Einrichtung weiterhin auf Bundesgelände in Washington, D.C. und unter dem Schutz der Regierung arbeiten darf. (Nach amerikanischem Recht ist es privaten ausländischen Polizeibehörden untersagt, in Amerika tätig zu werden. INTERPOL ist eine private ausländische Polizeibehörde, die auf amerikanischem Boden operiert, während der Kongress wegschaut, aus Angst, dass er eines Tages gezwungen sein könnte, diese giftige Nessel zu packen und sie an den Wurzeln auszureißen).

Was ist INTERPOL? Das US-Justizministerium versucht, INTERPOL zu erklären, indem es entscheidenden Fragen ausweicht. In seinem Handbuch von 1988 heißt es: "Interpol führt zwischenstaatliche Aktivitäten durch, basiert aber nicht auf einem internationalen Vertrag, einer Konvention oder ähnlichen rechtlichen Dokumenten. Sie wurde auf der Grundlage einer Verfassung gegründet, die von einer Gruppe von Polizeibeamten ausgearbeitet und verfasst wurde, die sie weder zur diplomatischen Unterzeichnung vorlegten noch jemals zur Ratifizierung durch die Regierungen eingereicht haben.

Wie interessant! Was für ein Eingeständnis! Wenn Interpol die US-Verfassung nicht mit Füßen tritt, dann tut es nichts. Wo sind die Wachhunde des Repräsentantenhauses und des Senats? Haben sie etwa Angst vor Tavistock und seinem mächtigen Geldgeber David Rockefeller? Hat der Kongress Angst vor dem Komitee der 300"? Es scheint auf jeden Fall so zu sein. Interpol ist eine illegale

Einrichtung, die innerhalb der Grenzen der Vereinigten Staaten ohne die Sanktion und Genehmigung von uns, dem Volk, tätig ist und damit in flagranter Weise gegen die Verfassung der Vereinigten Staaten und die Verfassungen der 50 Bundesstaaten verstößt.

Die Mitglieder des Gremiums werden von verschiedenen nationalen Regierungen ohne Rücksprache mit der Regierung der Vereinigten Staaten ernannt. Die Liste der Mitglieder wurde nie einem Ausschuss des Repräsentantenhauses oder des Senats vorgelegt.

Seine Präsenz in den USA ist nie durch einen Vertrag sanktioniert worden. Dies hat zu einer Reihe von Anschuldigungen geführt, dass bestimmte Regierungen unter der Kontrolle des Drogenhandels stehen: Kolumbien, Mexiko, Panama, Libanon und Nicaragua, möglicherweise Personen, die in den Drogenhandel verwickelt sind, als ihre Vertreter auswählen.

Laut Beverly Sweatman vom National Central Bureau (NCB) des US-Justizministeriums (dessen Existenz an sich schon ein Verstoß gegen die Verfassung ist) existiert diese Behörde der US-Regierung ausschließlich zum Informationsaustausch mit Interpol.

Interpol ist eine private Agentur, die David Rockefeller gehört und von ihm kontrolliert wird. Sie verfügt über ein weltumspannendes Kommunikationsnetz und ist auf die eine oder andere Weise stark in den Drogenhandel von Afghanistan über Pakistan bis zu den Vereinigten Staaten verwickelt.

Die Interaktion von Oberstleutnant Nivaldo Madrin aus Panama, General Guillermo Medina Sanchez aus Kolumbien und bestimmten Elementen der mexikanischen Bundespolizei mit Interpol-Status weisen in diese Richtung. Ihre Geschichte der Verwicklung in den Drogenhandel während ihrer Tätigkeit für Interpol ist zu lang, um sie hier aufzuführen, aber es genügt zu sagen, dass die Geschichte eine schmutzige ist.

Obwohl es sich bei Interpol um eine private Organisation handelt, wurde ihr 1975 von den Vereinten Nationen (UN) der "Beobachterstatus" zuerkannt, der es Interpol (unter völliger Verletzung der UN-Charta) ermöglicht, an Sitzungen teilzunehmen und über Resolutionen abzustimmen, obwohl sie kein Mitgliedsland ist und keinen Regierungsstatus hat. Nach der UN-Charta können nur Staaten (in der vollen Definition des Wortes) Mitglieder der

UNO sein. Da Interpol kein Staat ist, warum verstößt die UNO gegen ihre Charta?

Es wird vermutet, dass die Vereinten Nationen sich stark auf Interpol-Netzwerke stützen, um private Waffen in den Händen amerikanischer Bürger zu finden, die diese aufgrund ihrer Rechte aus dem zweiten Verfassungszusatz besitzen, sobald die Vereinten Nationen einen "Vertrag" mit der US-Regierung zur Entwaffnung der gesamten Zivilbevölkerung der Mitgliedsstaaten unterzeichnet haben.

Wo sind Amerikas Gesetzgeber, die die Verfassung der Vereinigten Staaten aufrechterhalten und verteidigen sollen? Wo sind die großen Staatsmänner vergangener Zeiten? Interpol zeigt, dass wir an ihrer Stelle Politiker haben, die zu Gesetzgebern geworden sind, die die Gesetze, die sie machen, nicht durchsetzen, die Angst haben, die offensichtlichen Fehler, die es überall gibt, zu korrigieren, weil sie, wenn sie ihren Amtseid einhalten würden, höchstwahrscheinlich ihren bequemen Job verlieren würden.

Um einige der bereits gegebenen Informationen zu rekapitulieren: Das Tavistock-Institut wurde 1921 auf Befehl der britischen Monarchie in Sussex, England, zum Zwecke der Gedankenkontrolle und der öffentlichen Meinungsbildung gegründet, um auf einer sorgfältig geprüften wissenschaftlichen Grundlage festzustellen, an welchem Punkt der menschliche Geist zusammenbricht, wenn er längeren psychischen Belastungen ausgesetzt ist. An anderer Stelle werden wir zeigen, dass sie bereits in der Zeit vor dem Ersten Weltkrieg vom 11th Herzog von Bedford, der Marquise von Tavistock, gegründet wurde.

In den frühen 1930er Jahren leistete auch der Rockefeller Brothers Foundation Fund umfangreiche Beiträge zu Tavistock.

Die Tatsache, dass so viele der führenden Praktiker der Bewusstseinskontrolle und Verhaltensmodifikation eng mit den Geheimgesellschaften verbunden waren und sind, die Kulte vieler verschiedener Ideen und Glaubensrichtungen umfassen, insbesondere Isis-Orsiris, Kabbala, Sufi, Katharer, Bogomil und Bahai (manichäischer) Mystizismus, sollte beachtet werden.

Für Uneingeweihte ist die Vorstellung, dass angesehene Institutionen und ihre Wissenschaftler in Sekten und sogar in den

Satanismus und die Illuministen verwickelt sind, nur schwer zu glauben. Aber die Verbindung ist sehr real. Wir können sehen, warum Tavistock so an diesen Themen interessiert war.

Zufällige Schießereien an Schulen durch junge Menschen, die unter lang anhaltendem Stress und unter dem Einfluss von Drogen stehen, sind insofern bemerkenswert, als die Täter bei einer großen Zahl dieser tragischen Ereignisse fast immer behaupten, dass sie "von Stimmen" zu ihrem tödlichen Werk angewiesen wurden. Es kann kein Zweifel daran bestehen, dass in diesen tragischen Fällen Bewusstseinskontrolle am Werk war. Leider werden wir noch viele solcher tragischen Vorfälle erleben, bevor die Öffentlichkeit begreift, was vor sich geht.

Kultismus, Bewusstseinskontrolle, psychologische Stressanwendung und Verhaltensänderungen sind ein wesentlicher Bestandteil dessen, was die Wissenschaftler von Tavistock lehren. Tatsächlich verabschiedete das britische Unterhaus, aufgeschreckt durch undichte Stellen, die seine Verbindung zu Tavistock-Wissenschaftlern aufzeigten, ein Gesetz, das es Einrichtungen wie Tavistock erlaubte, "physikalische Forschung" zu betreiben, wie das Gesetz es nannte.

Nun ist der Begriff "physikalische Forschung" so zweideutig, dass ernsthafte Zweifel aufkommen, was er wirklich bedeutet, oder ob es sich, wie einige Kritiker behaupteten, nur um einen Begriff handelt, der dazu dient, das zu verschleiern, was wirklich vor sich geht.

Auf jeden Fall war Tavistock nicht bereit, die Öffentlichkeit in ihr Vertrauen zu ziehen. Aber ich kann mit absoluter Sicherheit sagen, dass Mitarbeiter des britischen Geheimdienstes MI6 und der CIA in Tavistock eine Ausbildung in Metaphysik, Bewusstseinskontrolle, Verhaltensmodifikation, ESP, Hypnose, Okkultismus, Satanismus, Illuministen und manichäischen Kulten erhalten.

Dabei handelt es sich nicht nur um Glaubensvorstellungen, die auf Relikten aus dem Mittelalter beruhen. Es handelt sich um eine böse Macht, die auf eine Art und Weise gelehrt wird, die das Ausmaß der Gedankenkontrolle verändern wird, wie man es noch vor wenigen Jahren nicht für möglich gehalten hätte. Ich werde diese Vorhersage machen, ohne Angst vor Widersprüchen: In späteren Jahren werden wir entdecken, dass all die willkürlichen Schießereien in Schulen,

Postämtern und Einkaufszentren gar keine willkürlichen Schießereien waren. Sie wurden von konditionierten, bewusstseinskontrollierten Personen verübt, die sorgfältig ausgesucht und mit gefährlichen, stimmungsverändernden Drogen wie Prozac, AZT und Ritalin behandelt wurden.

Mehrere der willkürlichen Schießereien, angefangen bei David Berkowitz, dem so genannten "Son of Sam"-Mörder, haben einen gemeinsamen Nenner: Ausnahmslos alle sagten den Ermittlern, sie hätten "Stimmen gehört", die ihnen befohlen hätten, Menschen zu erschießen.

Der Fall von Klip Kinkel, dem Jugendlichen aus Oregon, der seine Mutter und seinen Vater erschossen hat, bevor er seine High School in die Luft jagte, ist sein Geständnis gegenüber den Ermittlern, die ihn befragten. Auf die Frage, warum er seinen Vater und seine Mutter erschossen habe, antwortete Kinkel, er habe "Stimmen" gehört, die ihm befohlen hätten, sie zu erschießen. Niemand wird jemals beweisen können, dass Kinkel und die anderen Opfer von Gedankenkontrollexperimenten der CIA waren oder dass sie tatsächlich "Stimmen hörten", die durch eine von DARPA-Computerprogrammierern durchgeführte Übertragung erzeugt wurden.

Der zuständige Überwachungsausschuss des Repräsentantenhauses muss die CIA-Dokumente zur Bewusstseinskontrolle anfordern und sie auf einen Zusammenhang mit den Schießereien an den Schulen untersuchen. Ich halte es für zwingend erforderlich, dass ein solcher Auftrag ohne weiteren Zeitverlust an die CIA geschickt wird.

Abgesehen von meinen eigenen Forschungen zum Thema "physikalische Forschung" hat Victor Marachetti, der 14 Jahre lang bei der CIA tätig war, die Existenz eines von Tavistock entwickelten physikalischen Forschungsprogramms aufgedeckt, bei dem CIA-Agenten versuchten, mit den Geistern verstorbener ehemaliger Agenten Kontakt aufzunehmen. Wie ich in meiner oben erwähnten Monographie sagte, habe ich viele persönliche Erfahrungen in den "metaphysischen" Bereichen gemacht und weiß mit Sicherheit, dass eine große Anzahl britischer und amerikanischer Geheimdienstagenten in diesen Bereichen indoktriniert ist.

Tavistock nennt sie "Verhaltenswissenschaft", und sie hat sich in den letzten zehn Jahren so schnell weiterentwickelt, dass sie zu einer der wichtigsten Arten von Ausbildung geworden ist, die Agenten absolvieren können. Bei den ESP-Programmen von Tavistock ist jeder Teilnehmer ein "Freiwilliger", der sich bereit erklärt, seine Persönlichkeit mit der ESP zu "korrelieren", d. h. er erklärt sich bereit, Tavistock dabei zu helfen, eine Antwort auf die Frage zu finden, warum bestimmte Menschen übersinnlich sind und andere mit ESP begabt sind.

Ziel der Übung ist es, jeden einzelnen MI6- und CIA-Agenten zu einem hochgradig übersinnlichen Wesen mit ausgeprägter ESP zu machen. Da es schon einige Jahre her ist, dass ich direkt mit solchen Dingen zu tun hatte, habe ich einen Kollegen konsultiert, der immer noch im "Dienst" ist, um herauszufinden, wie erfolgreich Tavistock mit seinen Experimenten war? Er sagte mir, dass Tavistock in der Tat seine Techniken perfektioniert habe und dass es nun möglich sei, ausgewählte MI6- und CIA-Agenten "ESP-Perfekt" zu machen. An dieser Stelle ist es notwendig zu erklären, dass die CIA und der MI6 ein sehr hohes Maß an Geheimhaltung über solche Angelegenheiten wahren.

Die Mehrheit der Geheimdienstagenten, die an den Programmen teilnehmen, sind größtenteils Mitglieder der Illuminaten und/oder der Freimaurer oder beides. Kurz gesagt, die Technik der "Durchdringung über große Entfernungen", die in der normalen Welt so erfolgreich angewendet wurde, wird nun auch in der geistigen Welt angewendet!

Tavistocks "Long Range Penetration and Inner Directional Conditioning", entwickelt von Dr. Kurt Lewin, dem wir bereits einige Male begegnet sind, ist in erster Linie ein Programm, bei dem Gedankenkontrolle an Massengruppen praktiziert wird. Ausgangspunkt für dieses Programm war der allgegenwärtige Einsatz von Propaganda durch das British Army Psychological Warfare Bureau im Ersten Weltkrieg. Die umfangreiche Propaganda sollte die britische Arbeiterschaft davon überzeugen, dass der Krieg notwendig war. Außerdem sollte die britische Öffentlichkeit davon überzeugt werden, dass Deutschland ein Feind und sein Führer ein wahrer Dämon war.

Diese massiven Anstrengungen mussten zwischen 1912 und 1914 unternommen werden, weil die britische Arbeiterklasse nicht glaubte, dass Deutschland den Krieg wollte, genauso wenig wie die britische Bevölkerung ihn wollte, und die Deutschen nicht einmal ablehnte. Diese gesamte öffentliche Wahrnehmung musste geändert werden. Eine zweitrangige, aber nicht weniger wichtige Aufgabe des Büros war es, Amerika in den Krieg zu bringen. Ein Schlüsselelement dieses Plans war es, Deutschland zu provozieren, die "Lusitania" zu versenken, ein großes transatlantisches Passagierschiff, das nach dem Vorbild der untergegangenen Titanic gebaut war.

Trotz der Warnungen in den Zeitungsanzeigen einer New Yorker Zeitung, dass das Schiff in einen bewaffneten Handelskreuzer umgewandelt worden war und daher nach den Genfer Konventionen Freiwild war, fuhr die Lusitania mit voller Besatzung nach Liverpool, darunter viele hundert amerikanische Passagiere.

Die Laderäume des Schiffes waren vollgepackt mit Munition für die britische Armee, die nach den internationalen Kriegsregeln nicht auf Passagierschiffen befördert werden durfte.

Zu dem Zeitpunkt, als die Lusitania von einem einzigen Torpedo getroffen wurde, war sie im Wesentlichen ein bewaffneter Handelskreuzer (AMC). Die Presse auf beiden Seiten des Atlantiks war voll von Berichten über die deutsche Barbarei und den unprovozierten Angriff auf ein wehrloses Passagierschiff, aber die amerikanische und britische Öffentlichkeit, die noch viel mehr "Konditionierung" brauchte, kaufte die Geschichte nicht. Sie waren der Meinung, dass "etwas faul im Staate Dänemark" sei. Der Untergang der Lusitania mit schweren Verlusten an Menschenleben war genau die Art von "erfundener Situation", die Präsident Wilson brauchte und die die öffentliche Meinung in Amerika gegen Deutschland aufbrachte.

Das British Army Bureau of Psychological Warfare profitierte von dieser Erfahrung und gründete im Auftrag der britischen Monarchie das Tavistock Institute for Human Relations, in das der britische Zeitungsmagnat Alfred Harmsworth, Sohn eines in Chapelizod bei Dublin geborenen Anwalts, aufgenommen wurde. Später erhielt er den Titel des 12th Duke of Bedford, Lord Northcliffe.

1897, im Vorfeld des bevorstehenden Krieges, schickte Harmsworth einen seiner Autoren namens G.W. Steevens nach Deutschland, um einen sechzehnteiligen Artikel mit dem Titel Under the Iron Heel zu schreiben.

In wahrer umgekehrter Psychologie lobten die Artikel die deutsche Armee überschwänglich, während sie im gleichen Atemzug davor warnten, dass die britische Nation im Falle eines Krieges gegen Deutschland besiegt werden würde.

1909 beauftragte Northcliffe Robert Blatchford, einen führenden Sozialisten, nach Deutschland zu reisen und Artikel über die Gefahr zu schreiben, die die deutsche Armee für Großbritannien darstellte. Blatchfords Thema war, dass er aufgrund seiner Beobachtungen glaubte, dass Deutschland sich "absichtlich darauf vorbereitete, das britische Empire zu zerstören". Dies entsprach Northcliffes Vorhersage, die er 1900 in der Daily Mail (einer seiner Zeitungen) veröffentlichte, dass es zu einem Krieg zwischen Deutschland und Großbritannien kommen würde. Northcliffe schrieb einen Leitartikel, in dem er darauf hinwies, dass Großbritannien einen größeren Teil seines Haushalts für Verteidigungsausgaben verwenden müsse.

Als der Krieg ausbrach, wurde Northcliffe vom Herausgeber der Zeitung The Star beschuldigt, ein Klima des Krieges propagiert zu haben. "Neben dem Kaiser hat Lord Northcliffe mehr als jeder andere lebende Mann dazu beigetragen, den Krieg herbeizuführen."

Der arme Redakteur wusste nicht, dass er selbst ein Opfer der Propaganda geworden war, denn der Kaiser hatte wenig für den Krieg getan und wurde vom britischen Militärapparat mit einer gewissen Verachtung betrachtet. Die Historiker sind sich einig, dass der Kaiser nicht in der Lage war, die deutsche Armee zu kontrollieren. Es war General Ludendorff, an den sich The Star hätte wenden sollen. Es war Northcliffe, der seit dem Tag, an dem der Krieg zwischen den beiden Nationen ausbrach, für die Wehrpflicht eintrat.

Dies sollte eine Institution sein, in der jeder Aspekt der Massen-Gehirnwäsche und der öffentlichen Konditionierung zu einer hohen Kunst erhoben werden sollte. Eine Politik und eine Reihe von Regeln wurden aufgestellt, die 1930 in Tavistocks "Long Range Penetration and Inner Directional Conditioning" gipfelten, das 1931 gegen Deutschland eingesetzt wurde.

In der Zeit vor den ersten Jahren des Zweiten Weltkriegs suchte Roosevelt (selbst Freimaurer des Grades 33rd und über die Society of Cincinnati Mitglied der Illuminati) die Hilfe Tavistocks, um die Amerikaner in den Krieg zu führen. Roosevelt stand unter der Leitung der "300", um den Briten die Kastanien aus dem Feuer zu holen, aber dazu brauchte er ein großes Ereignis, an dem er sich festhalten konnte.

Während des gesamten Zeitraums von 1939 bis 1941 griffen von Island aus operierende U-Boote der US-Marine deutsche Schiffe an und versenkten sie, obwohl die Neutralitätsgesetze die Aufnahme von Feindseligkeiten mit den Kombattanten untersagten. Deutschland ließ sich jedoch nicht zu Vergeltungsmaßnahmen hinreißen. Der wichtigste Vorfall, der den Eintritt Amerikas in den Zweiten Weltkrieg auslöste, war der Angriff Japans auf Pearl Harbor. Dies war eine Tavistock-Verschwörung gegen beide Nationen. Um einen solchen Angriff zu begünstigen, weigerte sich Außenminister Marshall, sich mit den japanischen Gesandten zu treffen, um den bevorstehenden Konflikt abzuwenden.

Auch Marshall verzögerte die Warnung seines Befehlshabers in Pearl Harbor absichtlich bis nach Beginn des Angriffs. Kurz gesagt, Roosevelt und Marshall wussten beide von dem bevorstehenden Angriff, ordneten aber absichtlich an, dass diese Information ihren Offizieren vor Ort in Pearl Harbor vorenthalten werden sollte. Tavistock hatte Roosevelt gesagt, dass "nur ein großer Zwischenfall" Amerika in den Zweiten Weltkrieg führen würde. Stimson, Knox und Roosevelt wussten von dem bevorstehenden Angriff, unternahmen aber nichts, um ihn zu verhindern.

Von Zeit zu Zeit haben mich nachdenkliche Menschen gefragt: "Aber wäre es den Führern wie Lord Haig, Churchill, Roosevelt und Bush nicht klar, wie viele Menschenleben in einem Weltkrieg verloren gehen würden?"

Die Antwort ist, dass die "großen Männer" als programmierte Individuen sich nicht um die hohen Kosten von Menschenleben kümmerten. General Haig - ein bekannter Freimaurer/Illuminist/Satanist - erklärte bei mehr als einer Gelegenheit seine Abneigung gegen die britischen Unterschichten, und er bewies es, indem er eine Welle nach der anderen von "gewöhnlichen britischen Soldaten" gegen die uneinnehmbaren deutschen Linien warf, eine Taktik, die jeder anständige Militärstratege gemieden hätte.

Als Folge von Haigs gefühlloser Missachtung seiner eigenen Truppen starben Hunderttausende junger britischer Soldaten aus den "unteren Klassen" auf tragische und unnötige Weise. Dies führte dazu, dass die britische Öffentlichkeit Deutschland hasste, genau wie es das British Army Psychological Warfare Bureau vorhergesagt hatte. Vieles von dem, was ich in dieses Buch aufgenommen habe, habe ich bei der ersten Enthüllung absichtlich zurückgehalten. Ich hatte nicht das Gefühl, dass die amerikanische Bevölkerung bereit war, die metaphysische Seite von Tavistock zu verstehen. Man kann ein Baby nicht mit Fleisch füttern; zuerst kommt die Milch. Indem ich Tavistock auf diese Weise vorstellte, wurden viele Köpfe geöffnet, die sonst verschlossen geblieben wären.

KAPITEL 34

Die Kulte der Ostindien-Kompanie

Seit Jahrhunderten ist die britische Oligarchie die Heimat des Okkultismus, der Metaphysik, der Mystik und der Bewusstseinskontrolle. Bulwer Lytton schrieb "Die Geheimnisse des ägyptischen Totenbuchs", und so stammten viele von Annie Besants Anhängern der Theosophischen Gesellschaft aus der britischen Oberschicht, die auch heute noch bei ihnen beliebt ist. Die Nachkommen der Katharer und Albigenser aus Südfrankreich und Norditalien waren nach England eingewandert und hatten den Namen "Savoyard" angenommen. Vor ihnen kamen die Bogomilen auf dem Balkan und die Pelikane in Kleinasien. Alle diese Sekten waren aus den babylonischen Manichäern hervorgegangen.

Diese Art von Okkultismus wurde vom Tavistock-Institut mit Hilfe einiger seiner von Kurt Lewin und seinem Forscherteam entwickelten Bewusstseinskontrolltechniken erforscht. (Siehe "Das Komitee der 300" für weitere Einzelheiten.)

Die East India Company (EIC) und später die British East India Company (BEIC) waren die ursprünglichen "300", deren Nachkommen heute die Welt beherrschen. Der Opium- und Drogenhandel war damals wie heute das Hauptgeschäft. Aus dieser hoch organisierten, komplexen Struktur entwickelten sich Sozialismus, Marxismus, Kommunismus, Nationalsozialismus und Faschismus.

Ab 1914 wurden in Cold Spring Harbor in New York, dem Zentrum für Ethnie und Eugenik, das von Mrs. E.E. Harriman, der Mutter von Averill Harriman, dem damaligen Gouverneur des Staates New York, der in den USA und in Europa zu einer prominenten Persönlichkeit des öffentlichen Lebens und der Politik wurde, gefördert wurde, umfangreiche Experimente zur Gedankenkontrolle durchgeführt.

Die Grande Dame steckte Millionen von Dollar in das Projekt und lud deutsche Wissenschaftler ein, sich an dem Forum zu beteiligen. A great many of Tavistock's mind control techniques especially "reverse psychology" technique taught by Reese, originated at Tavistock, which today, forms the basis of mind-controlling exercises to implant the notion in the minds of the American public that the black and colored races are superior to the white race, "racism" in reverse.

Deutsche Wissenschaftler wurden von Mrs. Harriman und ihrer Gruppe, die sich aus einigen der führenden Bürger der damaligen Zeit zusammensetzte, zu den Indoktrinationen nach Cold Harbor eingeladen (1915). Nach einem oder zwei Jahren in Cold Spring Harbor kehrte das deutsche Kontingent nach Deutschland zurück und setzte unter Hitler die in Cold Spring Harbor erlernte Ethnie-Eugenik in die Praxis um. All diese Informationen blieben dem amerikanischen Volk verborgen, bis sie in meinem Buch "Codewort Kardinal" und in meinen verschiedenen Monographien, die dem Buch vorausgingen, sowie später in meinem Werk "Aids - The Full Disclosure" enthüllt wurden.

Tavistock und das Weiße Haus

Die Tavistock-Techniken zur Bewusstseinskonditionierung wurden in den Vereinigten Staaten durchweg von einigen der höchsten und wichtigsten politischen Persönlichkeiten in unserer Geschichte angewandt, angefangen bei Woodrow Wilson bis hin zu Präsident Roosevelt. Jeder US-Präsident nach Roosevelt stand unter der Kontrolle der "300" und des Tavistock-Instituts.

Roosevelt war ein typischer geistig kontrollierter, programmierter Mensch, der nach der Tavistock-Methode ausgebildet wurde. Er sprach von Frieden, während er sich auf den Krieg vorbereitete. Er ergriff Befugnisse, die ihm nach der US-Verfassung nicht zustanden, wobei er sich auf die illegalen Handlungen von Präsident Wilson berief, und erklärte dann seine Handlungen durch "Kamingespräche", was eine Idee von Tavistock war, um das amerikanische Volk zu täuschen. Wie ein anderer Tavistock-Roboter überzeugten James Earl Carter und sein Nachfolger, Präsident Bush, das amerikanische Volk davon, dass alles, was er tat, egal wie offenkundig verfassungswidrig es war, zu ihrem Nutzen geschah. Im Gegensatz zu Roosevelt, der sehr wohl wusste, dass er Unrecht tat, der aber dennoch seine Aufgabe genoss und sein Mandat als Tavistock-Roboter der britischen Königsfamilie mit Begeisterung und unter völliger Missachtung des menschlichen Lebens ausübte, wie es allen Sektierern eigen ist.

Als Präsident Bush, der Ältere, die Invasion Panamas anordnete, war dies eine offenkundig verfassungswidrige Aktion, die das Leben von 7.000 Panamaern kostete und über die Bush keinen Schlaf fand, ebenso wenig wie über den Tod von 150.000 irakischen Soldaten in dem nicht erklärten (illegalen) Krieg gegen den Irak, der seinem "Probelauf" zur Beurteilung der öffentlichen Meinung folgen sollte.

Carter war kein Unbekannter in Sachen Okkultismus; eine seiner Schwestern war eine führende Hexe in Amerika. Carter hielt sich für einen "wiedergeborenen Christen", obwohl seine gesamte politische Laufbahn von sozialistischen und kommunistischen Idealen und Grundsätzen durchzogen war, die er ohne zu zögern in die Tat umsetzte. Carter ist ein echtes Produkt der gespaltenen Persönlichkeit von Tavistock. Dies wurde von Hugh Sidey, einem bekannten Kolumnisten für die Mainstream-Medien, festgestellt, der im Juli 1979 schrieb: "Der Jimmy Carter, der jetzt hinter den verschlossenen Türen des Weißen Hauses arbeitet, ist nicht der Jimmy Carter, den wir in den ersten 30 Tagen seiner Präsidentschaft kennen gelernt haben."

Carter, der von dem Tavistock-Absolventen Dr. Peter Bourne programmiert wurde, war während seiner Zeit in Annapolis in die Hände eines anderen Tavistock-Psychologen, Admiral Hymen Rickover, geraten.

Carter wurde von den Rothschilds als hervorragend geeignet für eine spezielle Ausbildung ausgewählt, als jemand, der "anpassungsfähig an sich ändernde Umstände" sei und bereit, von Prinzipien abzuweichen.

John Foster Dulles war eine weitere bekannte, von Tavistock indoktrinierte Persönlichkeit, die dem Weißen Haus nahe stand und das Amt des Außenministers innehatte. Dulles belog einen Ausschuss des US-Senats während der Anhörungen zu den

Vereinten Nationen (UN) und sagte dreist unter Eid über die Verfassungsmäßigkeit der Mitgliedschaft der USA in dieser Weltorganisation aus.

Dulles blendete und täuschte die Senatoren über die Verfassungsmäßigkeit des Beitritts der USA zur UNO und brachte genügend Senatoren dazu, für den so genannten Vertrag zu stimmen, der kein Vertrag, sondern ein zweideutiges Abkommen ist.

Die US-Verfassung erkennt keine "Abkommen" an, sondern nur Verträge, die von den betroffenen Nationen unterzeichnet wurden. Das Problem, das Dulles hatte, war jedoch, dass die UNO kein Land ist, also umging Tavistock dieses Hindernis, indem er dem Außenministerium riet, das Dokument als "Abkommen" zu bezeichnen. Dulles war ein Satanist, Illuminist und Mitglied einer Reihe von okkulten Gesellschaften.

George Herbert Walker Bush ist ein weiterer "produktgeschulter" zertifizierter Absolvent des Tavistock-Gedankenkontrollsystems. Die Handlungen dieses Freimaurers 33rd Grades in Panama und im Irak sprechen Bände.

In Panama handelte Bush, der Ältere, auf Anweisung der RIIA und des CFR, um Drogengelder in den Rockefeller-Banken in Panama zu schützen, nachdem General Noriega zwei von ihnen als Geldwaschanlagen in der Drogenhandelskette entlarvt hatte.

Bush befahl den US-Streitkräften, in Panama einzumarschieren, ohne über die einzige verfassungsmäßige Befugnis zu verfügen, die in einer gemeinsamen Kriegserklärung von Repräsentantenhaus und Senat des US-Kongresses zum Ausdruck kommt, und unter grober Verletzung seiner verfassungsmäßigen Befugnisse als Präsident.

Dem Amt des Präsidenten wurde von den Gründervätern ausdrücklich die Befugnis zur Kriegführung entzogen. Doch ungeachtet der fehlenden Befugnisse wiederholte Bush seine groben Verstöße gegen die US-Verfassung, indem er den US-Streitkräften den Einmarsch in den Irak befahl, wiederum ohne die vorgeschriebene Kriegserklärung und in Überschreitung seiner Befugnisse. Die "innerlich konditionierte" amerikanische Öffentlichkeit, die geschockten Opfer von Tavistocks Krieg gegen sie, rührte kein einziges Haar, als sie zusahen, wie die Verfassung in Fetzen gerissen wurde.

Ihre Majestät, Königin Elisabeth II., lobte Bush, den Älteren, für seinen "erfolgreichen" Krieg gegen den Irak und schlug ihn für seine Missachtung der US-Verfassung zum Ritter. Es ist nicht das erste Mal, dass Elizabeth amerikanische Gesetzesbrecher mit hohen Ehren belohnt.

Die britischen und amerikanischen Sektierer und Illuministen in den Ölkartellen führen 2005 immer noch einen Zermürbungskrieg gegen den Irak. Sie werden nicht aufhören, bis sie ihre gierigen, blutbefleckten Hände auf den Ölreichtum des Irak gelegt haben, so wie Milner das Gold von den Buren im Anglo-Buren-Krieg (1899-1903) gestohlen hat.

Reagieren Sie auf diese Informationen auf eine "unangepasste Weise"? Sagen Sie: "Diese Handlungen können nicht die Handlungen eines amerikanischen Präsidenten sein? Das ist Blödsinn.

Wenn dies Ihre unangepasste Reaktion ist, dann wenden Sie Ihre Aufmerksamkeit dem Burenkrieg zu, und Sie werden bald sehen, dass Bush nur die satanische Barbarei von General Lord Kitchener und Lord Milner in ihrem Vernichtungskrieg gegen die Nation der Buren nachahmte. Außerdem sollten wir uns daran erinnern, dass die Tragödie von Waco unter Bush begann und dass der Rachefeldzug gegen David Koresh vom Führer der Republikanischen Partei weitergeführt wurde.

Während Generalstaatsanwältin Reno und Clinton die eigentliche Vernichtungspolitik betrieben, für die Koresh verantwortlich gemacht wurde, spielte George Bush eine führende Rolle bei den grausigen Szenen, bei denen Koresh und 87 seiner Anhänger starben.

Obwohl es nicht allgemein bekannt ist, war Tavistock an der Planung beteiligt und könnte sogar den Angriff des FBI und des ATF auf Koresh und die Davidianer geleitet haben. Tavistock war durch Einheiten der britischen SAS vertreten, die an der Ausbildung des ATF und des FBI beteiligt waren, wie man Koresh und seine Anhänger vernichten und ihre Kirche niederbrennen kann. Waco war unheiliger Satanismus der schwarzen Künste in Aktion, nicht mehr und nicht weniger.

Das feurige Ende von Koresh und seinen Anhängern war typisch für den Satanismus, auch wenn die meisten derjenigen, die sich an den schweren Verbrechen und Menschenrechtsverletzungen sowie an der Verletzung der Rechte der Opfer aus den Amendments 1st, 2nd, 5th und 10th beteiligten, nicht wussten, dass sie sich in den Händen von Satanisten befanden. Sie hatten nicht die leiseste Ahnung, dass sie von geistigen Kräften der dunkelsten Art benutzt wurden.

Tavistocks massive Gehirnwäsche der Amerikaner brachte die Öffentlichkeit gegen Koresh und die Davidianer auf und bereitete die Bühne für die Zerstörung von Leben und Eigentum in Waco, unter völliger Missachtung der Verfassung und der Bill of Rights.

Die mutwillige Zerstörung von Leben und Eigentum Unschuldiger durch Agenten der Bundesregierung, die im Bundesstaat Texas (oder in irgendeinem anderen Bundesstaat) keine Zuständigkeit und folglich auch keine Befugnis hatten, das zu tun, was sie taten, verstieß gegen das Amendment 10th, den Schutz der Bürger vor Ausschreitungen der Bundesregierung. Der Bundesstaat Texas hat nicht eingegriffen und die Verletzung des 10th Amendment, die in Waco im Gange war, gestoppt, wie es nach der US-Verfassung und der Verfassung des Bundesstaates Texas die Pflicht des Gouverneurs gewesen wäre.

Tavistock hatte einen langen Weg zurückgelegt, seit Ramsey McDonald 1895 in die Vereinigten Staaten geschickt wurde, um "das Land für den Sozialismus auszukundschaften". Ramsey berichtete den Fabians, dass die Verfassungen der Bundesstaaten und des Bundes (in dieser Reihenfolge) zerstört werden müssten, damit die USA ein sozialistischer Staat werden könnten; Waco war die Verkörperung dieses Ziels.

John Marshall, der dritte Oberste Richter der Vereinigten Staaten, und der Fall Lopez, der vom 9th Circuit Court of Appeals entschieden wurde, stellten ein für alle Mal klar, dass Bundesbeamte innerhalb der Grenzen der Bundesstaaten keine Zuständigkeit haben, es sei denn, es wird gegen die Fälschung von US-Dollar ermittelt. Dies ist an sich schon ein Widerspruch, denn die so genannten "US-Dollars" sind keine US-Dollars, sondern "Federal Reserve Notes" - nicht die Währung der Vereinigten Staaten, sondern die Banknoten einer nichtstaatlichen Zentralbank in Privatbesitz.

Warum sollte man Betrug schützen, selbst wenn er von der US-Regierung begangen wird? Als die Verfassung verfasst wurde, waren die Gründerväter der Meinung, dass ihre Ablehnung einer Zentralbank die Entstehung von Schwindelunternehmen wie der Federal Reserve verhindern würde. Die Verfassungsbestimmung schützt die US-Schatzanweisungen vor Fälschungen. Es ist zweifelhaft, ob eine Federal Reserve Note, die kein US-Dollar ist, den Schutz der US-Verfassung genießt.

In Waco kam der Sheriff seiner Pflicht nicht nach, die Agenten von Tavistock und das FBI aus dem Bezirk zu verweisen, da das FBI nicht in Übereinstimmung mit der US-Verfassung gegen Geldfälschung ermittelte. Das FBI hielt sich unrechtmäßig in Waco auf. Das alles war Teil einer sorgfältig geplanten Übung, um herauszufinden, wie weit die Bundesregierung bei Verstößen gegen die Verfassung gehen konnte, bevor sie zu Fall gebracht wurde.

So wie die britische Unter- und Mittelschicht zu Beginn des Ersten Weltkriegs durch Propagandalügen, der Kaiser habe seinen Soldaten befohlen, kleinen Kindern die Arme abzuschneiden, als sie in Belgien und Holland einmarschierten, gegen Deutschland aufgehetzt wurde, so programmierte Tavistock die Amerikaner auf den Hass auf Koresh.

Tavistocks Lügenmärchen über Koresh gingen Tag und Nacht über den Äther: Koresh hatte Sex mit sehr kleinen Kindern auf dem "Gelände". Seine Kirche, eine einfache Holzkonstruktion, wurde von den Bewusstseinskontrolleuren bei Tavistock als "Gelände" bezeichnet. Eine weitere grobe Lüge von Tavistock war, dass die Davidianer auf dem "Gelände" ein Amphetaminlabor betrieben. "Compound" wurde zum von Tavistock geprägten Modewort.

Dass Clinton grünes Licht dafür gab, die Davidianer zu vergasen, auf sie zu schießen, sie Tag und Nacht mit teuflischer Musik zu beschallen und sie schließlich lebendig zu verbrennen, ist nicht überraschend. Durch die verstorbene Pamela Harriman wurde Herr Clinton in Tavistock eingeführt und durchlief während seines Aufenthalts in Oxford die Indoktrination zur Bewusstseinskontrolle. Danach wurde er in den Sozialismus/Marxismus/Kommunismus eingeführt, bevor er von Tavistock als Nachfolger von Herrn Bush, dem Älteren, der seine Nützlichkeit überlebt hatte, zugelassen wurde.

Tavistock plante und führte eine massive Medienkampagne durch, bei der sie ihr Umfrageprofil einsetzten, um Clinton in den Köpfen der amerikanischen Bevölkerung als eine Person zu verankern, die gut geeignet ist, die Nation zu führen.

Es war Tavistock, das das streng kontrollierte Clinton-Interview mit CBS arrangierte, nachdem Geniffer Flowers enthüllt hatte, dass er in den letzten 12 Jahren ihr Liebhaber gewesen war, und es war Tavistock, das die Kontrolle über die Reaktion der amerikanischen Bevölkerung nach dem CBS-Interview übernahm. So wurde die Präsidentschaft Clintons durch sein weit verzweigtes Netz von Meinungsforschungs- und Meinungsbildungskapazitäten nicht torpediert, obwohl es sicher ist, dass Clinton ohne Tavistock, das das CBS-Interview von Anfang bis Ende unter Kontrolle hatte, gezwungen gewesen wäre, in Ungnade zurückzutreten.

Wenn Sie nach Beweisen suchen, wenn Ihre Antwort "unangepasst" lautet, dann vergleichen Sie Clintons Flucht mit Gary Harts Verurteilung wegen einer weit geringeren Anschuldigung. Der erste "New Age of Aquarius"-Anwalt im Weißen Haus, der in der Tavistock-Methodik ausgebildet wurde, war Mark Fabiani. Sein geschickter Umgang mit Situationen, von denen jeder einzelne Beobachter erwartete, dass sie Clinton zu Fall bringen würden, wurde zum Gesprächsthema in Washington.

Nur 13 Personen aus dem inneren Kreis der Illuminaten und der Freimaurerhierarchie wussten, was das Geheimnis von Fabianis Erfolg war Lanny Davis, der Fabianis' Nachfolge antrat, hatte sogar noch größeren Erfolg. Der als "Dr. Spin" bekannte Davis überlistete und überlistete zwei Sonderstaatsanwälte, Richter Walsh und Kenneth Starr, indem er jeden Angriff der Republikaner im Kongress abwehrte und die Republikanische Partei in völlige Verwirrung stürzte.

Der Anwalt mit Tavistock-Ausbildung führte einen kühnen Raubzug gegen Clintons Feinde im Kongress durch. Davis' Meisterleistung kam mit den Anhörungen des Thompson-Ausschusses zur DNC-Wahlkampffinanzierung und einer Reihe von Arkansas-Skandalen.

Der Tavistock-Plan war einfach, und wie alle einfachen Pläne war er ein Geniestreich. Davis sammelte alle Zeitungen des Landes, die jemals auch nur die kleinste Geschichte über Clintons Untaten, Spendenskandale und Whitewater gebracht hatten. An dem Tag, an dem der Thompson-Ausschuss in vollem Gange war und nach dem Blut des Präsidenten verlangte, bahnte sich einer der vielen Assistenten von Davis einen Weg durch den überfüllten Anhörungssaal und übergab jedem Ausschussmitglied einen Ordner mit von Davis zusammengestellten Zeitungsausschnitten.

Mit der Akte kam ein von Davis unterzeichnetes Memo: Was der Ausschuss für Millionen von Dollar untersuchte, war nichts weiter als eine Sammlung "alter Nachrichten". Was gab es zu untersuchen, wenn die Anschuldigungen gegen Clinton Schnee von gestern waren?

Der Thompson-Ausschuss war überrumpelt worden und hatte daraufhin seine Arbeit eingestellt, ein großer Sieg für Tavistock und das Weiße Haus. Premierminister Blair sollte die gleiche Formel anwenden, um die Vorwürfe der Parlamentskritiker zu entkräften, er habe über seine Gründe für den Kriegseintritt an der Seite von Bush dem Jüngeren gelogen. Die Berichte des "Daily Mirror" seien allesamt "alte Kamellen", sagte Blair in seiner Antwort auf eine Frage, die eine vernichtende Antwort hätte sein können. Der Abgeordnete, der die Frage gestellt hatte, war der Anführer einer Bewegung, die ein Amtsenthebungsverfahren gegen Blair anstrebte. Anstatt zu antworten, wich Blair der Frage aus. Nach den parlamentarischen Regeln war der Abgeordnete "dran" und würde keine weitere Gelegenheit erhalten, Blair die Wahrheit zu entlocken.

KAPITEL 35

Die Musikindustrie, Gedankenkontrolle, Propaganda und Krieg

Es sei darauf hingewiesen, dass sich der Einfluss von Tavistock in Amerika vergrößert hat, seit das Unternehmen hier 1946 eigene Büros eröffnete. Tavistock hat die Kunst der Desinformation auf ein fein abgestimmtes Niveau gebracht. Solche Desinformationskampagnen beginnen mit sorgfältig ausgearbeiteten Gerüchten. Diese werden in der Regel in rechten Kreisen gepflanzt, wo sie wachsen und sich wie ein Lauffeuer verbreiten. Tavistock weiß seit langem, dass der rechte Flügel ein fruchtbarer Nährboden für die Entstehung und Verbreitung von Gerüchten ist.

Meiner Erfahrung nach vergeht kaum ein Tag, an dem ich nicht gebeten werde, das eine oder andere Gerücht zu bestätigen, meist von Leuten, die es besser wissen sollten. Die clevere Strategie, Desinformationen durch Gerüchte zu verbreiten, hat einen doppelten Vorteil:

1) Es verleiht den Geschichten, die den Konservativen untergeschoben werden, einen Anschein von Glaubwürdigkeit.

2) Bis sich die Informationen als falsch herausstellen, haben die Desinformationen ihre Urheber so weit verdorben, dass man sie getrost als "Spinner", "paranoide Randgruppe der Konservativen", "Extremisten" und vieles mehr bezeichnen kann.

Wenn Sie das nächste Mal eines dieser Gerüchte hören, sollten Sie lange und gründlich über die Quelle des Gerüchts nachdenken, bevor Sie es weitergeben. Denken Sie daran, wie Tavistock-Manipulatoren arbeiten: Je saftiger das Gerücht ist, desto größer ist Ihre Neigung, es weiterzuverbreiten, was Sie unwissentlich zu einem Teil der heimtückischen Desinformationsmaschine von Tavistock macht.

Wir wenden uns nun einem anderen Fachgebiet zu, in das Tavistock seine Absolventen einführt, nämlich der Ermordung wichtiger Politiker, die nicht gekauft werden können und zum Schweigen gebracht werden müssen. Die Morde an den US-Präsidenten Lincoln, Garfield, McKinley und Kennedy werden alle mit dem britischen Geheimdienst MI6 in Verbindung gebracht, und seit 1923 mit dem Tavistock-Institut.

Präsident Kennedy erwies sich als unempfindlich gegenüber der Bewusstseinskontrolle durch Tavistock und wurde daher für eine öffentliche Hinrichtung ausgewählt, als Warnung an alle, die nach Macht streben, dass niemand höher steht als der Ausschuss der 300.

Das grausige Spektakel der öffentlichen Hinrichtung Kennedys war eine Botschaft an das amerikanische Volk, eine Botschaft, die ihm vielleicht nicht einmal jetzt bewusst ist. Vielleicht hat das Tavistock-Institut den Plan für die Hinrichtung Kennedys erstellt. Vielleicht wählte es auch jeden einzelnen Teilnehmer sorgfältig aus, angefangen bei dem offensichtlich geistig kontrollierten Lee Harvey Oswald bis hin zu dem nicht ganz so offensichtlichen Lyndon Johnson. Diejenigen, die sich nicht fügten oder versuchten, die Wahrheit ans Licht zu bringen, wurden auf unterschiedliche Weise bestraft, von der Schande über den Ausschluss aus dem öffentlichen Leben bis hin zum Tod.

Wir verlassen Tavistocks Kontrolle über die US-Präsidenten, die Vergangenheit und die Zukunft, und wenden uns der Musik- und Unterhaltungsindustrie zu. Nirgendwo ist die "Gehirnwäsche" großer Teile der amerikanischen Öffentlichkeit durch die Bewusstseinskontrolle so offensichtlich wie in der "Musik- und Unterhaltungsindustrie". Noch Jahrzehnte später ärgern sich fehlgeleitete, nicht eingeweihte Menschen über mich, weil ich die "Beatles" als ein Tavistock-Projekt entlarvt habe. Jetzt erwarte ich von denselben Leuten, die mir sagen, dass sie alles über die Geschichte der "Beatles" wissen, dass sie Musiker sind und ich nicht, dass sie das Folgende in Frage stellen:

Wussten Sie, dass die so genannte "Rap"-Musik ein weiteres Tavistock-Programm ist? Das gilt auch für "Hip-Hop". So unsinnig und idiotisch die Worte auch sind (man kann sie kaum als "Texte" bezeichnen), diese Worte wurden von dem Techniker für Bewusstseinskontrolle und Verhaltensmodifikation geschaffen, so dass sie in das Tavistock-Programm für Bandenkriege in Amerikas Großstädten passen und zu einem integralen Bestandteil desselben wurden. Die Hauptlieferanten dieser "Musik" und in der Tat aller sogenannten "Rock"- und "Pop"-Musik (entschuldigen Sie die Verwendung des Tavistock-Jargons) sind:

➢ Time Warner.

➢ Sony.

➢ Bertelsmann.

➢ EMI.

➢ Die Kapitalgruppe.

➢ Seagram Kanada

➢ Philips Elektronik.

➢ Die Indies.

Time Warner

Jahresumsatz 23,7 Milliarden Dollar (Zahlen von 1996). Das Musikverlagsgeschäft besitzt über seine Tochtergesellschaft Warner Chappell eine Million Songs. Dazu gehören Lieder von Madonna und Michael Jackson. Das Unternehmen druckt und veröffentlicht Noten. Zu den "Rap"- und "Pop"-Labels von Time Warner gehören Amphetamine Reptile, Asylum Sire, Rhino, Maverick, Revolution, Luka Bop, Big Head Todd und The Monsters, die über Warner REM vertrieben werden.

Time Warner vertreibt auch alternative Musiklabels über seine Tochtergesellschaft. Alternative Distribution Alliance, die den größten Teil Europas abdeckt und in England und Deutschland besonders stark ist. Es ist kein Zufall, dass diese beiden Länder ins Visier der Manipulatoren von Tavistock geraten sind.

Die meist unterschwellige, aber zunehmend offene Aufforderung zu Gewalt, hemmungslosem Sex, Anarchismus und Satanismus findet sich in den Liedern, die Time Warner gehören, in Hülle und Fülle. Diese fast sektenartige Dominanz der westeuropäischen Jugend (und seit dem Fall der UdSSR auch Russlands und Japans) bedroht die Zivilisation in Europa, die Tausende von Jahren gebraucht hat, um sich zu entwickeln und zu reifen. Die riesige Anhängerschaft der Jugend und ihr scheinbar unersättlicher Appetit auf diese Art von "Musik" ist erschreckend, ebenso wie der Einfluss von Tavistock auf den Verstand derer, die sie hören.

Time Warner vertreibt Musik über Musikclubs, die entweder ganz in seinem Besitz sind oder in Partnerschaft mit anderen. Columbia House ist ein Beispiel dafür. Sony hat einen Anteil von 50 % an Columbia House.

Die Produktionsabteilung von Time Warner, WEA, stellt CDs, CD-ROMS, Audios, Videos und Digital Versatile Discs her, während eine andere Tochtergesellschaft, Ivy Hill, CD-Hüllen und Beilagen druckt. American Family Enterprises, eine weitere Tochtergesellschaft, vertreibt Musik, Bücher und Zeitschriften in einer 50%igen Beteiligung mit Heartland Music.

Time Warner Motion Pictures verfügt über Studios und Produktionsgesellschaften, darunter Warner Bros, Castle Rock Entertainments und New Line Cinemas. Time Warner Motion Pictures besitzt 467 Kinosäle in den Vereinigten Staaten und 464 Kinosäle in Europa. (Zahlen von 1989: Die Zahlen sind heute, im Jahr 2005, viel größer).

Zum Sendernetz gehören WB Network, Prime Star, Cinemax, Comedy, Central Court TV, SEGA Channel und Turner Classic Movies (Ted Turner besitzt 10 % der Aktien von Time Warner).

Das Unternehmen sendet nach China, Japan, Neuseeland, Frankreich und Ungarn. Der Kabelnetzbetreiber verzeichnet 12,3 Millionen Abonnenten.

Zum Bereich TV/Produktion/Vertrieb gehören Warner Bros. Television, HBO Independent Productions, Warner Bros. Television Animations, Telepictures Productions, Castle Rock Television, New Line Television, Citadel Entertainment, Hanna Barbara Cartoons, World Championship Wrestling, Turner Original Productions, Time Warner Sports, Turner Learning und Warner Home Videos. Die Bibliothek umfasst 28 500 Fernsehtitel und animierte Kurzfilme.

Time Warner ist Eigentümer von CNN Radio, das es von Ted Turner erworben hat. Außerdem gehören dem Unternehmen 161 Einzelhandelsgeschäfte, Warner Books, Littel, Brown, Sunset Books, Oxmoor House und der Book of the Month Club.

Time Warner ist Eigentümer der folgenden Zeitschriften: People; Sports Illustrated; Time; Fortune; Life; Money; Entertainment; Weekly; Progressive Farmer; Southern Accents; Parenting; Health; Hippocrates; Asiaweek; Weight Watchers; Mad Magazine; D.C. Comics; American Express Travel and Leisure; Food and Wine. Time Warner besitzt auch eine Reihe von Themenparks: Six Flags; Warner Bros; Movie World; Sea World of Australia.

Ich hoffe, dass der Leser an dieser Stelle innehält und über die enorme Macht nachdenkt, die zum Guten oder zum Bösen in den Händen von Time Warner ruht. Offensichtlich kann dieser Riese jeden zum Erfolg führen oder brechen. Und nicht zu vergessen: Time Warner ist ein Kunde des Tavistock-Instituts. Es ist beängstigend, sich vorzustellen, was diese mächtige Maschine mit der öffentlichen Meinung und der Meinungsbildung der Jugend anstellen könnte, wie wir bei den "Gay Days" in Disney World gesehen haben.

SONY

Die Einnahmen von Sony wurden 1999 auf 48,7 Milliarden Dollar geschätzt. Es ist das größte Elektronikunternehmen der Welt. Seine Musikabteilung kontrolliert Rock/Rap/Pop; Columbia; Rutthouse; Legacy Recordings; Sony Independent Label; MIJ Label; (Michael Jackson); Sony Music Nashville; Columbia Nashville. Sony besitzt Tausende von Rock/Pop-Labels, darunter Bruce Springsteen; So-So Def; Slam Jazz; Bone Thugs in Harmony; Rage Against the Machine; Razor Sharp; Ghost-Face Killa; Crave; und Ruthless Relativity.

Wenn Sie sich jemals gefragt haben, wie dieser furchtbare Schwachsinn mit seinen höchst suggestiven Worten und der Aufforderung zur Gewalt in so kurzer Zeit so groß werden konnte, dann wissen Sie es jetzt. Er wird von Sony bis zum Äußersten unterstützt. Tavistock betrachtet Rap seit langem als nützlichen Boten, der Anarchie und Chaos vorausgeht - und das rückt immer näher.

Sony vertreibt das Punk-Alternative-Rock-Label Epitaph Record; Hell Cat; Rancid; Crank Possum Records und Epitome Surf Music von Blue Sting Ray. Darüber hinaus veröffentlicht Sony Musik über Sony/ATV Music Publishing. Sony besitzt alle "Songs" von Michael Jackson und fast die gesamte Palette der "Beatles".

Sony besitzt Loews Theatres, Sony Theatres, und zu seinen Fernsehinteressen gehören Network Game Shows. Das Unternehmen hat einen Marktanteil von etwa 15 % beim Verkauf von Musik und Noten und ist das größte internationale Musikunternehmen der Welt. Weitere Produkte von Sony sind CD-Schallplatten, optische Discs, Audio- und Videokassetten.

Das Loews Hotel in Monte Carlo ist eine Informationszentrale für den Drogenhandel, und seine Angestellten melden der Polizei von Monte Carlo direkt jede "verdächtige Aktivität", die im Hotel stattfindet.

(Mit "verdächtig" sind alle Außenseiter gemeint, die versuchen, in das Geschäft einzubrechen.) Mehrere der leitenden Angestellten an der Rezeption sind von der Monte-Carlo-Polizei ausgebildet, um die Dinge im Auge zu behalten.

Damit soll nicht der Drogenhandel unterbunden werden, sondern lediglich verhindert werden, dass "Emporkömmlinge" in den Drogenhandel einsteigen. "Außenseiter", die im Loews Hotel eintreffen, werden informiert und umgehend verhaftet. Solche Ereignisse werden der Presse und den internationalen Nachrichtenmedien als "Drogenrazzien" verkauft. Die Motion Pictures Division von Sony besteht aus Columbia Pictures, Tri-Star Pictures, Sony Pictures, Classic Triumph und Triumph Films mit Rechten an Columbia Home Tri-Star-Filmen. Zu den Fernsehinteressen des Unternehmens gehören Spielshows im Netz.

Bertelsmann's A.G.

Ein deutsches Privatunternehmen im Besitz von Reinhard Mohn, dessen Umsatz 1999 auf 15,7 Milliarden Dollar geschätzt wurde.

Bertelsman besitzt 200 Musiklabels aus 40 Ländern, die Rap/Rock/Pop abdecken. Whitney Houston; The Grateful Dead: Bad Boys: Ng Records, Volcano Enterprises; Dancing Cat; Addict; Gee Street (Jungle Brothers) und Global Soul. Alle diese Titel enthalten ausdrückliche Aufforderungen zu sexuellen Entgleisungen, Drogenkonsum, Anarchie und Gewalt. Zu Bertelsman's gehören die Country- und Western-Titel Arista Nashville (Pam Tillis), Career (LeRoy Parnell), RCA Label Group und BNA (Lorrie Morgan). Weitere Titel sind der Soundtrack von Star Wars, Boston Pops, New Age, Windham Hill usw. Das Unternehmen veröffentlicht Noten über BMG Music, das die Rechte an 700.000 Songs kontrolliert, darunter The Beach Boys, B.B. King, Barry Manilow und 100.000 Famous Music der Paramount Studios. Es besitzt sieben Musikclubs in den USA und Kanada und stellt Kreditkarten für die MBNA Bank her.

Die Bertelsman A.G. betreibt weltweit ein enormes Buchgeschäft und ist eine der 300 Mitgliedsorganisationen des Ausschusses.

Zu den Bertelsmann-Beteiligungen gehören Doubleday, Dell Publishers, Family Circle, Parent and Child, Fitness, American Homes and Gardens sowie 38 Zeitschriften in Spanien, Frankreich, Italien, Ungarn und Polen. Die Fernseh- und Satellitenkanäle von Bertelsman befinden sich in Europa, wo das Unternehmen der größte Sender ist. Dieses Unternehmen ist sehr rachsüchtig und wird nicht zögern, jeden anzugreifen, der es wagt, etwas zu enthüllen, was seiner Meinung nach nicht im Interesse des Unternehmens liegt.

EMI

Das britische Unternehmen mit einem geschätzten Umsatz von 6 Milliarden Dollar im Jahr 1999 besitzt sechzig Musiklabels in sechsundvierzig Ländern: Rock/Pop/Rap; Beetle Boys; Chrysallis; Grand Royal; Parlaphone; Pumpkin Smashers; Virgin; Point Blank.

EMI besitzt und kontrolliert die Rolling Stones, Duck Down, No Limit, N00 Tribe, Rap-A-Lot (The Ghetto Boys) sowie ein riesiges Notenverlagsgeschäft. EMI hat eine direkte Beteiligung oder besitzt 231 Läden in sieben Ländern, darunter HMV; Virgin Megastores: Dillons (USA). EMI verfügt über Netzwerkstationen in ganz Großbritannien und Europa, von denen einige mit Bertelsmann zusammenarbeiten.

Die Kapitalgruppe

Diese in Los Angeles ansässige Investmentgruppe verkaufte 35 % ihrer Aktien an Seagram's, die Spirituosenfirma von Bronstein und ein hochrangiges Komitee von 300 Immobilien. Seagram's hält einen Anteil von 80 % an der Universal Music Group (ehemals MCA), die jetzt Matushita Electric Industries gehört.

Die Einnahmen des Unternehmens wurden 1999 auf 14 Milliarden Dollar geschätzt. Seagram besitzt mehr als 150.000 Urheberrechte, darunter die Urheberrechte an Impact: Mechanic; Zebra; Radioactive Records; Fort Apache Records; Heavy D and the Boys.

Die Capital Group hat Joint Ventures mit Steven Spielberg, Jeffrey Katzenburg und David Geffen. In seiner Country- und Western-Abteilung besitzt das Unternehmen Reba McIntyre, Wynona, George Straight, Dolly Parton, Lee Anne Rimes und Hank Williams.

Über Seagram besitzt das Unternehmen Konzertsäle wie Fiddler's Green (Denver), Blossom Music Center (Cleveland), Gorge Amphitheater (Washington State) und Starplex (Dallas). Das Unternehmen hat nach Toronto und Atlanta expandiert. Die Capital Group ist über ihre Motion Pictured Division Eigentümerin von Demi Moore, Danny De Vito, Penny Marshall und einer Reihe kleinerer Persönlichkeiten aus der Filmbranche. Die Universal Films Library ist ebenso wie die Universal Films Library Eigentum der Capital Group. Das Unternehmen besitzt 500 Einzelhandelsgeschäfte, mehrere Hotels sowie die Universal Studios in Hollywood.

Die Indischen Inseln

Eines der kleineren Unternehmen in der Musik- und Unterhaltungsbranche, dessen Jahresumsatz auf 5 Mrd. $ geschätzt wird. Das Unternehmen verfügt über ein umfangreiches Portfolio von Rock/Rap/Pop-Labels, meist der bizarreren Art.

Die Country- und Western-Abteilung ist im Besitz von Willie Nelson, und der Vertrieb erfolgt über "The Big Six". Selbst ohne

Besitz von unabhängigen Einzelhandelsgeschäften oder Verkaufsstellen gelang es dem Unternehmen, erstaunliche 21 % der Musikverkäufe in den USA zu erzielen.

Das bedeutet, dass der größte Teil der Einnahmen aus den bizarren Rap/Pop/Rock-Verkäufen der gewalttätigen, beleidigenden, unflätigen, sexuell-suggestiven Titel und der Anarchie stammt, was zeigt, in welche Richtung sich die Jugend Amerikas entwickelt.

Philips Elektronisch

Dieses niederländische Unternehmen hatte 1996 einen Umsatz von 15,8 Milliarden Dollar. Obwohl es hauptsächlich ein Elektronikunternehmen ist, gehört es zu den "Großen Sechs", vor allem weil es 75 % von Polygram Music besitzt. Sein Portfolio an Labels ist im Bereich Rock/Pop/Rap angesiedelt. Elton John ist eines seiner Produkte. Philips steht mit 375.000 urheberrechtlich geschützten Titeln an dritter Stelle im Musikverlagsgeschäft.

Über seine Tochtergesellschaften in Europa und Großbritannien produzierte Philips 1998 540 Millionen CDs und VHS-Kassetten. Die Motion Pictures Division ist Eigentümerin von Jodi Foster, während Philips Television Eigentümer von Robert Redfords Sundance Films und Propaganda Films ist.

Die vorstehenden Informationen sollten Ihnen, dem Leser, eine Vorstellung von der immensen Macht geben, die diese gigantische Industrie über unser tägliches Leben ausübt; wie sie den Verstand der amerikanischen Jugend formt. Ohne die Kontrolle und die fortschrittlichen Techniken, die diesen Unternehmen durch Tavistock zur Verfügung gestellt wurden, wären die riesigen Fortschritte, die die Industrie gemacht hat, nicht möglich gewesen. Die Informationen, die ich Ihnen gegeben habe, sollten Sie in Ihren Grundfesten erschüttern, wenn Sie zu der Erkenntnis kommen, dass Tavistock kontrolliert, welche "Nachrichten" wir sehen, welche "Heimvideos" und Fernsehfilme wir sehen dürfen, welche Musik wir hören.

Hinter diesem gigantischen Unternehmen steht das Tavistock Institute for Human Relations. Wie ich klar aufgezeigt habe, marschiert Amerika im Gleichschritt mit der gigantischen Film- und

Musikindustrie; bisher unbekannte Kräfte - mächtige Kräfte, deren einziges Ziel und Zweck es ist, den Verstand unserer Jugend zu verdrehen, zu verdrehen und zu verzerren, um es dem Komitee der 300 umso leichter zu machen, die sozialistische Neue Weltordnung einzuführen - eine Weltregierung, in der die neuen Kommunisten die Welt beherrschen.

Die Informationen, die ich Ihnen vorgelegt habe, sollten Sie sehr beunruhigen, wenn Sie über die Zukunft Ihrer Kinder und der Jugend Amerikas nachdenken, nachdem Sie erfahren haben, dass sie mit anarchistischem Gedankengut, revolutionärem Eifer und der Aufforderung zur Einnahme von Drogen, freiem Sex, Abtreibung, Lesbentum und Akzeptanz von Homosexualität gefüttert werden.

Ohne diese gigantische Musik- und Unterhaltungsindustrie wäre Michael Jackson nur ein kindisches, fades Nichts gewesen, aber er wurde "gepufft" und Tavistock erzählte der Jugend unseres Landes, wie großartig er ist und wie sehr sie, die Jugend der westlichen Welt, ihn liebt! Es hat auch etwas mit der Macht zu tun, die Medien zu kontrollieren.

Da die Musik- und Unterhaltungsindustrie, wie ich es nenne, ein "offenes Geheimnis" ist, das von Tavistock entworfen wurde, erwarte ich nicht, dass meine Arbeit zu diesem wichtigen Thema als die ganze Wahrheit akzeptiert wird, zumindest nicht bis zum Jahr 2015, dem Jahr, in dem ich den Ausbruch von "Armageddon", dem totalen Atom- KAB-Krieg, erwarte, wenn der volle Zorn Gottes auf die Vereinigten Staaten von Amerika fallen wird. Aber im Hinblick auf die massive Medienkontrolle ist es selbst für den ungeübten Beobachter nicht schwer zu sehen, zu hören und zu lesen, dass die USA tatsächlich über kontrollierte Medien verfügen, die das Produkt des Tavistock-Instituts sind. Dieser Faktor hat dazu geführt, dass Präsident Bush gewählt wurde und dann zum Erstaunen von ganz Europa und mindestens der Hälfte der amerikanischen Wähler für eine zweite Amtszeit gewählt wurde, trotz seiner bedauernswerten Bilanz.

Wie konnte das geschehen? Die Frage ist leicht zu beantworten: Durch den Zusammenbruch der nationalen Medien in Amerika. Die traditionellen Rundfunkanstalten haben ihre Verpflichtung zur Förderung des öffentlichen Interesses aufgegeben; sie fühlten sich nicht mehr verpflichtet, über zwei Seiten der Fragen zu berichten.

Die nationalen Medien verstärkten ihre Politik der "Vermischung von Nachrichten und Fiktion", die mit "Krieg der Welten" begann. "

Das hat zwar Zuschauer angelockt und die Einnahmen erhöht, aber nichts an der seit langem geltenden Doktrin der Fairness im Rundfunk geändert, die für den Informationsfluss in einer freien Gesellschaft so wichtig ist. In den letzten Jahren hat sich dieses gravierende Problem durch den Aufstieg der rechten "Donnertruppe", die keine Gegenmeinung duldet, noch verschärft. Sie verbreiten nur die Meinung der Bush-Regierung und sind nicht davor gefeit, die Nachrichten in bester Tavistock-Manier zu verdrehen und zu "spinnen".

Dies wurde durch eine gemeinsame Umfrage bestätigt, die 2004 vom Center on Policy Studies, dem Center on Policy Attitudes, dem Program on International Policy Attitudes und dem Center for International and Security Studies durchgeführt wurde. Was sie herausgefunden haben, ist wirklich der Schlüssel dazu, warum Bush immer noch im Weißen Haus ist, und ein Tribut an die Macht der professionellen Propaganda:

> 75 Prozent der Bush-Anhänger waren nicht von der Feststellung der Präsidentenkommission überzeugt, dass der Irak nichts mit Al-Qaida zu tun hat.

> Die Mehrheit der Bush-Anhänger glaubte, dass ein Großteil der islamischen Welt die USA bei der Invasion des Irak unterstützte. Dies widerspricht völlig den Tatsachen. Ägypten, ein muslimischer Staat, unterstützt die USA nicht, und die Mehrheit der Ägypter will die USA aus dem Irak heraus haben. Die Türkei, die zwar ein säkularer Staat, aber mehrheitlich muslimisch ist, ist mit 87 Prozent der Stimmen gegen die Anwesenheit der USA im Irak und lehnt die Gründe für die Invasion ab.

> Siebzig Prozent der Bush-Gläubigen glauben, dass der Irak über Massenvernichtungswaffen verfügte.

Was ich hier geschrieben habe, ist die unbestreitbare Wahrheit, aber es wird ein großes Ereignis brauchen, um sie als solche zu bestätigen, so wie es 14 Jahre dauerte, bis mein Buch über das Komitee der 300 und 25 Jahre, bis mein Bericht über den Club of

Rome von Alexander King selbst bestätigt wurde. Aber es sollte kein Zweifel daran bestehen, dass Tavistock heute, im Jahr 2005, jeden Aspekt des Lebens in Amerika unter Kontrolle hat. Nicht eine Sache entgeht seiner Aufmerksamkeit.

Im Jahr 2005 sind wir Zeuge des erstaunlichen Einflusses und der Macht des Tavistock-Instituts und seiner hochrangigen Meister, des Ausschusses der 300, bei der Art und Weise, wie die Vereinigten Staaten von Präsident George Bush geführt werden, und der Akzeptanz dessen, was Bush sagt und tut, ohne Fragen oder Zweifel.

Die Gründe für diesen Irrglauben sind nicht schwer zu finden. Die Bush-Regierung teilte der amerikanischen Öffentlichkeit 1994 mehrfach mit, dass der Irak über einsatzbereite Atomwaffen verfüge. Auch die Berichte der Bush-Administration, dass Präsident Hussein Al-Qaida-Einheiten im Irak unterstütze und dass Al-Qaida für den Anschlag auf das World Trade Center (WTC) verantwortlich sei, wurden als Wahrheit ausgegeben, was alles nicht stimmte. Doch Mitglieder des Roaring Right Radio Network (RRRN) wiederholten diese Irrtümer bereitwillig, insbesondere Hannity und Combs und Fox News. Hannity erzählte seinen Zuhörern pflichtbewusst, die Waffen seien nach Syrien gebracht worden. Er hat nie auch nur den kleinsten Beweis für seine Behauptung geliefert. Darüber hinaus verbreiten Fox News und andere Talkshows massenhaft Propaganda. Die wichtigsten Vertreter der Radiopropaganda im Namen der Bush-Regierung sind:

- ➤ Rush Limbaugh
- ➤ Matt Drudge
- ➤ Sean Hannity
- ➤ Bill O'Reilly
- ➤ Tucker Carlson
- ➤ Oliver North
- ➤ John Stossell
- ➤ Gordon Liddy
- ➤ Peggy Noona
- ➤ Larry King

- Michael Reagan
- Gordon Liddy
- Dick Morris
- William Bennett
- Michael Savage
- Joe Scarborough

Larry King ist eine der am besten ausgebildeten Tavistock-Puppen. Wenn er bei der seltenen Gelegenheit einen Gegner des Bush-Krieges in seiner Sendung hat, gibt er ihm etwa 2 Minuten Zeit, um seine Argumente vorzutragen, unmittelbar gefolgt von fünf Pro-Bush-"Experten", die den kühnen Abweichler widerlegen.

Fast alle der oben genannten Radiopersönlichkeiten wurden mehr oder weniger stark von den Experten in Tavistock unterrichtet. Wenn man ihre Methodik studiert, hat sie eine deutliche Ähnlichkeit mit den in Tavistock perfektionierten Präsentationsmethoden. Das Gleiche gilt für die Fernsehpersönlichkeiten, die "Nachrichtensprecher" und ihre "Nachrichten", die sich weder im Inhalt noch im Stil der Übermittlung unterscheiden. Sie alle tragen ausnahmslos die Handschrift des Tavistock-Instituts.

Die Vereinigten Staaten befinden sich im Griff des größten und nachhaltigsten Programms der Massenbewusstseinskontrolle (Gehirnwäsche) und "Konditionierung", das sich auf jeder Ebene unserer Gesellschaft widerspiegelt. Die Meister des Spin, der Täuschung, der Hinterlist, der Verheimlichung, der Halbwahrheiten und ihres Zwillingsbruders, der glatten Lügen, haben das amerikanische Volk an der Gurgel.

Churchill erklärte, bevor er "umgedreht" wurde, im Unterhaus, dass die Bolschewiken "Russland an den Haaren herbeigezogen haben". Wir wagen zu sagen, dass "Tavistock den Kopf und den Verstand des amerikanischen Volkes erobert hat".

Wenn es nicht zu einem großen Erwachen des Geistes von 1776 und der Erweckung kommt, die in der Generation nach den Gründervätern stattfand, sind die Vereinigten Staaten dem Untergang geweiht, so wie die griechische und die ronische Zivilisation zusammengebrochen sind.

Was wir brauchen, ist die Bildung einer eigenen "unsichtbaren Armee" von "Schocktruppen", die in jedes Dorf, jede Stadt in den gesamten Vereinigten Staaten gehen, um den Gegenschlag zu führen, der die Tavistock-Truppen zum vollständigen Rückzug und zur endgültigen Niederlage zwingen wird.

APPENDIX

DIE GROSSE DEPRESSION

Montagu Norman, der damalige Gouverneur der Bank von England und ein enger Freund der Familie der fabianischen Sozialistin Beatrice Potter Webb, stattete den Vereinigten Staaten einen Überraschungsbesuch ab, um die Große Depression einzuleiten. Wie man sieht, handelte es sich dabei um ein "erfundenes Ereignis" wie der Untergang der Lusitania, der die USA in den Ersten Weltkrieg führte.

Ereignisse, die zur Weltwirtschaftskrise in den 1930er Jahren führten

1928

23. Februar - Montagu Norman besucht M. Moreau, den Präsidenten der Bank von Frankreich.

14. Juni - Herbert Hoover wird von der Republikanischen Partei für das Amt des Präsidenten nominiert.

18. August - Montagu Norman wird erneut zum Präsidenten der Bank of England gewählt.

6. November - Herbert Hoover wird zum Präsidenten der Vereinigten Staaten gewählt.

17. November - Montagu Norman wird erneut zum Gouverneur der Bank von England gewählt.

1929

1. Januar - Die *New York Times* erklärt, dass für 1929 eine starke Flucht von Gold aus den USA erwartet wird.

14. Januar - Eugene R. Black wird als Gouverneur der Federal

Reserve Bank von Atlanta, Georgia, wiedergewählt.

26. Januar - Presseberichten zufolge steht der bevorstehende Besuch von Montagu Norman in keinem Zusammenhang mit der Bewegung von Gold von New York nach London.

30. Januar - Montagu Norman trifft in New York City ein; er behauptet, er statte G.L. Harrison lediglich einen Höflichkeitsbesuch ab.

31. Januar - Montagu Norman verbringt einen Tag mit Vertretern der Federal Reserve Bank.

4. Februar - Montagu Norman erklärt, dass von seinem Besuch keine unmittelbare Änderung der Sterling- oder Goldsituation zu erwarten ist. Der Kongressabgeordnete Loring M. Black, Jr., bringt eine Resolution ein, in der er das Federal Reserve Board fragt, ob es sich mit Montagu Norman zu dem Zeitpunkt oder ungefähr zu dem Zeitpunkt, als es seine Kreditwarnung herausgab, beraten hat.

10. Februar - Repräsentant Black bringt eine Resolution ein, in der er Präsident Coolidge und Minister Mellon auffordert, den Besuch Normans nicht als Beamter der Bank von England zu deklarieren.

12. Februar - Drews hält die Behauptung, die Federal Reserve Bank habe die Kontrolle über die Geldmenge verloren, für eine Illusion und erklärt, die Bank könne den Markt nach Belieben durch Rediskontmaßnahmen regulieren. Seine Aussage "löste wiederholte Vorwürfe aus, dass das Federal Reserve System die Kontrolle über die Wirtschaft verloren habe. "

19. Februar - Die Entschließungen von Black werden im Banken- und Währungsausschuss abgelehnt.

26. Februar - Die New York Times berichtet, dass viele Banken den Bundesbeirat gebeten hatten, bei der Eindämmung von Krediten für Aktienspekulationen mitzuwirken.

4. März - Herbert Hoover wird als Präsident vereidigt.

12. März - Finanzminister Mellon sagt, er werde sich nicht in die Politik des Verwaltungsrats einmischen.

21. März - Die Federal Reserve Bank of Chicago geht dazu über, Aktienkredite um 25 bis 50 % zu reduzieren, um die

Kreditaufnahme für Spekulationen zu verringern.

1. April - Die National City Bank fordert in ihrem Wirtschaftsbericht vom April eine Erhöhung des Diskontsatzes auf 6 %, um exzessive Aktienspekulationen einzudämmen. Eine Rockefeller-Bank!

5. Mai - Die Federal Reserve Bank von Kansas City erhöht den Diskontsatz auf 5 %.

14. Mai - Die Federal Reserve Bank von Minneapolis erhöht den Diskontsatz auf 5 %.

19. Mai - Die Erhöhung des Rediskontsatzes auf 5 % wird für einheitlich erklärt; der Antrag von New York und Chicago auf einen Satz von 6 % wird abgelehnt.

23. Mai: Der Beirat empfiehlt einen Abzinsungssatz von 6 %.

9. August - Die New Yorker Federal Reserve Bank erhöht den Zinssatz auf 6 %; diese Maßnahme wurde als "geschickt" bezeichnet.

3. September - Die National City Bank (eine Rockefeller-Standard Oil Bank) erklärt in ihrem monatlichen Bulletin die Auswirkungen der Erhöhung des Diskontsatzes für ungewiss.

29. Oktober - Der Börsenkrach beendet den Nachkriegswohlstand; 16.000.000 Aktien, einschließlich uneingeschränkter Leerverkäufe, wechseln den Besitzer.

Bis Ende des Jahres erreicht der Wertverlust der Aktien 15.000.000.000 $; bis Ende 1931 erreichen die Aktienverluste 50.000.000.000 $.

Nov. Die New Yorker Federal Reserve Bank senkt den Diskontsatz auf 5 %.

11. November - Montagu Norman wird zum Gouverneur der Bank von England für die elfte Amtszeit gewählt.

15. November-Rabattsatz reduziert auf $4^{1/2}$ %.

Zu Beginn des Jahres 1929 gab es ständig Berichte über Goldlieferungen in die Vereinigten Staaten von und nach London, so dass der Eindruck entstand, dass der Bericht vom 1. Januar korrekt war. Mit dem Börsenkrach begann jedoch die Flucht des Goldes aus den USA, und zwar ernsthaft.

Kurt Lewin

Die Arbeiten von Kurt Lewin (1890-1947) hatten einen tiefgreifenden Einfluss auf die Sozialpsychologie und das Erfahrungslernen, die Gruppendynamik und die Aktionsforschung. Lewin wurde am 9. September 1890 in dem Dorf Mogilno in Preußen (heute Teil von Polen) geboren. Er war eines von vier Kindern einer jüdischen Familie aus der Mittelschicht (sein Vater besaß einen kleinen Gemischtwarenladen und einen Bauernhof).

Als er fünfzehn Jahre alt war, zogen sie nach Berlin, wo er am Gymnasium eingeschrieben war. Im Jahr 1909 begann Kurt Lewin an der Universität Freiberg Medizin zu studieren. Anschließend wechselte er an die Universität München, um Biologie zu studieren. Etwa zu dieser Zeit engagierte er sich in der sozialistischen Bewegung. Sein besonderes Anliegen scheint die Bekämpfung des Antisemitismus und die Demokratisierung der deutschen Institutionen gewesen zu sein.

Er promovierte an der Universität Berlin, wo er ein Interesse an der Wissenschaftsphilosophie entwickelte und auf die Gestaltpsychologie stieß. Sein Doktortitel wurde 1916 verliehen, aber zu diesem Zeitpunkt diente er bereits in der deutschen Armee (er wurde im Kampf verletzt). Im Jahr 1921 trat Kurt Lewin in das Psychologische Institut der Universität Berlin ein, wo er Seminare in Philosophie und Psychologie abhielt. Er begann, sich einen Namen zu machen, sowohl durch Veröffentlichungen als auch durch seine Lehrtätigkeit. Seine Arbeit wurde in Amerika bekannt und er wurde eingeladen, sechs Monate als Gastprofessor in Stanford zu verbringen (1930). Als sich die politische Lage in Deutschland 1933 erheblich verschlechterte, reiste er mit seiner Frau und seiner Tochter in die Vereinigten Staaten aus.

Danach beteiligte er sich am Tavistock-Institut an verschiedenen angewandten Forschungsinitiativen im Zusammenhang mit den Kriegsanstrengungen (Zweiter Weltkrieg), darunter die Beeinflussung der Moral der kämpfenden Truppen und die psychologische Kriegsführung. Er war stets ein überzeugter Sozialist. Er gründete das Zentrum für Gruppendynamik am MIT.

Er war auch an einem Programm beteiligt - der Commission of Community Interrelations in New York. Die "T-Gruppen", für die Lewin bekannt geworden war, gingen aus diesem Programm hervor, das auf die Lösung religiöser und rassischer Vorurteile ausgerichtet war.

Lewin sorgte für die Finanzierung des Office of Naval Intelligence und arbeitete eng an der Ausbildung von dessen Mitarbeitern mit. Die National Training Laboratories waren ein weiteres seiner Programme zur Bewusstseinskontrolle und Massengehirnwäsche, die eine wichtige Rolle in der Unternehmenswelt spielten.

Niall Ferguson

Niall Ferguson ist ein Geschichtsprofessor, der in Cambridge gelehrt hat und jetzt in Oxford einen festen Lehrauftrag hat. Das sind die Zeugnisse eines "Hofhistorikers", dessen Hauptzweck darin besteht, die patriotischen, politischen Mythen seiner Regierung zu schützen.

Professor Fergusson hat jedoch einen ikonoklastischen Angriff auf einen der ehrwürdigsten patriotischen Mythen der Briten verfasst, nämlich den, dass der Erste Weltkrieg ein großer und notwendiger Krieg war, in dem die Briten die edle Tat vollbrachten, einzugreifen, um die belgische Neutralität, die französische Freiheit und die Reiche sowohl der Franzosen als auch der Briten vor der militärischen Aggression der verhassten Hunnen zu schützen. Politiker wie Lloyd George und Churchill argumentierten, dass der Krieg nicht nur notwendig, sondern auch unvermeidlich war. Dabei wurden sie von der Propagandafabrik im Wellington House, "dem Haus der Lügen", wie Toynbee es nannte, tatkräftig unterstützt.

Ferguson stellt und beantwortet zehn konkrete Fragen zum Ersten Weltkrieg, wobei eine der wichtigsten die Frage ist, ob sich der Krieg mit seinen insgesamt zehn Millionen Opfern gelohnt hat.

Er verneint dies nicht nur, sondern kommt zu dem Schluss, dass der Weltkrieg weder notwendig noch unvermeidlich war, sondern das Ergebnis grober Fehlentscheidungen britischer Politiker, die auf einer falschen Einschätzung der von Deutschland ausgehenden "Bedrohung" für das britische Empire beruhten. Ferguson betrachtet ihn als "nichts weniger als den größten Irrtum der modernen Geschichte".

Er geht noch weiter und gibt den Briten die Hauptschuld, denn es war die britische Regierung, die letztlich beschloss, den Kontinentalkrieg in einen Weltkrieg zu verwandeln.

Er argumentiert, dass die Briten rechtlich nicht verpflichtet waren, Belgien oder Frankreich zu schützen, und dass der Ausbau der deutschen Flotte die Briten nicht wirklich bedrohte.

Nach Fergusons Ansicht hätten die britischen Politiker erkennen müssen, dass die Deutschen vor allem die wachsende industrielle und militärische Macht Russlands sowie die große französische Armee fürchteten. Er argumentiert weiter, dass der Kaiser sein am Vorabend des Krieges gegebenes Versprechen an London, die territoriale Integrität Frankreichs und Belgiens im Gegenzug für die Neutralität Großbritanniens zu garantieren, eingehalten hätte.

Ferguson kommt zu dem Schluss, dass "die Entscheidung Großbritanniens, einzugreifen, das Ergebnis einer geheimen Planung ihrer Generäle und Diplomaten war, die bis ins Jahr 1905 zurückreichte", und dass sie auf einer Fehleinschätzung der deutschen Absichten beruhte, "von denen man annahm, sie hätten napoleonische Ausmaße". Auch politisches Kalkül spielte bei der Auslösung des Krieges eine Rolle. Ferguson stellt fest, dass Außenminister Edward Grey die Führung übernahm, die Großbritannien auf den kriegerischen Weg brachte. Obwohl die Mehrheit der anderen Minister zögerte. "Am Ende stimmten sie zu, Grey zu unterstützen, zum Teil aus Angst, aus dem Amt gedrängt zu werden und die Tories ins Spiel zu bringen."

So mächtig waren die Lügen und die Propaganda, die vom Wellington House, dem Vorläufer des Tavistock Institute of Human Relations, ausgingen.

Der Erste Weltkrieg beschäftigt die britische Psyche bis heute, ähnlich wie der Bürgerkrieg die Amerikaner noch immer verfolgt. Die Zahl der britischen Kriegsopfer war mit 723.000 mehr als doppelt so hoch wie die des Zweiten Weltkriegs. Der Autor schreibt: "Der Erste Weltkrieg ist nach wie vor das Schlimmste, was die Menschen in meinem Land je ertragen mussten."

Einer der wichtigsten Kosten des Krieges, der durch die britische und amerikanische Beteiligung verlängert wurde, war die Zerstörung der russischen Regierung.

Ferguson vertritt die Auffassung, dass ohne das britische Eingreifen das wahrscheinlichste Ergebnis ein schneller deutscher Sieg mit einigen territorialen Zugeständnissen im Osten, aber keine bolschewistische Revolution gewesen wäre.

Es hätte keinen Lenin gegeben - und auch keinen Hitler. "Letztlich war es dem Krieg zu verdanken, dass beide Männer aufsteigen konnten, um barbarische Despotien zu errichten, die noch mehr Massenmord verübten."

Wären die Briten an der Seitenlinie geblieben, so Ferguson, wäre ihr Reich immer noch stark und lebensfähig. Seiner Meinung nach hätten die Briten problemlos mit Deutschland koexistieren können, zu dem sie vor dem Krieg gute Beziehungen unterhielten. Doch der britische Sieg kam zu einem Preis, der "weit über ihre Gewinne hinausging" und "das erste goldene Zeitalter der wirtschaftlichen 'Globalisierung' zunichte machte". Doch die rücksichtslose antideutsche Propaganda verwandelte diese guten Beziehungen in Feindschaft und Hass.

Der Erste Weltkrieg führte auch zu einem großen Verlust an individueller Freiheit. "Das Großbritannien der Kriegszeit ... wurde schrittweise zu einer Art Polizeistaat", schreibt Ferguson. Natürlich ist die Freiheit immer ein Opfer des Krieges, und der Autor vergleicht die britische Situation mit den drakonischen Maßnahmen, die in Amerika von Präsident Wilson verhängt wurden.

Die Unterdrückung der freien Meinungsäußerung in Amerika "machte den Anspruch der alliierten Mächte, für die Freiheit zu kämpfen, zum Gespött". Was Professor Fergusson wusste, war, dass Wilson die schlimmsten Einschränkungen der Meinungsfreiheit durchgesetzt hatte. Er versuchte sogar, Senator La Follette verhaften zu lassen, weil er gegen den Krieg war.

Obwohl sich Ferguson hauptsächlich an ein britisches Publikum wandte, ist er auch für die Amerikaner relevant, die auf tragische Weise den gehirngewaschenen, von Propaganda benommenen und nervös betrunkenen Briten in beide Weltkriege folgten, was mit einem enormen Verlust an Freiheit verbunden war, der das Ergebnis der Zentralisierung der Macht in der leviathanischen Regierung in Washington, D.C. war.

Aus dieser rechtzeitigen Warnung können viele wertvolle Lehren gezogen werden, denn das Tavistock-Institut, Nachfolger von Wellington House, hat gezeigt, wie einfach es ist, große Teile der Bevölkerung zu konditionieren und zu kontrollieren.

"Der Große Krieg".

Die Macht der Propaganda

Die Früchte des Krieges, die die einfachen Menschen in Großbritannien, Frankreich, Deutschland, Belgien und Russland nicht wollten: Sie starben in der Blüte ihres Lebens:

Großbritannien und das Empire	2,998,671
Frankreich	1,357,800
Deutschland	2,037,700
Belgien	58,402

Dabei handelt es sich in erster Linie um Tote an der so genannten "Westfront" und "Ostfront" und nicht um Verluste, die andere Nationen an anderen Fronten erlitten haben. Die monetären Kosten betrugen direkt 180.000.000.000 $ und indirekt weitere 151.612.500.000 $.

Die beiden Schlachten des Ersten Weltkriegs, die in diesem Buch erwähnt werden:

Passchendaele. Die Schlacht, die am 31. Juli 1917 begann, dauerte drei Monate. Die Verluste beliefen sich auf 400.000 Mann.

Verdun. Beginnt am 21. Februar 1916 und endet am 7. Juni. 700.000 Männer getötet.

Spätere Propagandabemühungen

Das Tavistock-Institut hat seine Techniken so perfektioniert, dass nach jüngsten Expertenmeinungen 70 % des gesamten Kapitals und der Humanressourcen, die die Werbe-/Propagandaprogramme der US-Regierung für strategische Ziele aufwenden, in psychologische Operationen fließen, wobei die Propaganda, aus der diese psychologischen Operationen bestehen, zum wichtigsten

Bestandteil dessen geworden ist, was es bedeutet, Amerikaner und Brite zu sein.

Das Niveau der Propaganda ist inzwischen so hoch, so allumfassend, dass die Sozialwissenschaftler damit rechnen, dass sie die Gesamtheit des amerikanischen Lebens ausmacht, und als Ergebnis der anhaltenden Propaganda ist das Leben in diesen beiden Ländern zu einer Simulation geworden. Tavistock prophezeit, wie auch Philosophen und Soziologen von Beaudrilliard bis McLuhan, dass diese Simulation bald an die Stelle der Realität treten wird.

In der öffentlichen Wahrnehmung wird Propaganda mit Werbung und der Art von parteipolitischer Propaganda, die in Radio-Talkshows verbreitet wird, oder mit einem eifrigen Radioprediger assoziiert. In der Tat sind dies alles Formen von Propaganda, aber sie werden zumeist als solche erkannt.

Der Werbetreibende versucht, sein Produkt oder seine Dienstleistung in den Köpfen der Zuschauer zu verankern. Politische Kommentare tun genau das Gleiche, und auch religiöse Sendungen sollen die Anhänger zu einer bestimmten Handlung motivieren (z. B. zur Unterstützung des Krieges oder eines Landes, das sie als "biblisch" bezeichnen und das wir unter Ausschluss anderer unterstützen müssen), um die geistige Ausrichtung der nicht engagierten Zuhörer zu ändern. Auf diese Weise hoffen sie, dass die Zuhörer davon überzeugt werden, sich die Ideen der Redner zu eigen zu machen oder ihrem Beispiel zu folgen und dieses oder jenes Ziel zu unterstützen. Bei jeder "Predigt" über den Nahen Osten, insbesondere im amerikanischen Radio, wird dieses Ziel schnell deutlich.

Andere Arten der Kommunikation in allen Medien sind weitaus aufdringlicher, wie z. B. die absichtlich verzerrte und/oder falsche, unvollständige Berichterstattung, die als Wahrheit oder objektive Tatsache dargestellt wird. In Wirklichkeit handelt es sich um nackte Propaganda, die als Nachrichten getarnt ist und in der sich Tavistock-Absolventen auszeichnen.

Die von Bernays im Wellington House erstmals eingeführte Propaganda, mit der die unwillige Bevölkerung durch wissenschaftliche Wiederholung überzeugt werden soll. Der Erste Weltkrieg war ein gefundenes Fressen für Wellington House mit

Tausenden von Rufen wie "der Schlächter von Berlin" usw.

Im letzten Golfkrieg war die Bevölkerung der Vereinigten Staaten nicht geneigt, sich große Sorgen über eine Invasion Saddam Husseins zu machen, aber Powell, Rice, Cheney und eine Reihe von "Autoritäten" haben der amerikanischen Bevölkerung eingetrichtert, dass Saddam Hussein bald einen "Atompilz" über den Vereinigten Staaten erscheinen lassen könnte, obwohl ihre Behauptungen nicht der Wahrheit entsprachen.

Die Behauptung, dass "Saddam eine Bedrohung für seine Nachbarn war", wurde immer wieder betont - von Regierungsvertretern und militärischen Führern, denen sich bald eine große Zahl privater Organisationen, politischer Kommentatoren, Intellektueller, Entertainer und natürlich die Nachrichtenmedien anschlossen, auch wenn sie auf Lügen basierten.

Die Propagandabotschaften unterscheiden sich zwar, aber die Kernbotschaft ist immer dieselbe, und die schiere Menge der Warnungen und die Vielfalt der beteiligten Quellen haben die Menschen darin bestärkt, dass die Bedrohung tatsächlich sehr real ist. Die Slogans helfen den Zuhörern und Lesern dieses Propagandamaterials, sich die "Gefahr" zu vergegenwärtigen, und zwar nicht so sehr, um das Land zu schützen, sondern vielmehr, um eine aktive Beteiligung zu erreichen, indem sie die Hysterie anheizen.

Dies war die gängige Praxis Großbritanniens und der Vereinigten Staaten in allen Kriegen, an denen sie von 1900 bis heute beteiligt waren. Das daraus resultierende Klima der Angst brachte den gewünschten Effekt: eine rasche Ausweitung der militärischen Forschung und der Waffenvorräte sowie "Präventivschläge" in Serbien und im Irak.

Während des Vietnamkriegs erlitt die Propaganda einen bösen Sturz, als die Amerikaner die Brutalität der Schlacht in ihren Wohnzimmern sahen und die Vorstellung von einem "defensiven" Krieg einen Sturzflug erlebte. Die Befürworter der Kriege in Serbien und im Irak haben gut darauf geachtet, dass sich dieser Fehler nicht wiederholt.

Die Wirkung der Propaganda war so groß, dass die meisten Amerikaner immer noch glauben, dass Vietnam ein "antikommunistischer" Krieg war. Vom Kalten Krieg im Allgemeinen - der Kubakrise - bis hin zu Serbien trug die Propaganda dazu bei, dass die Feindseligkeiten gediehen und sich vervielfachten.

Die Propaganda der antikommunistischen Ära wurde von Tavistock maßgeschneidert und sollte die Entwicklung einer globalen militärischen Expansion der USA fördern, die seit der Gründung des Instituts für Pazifische Beziehungen in den 1930er Jahren im Gange war und über die Mc McCarthy stolperte.

Es gibt noch andere Arten von heimtückischer Propaganda, die auf soziales Verhalten oder Gruppenloyalität abzielen. Wir sehen es an der Entstehung des Verfalls der Moral, der die Welt auf einer Welle gezielter Propaganda überschwemmt hat, wie sie von H.V. Dicks, R. Bion, Hadley Cantril und Edward Bernays, den Sozialwissenschaftlern, die zu einem bestimmten Zeitpunkt in Tavistock tätig waren, favorisiert wurde.

Literaturverzeichnis

"Reise in den Wahnsinn"; Gordon Thomas

"MK. Ultra 90"; CIA

"American Journal of Psychiatry, Jan. 1956; Dr. Ewan Cameron.

Dokumente über die Aktivitäten der "Gesellschaft für die Erforschung der menschlichen Psychologie". Dies war eine Fassade für CIA-Experimente zur Bewusstseinskontrolle.

"Ethik des Terrors" Prof. Abraham Kaplan.

"Der Psychiater und der Terror"; Prof. John Gun.

"Die Techniken der Überredung"; J.R. C. Brown.

Der Psychotiker"; "Den Wahnsinn verstehen"; Andrew Crowcroft.

(Wenn man den "Wahnsinn" versteht, kann man ihn in jedem Fach nachbilden).

"Der Kampf um den Verstand"; Privat, Invicta Press.

"Der besessene Geist", Privat, Invicta Press.

"Die gesammelten Werke von Dr. Jose Delgado".

"Die Experimente zur mentalen Fernsteuerung" (ESB): Dr. Robert Heath.

Dr. Heath führte erfolgreiche Experimente mit ESB durch, die bewiesen, dass er Gedächtnislücken erzeugen, plötzliche Impulse (wie willkürliche Schießereien) auslösen und auf sein Kommando hin Angst, Freude und Hass hervorrufen konnte.

"ESB-Experimente"; Gottlieb.

Dr. Gottlieb sagte, dass seine Experimente dazu führten, einen psychozivilisierten Menschen zu schaffen, und dann eine ganze psychozivilisierte Gesellschaft, in der jeder menschliche Gedanke, jede Emotion, jede Empfindung, jedes Verlangen vollständig durch elektrische Stimulationen des Gehirns kontrolliert wird.

Dr. Gottleib erklärte, er könne einen angreifenden Stier auf der Stelle stoppen und Menschen auf Kommando zum Töten programmieren.

Umfassende Dokumentation von Experimenten, die von der CIA mit ESB durchgeführt wurden - die Forschung unter der Kontrolle von Dr. Stephen Aldrich.

"The Collected Research Papers of Dr. Alan Cameron".

Diese wurden zusammen mit der riesigen Sammlung von Dokumenten über Gedankenkontrollexperimente gefunden, die in 130 Kisten verpackt waren und von Dr. Gottleib durchgeführt wurden und die er nicht, wie von der CIA angeordnet, vernichtet hatte.

"*Die New York Times*, Dezember 1974". Eine Enthüllung der CIA-Experimente zur Gedankenkontrolle.

Abgesehen davon gibt es Dr. Colemans eigenes Werk "Metaphysics, Mind Control, ELF Radiation and Weather Modifications", das 1984 veröffentlicht und 2005 aktualisiert wurde.

In demselben Werk erklärt Dr. Coleman, wie Bewusstseinskontrolle funktioniert, und gibt klare Beispiele dafür. Er erweiterte sein früheres Werk mit "Mind Control in the 20th Century", in dem er ausdrücklich darauf eingeht, wie sich die Techniken der Gedankenkontrolle weiterentwickelt haben.

Eine dynamische Theorie der Persönlichkeit. Dr. Kurt Lewin

Zeitperspektive und Moral.

Die Neurose des Krieges. W.R Bion. (Macmillan London 1943)

Erfahrungen in Gruppen. (Lancet Nov. 27, 1943)

Führungslose Gruppen. (London 1940)

Erlebnisse in Gruppen. (Bulletin des Boten)

Katastrophischer Wandel. (Die Britische Psychoanalytische Gesellschaft)

Elemente der Psychoanalyse. London 1963

Borderline-Persönlichkeitsstörung. London

Macht und Ideen. Walter Lippmann

Öffentliche Meinung. Walter Lippmann

Die öffentliche Meinung kristallisieren. Edward Bernays

Propaganda. Edward Bernays

Der Daily Mirror.

Alfred Harmsworth 1903/1904

Der Sonntagsspiegel.

Alfred Harmsworth 1905/1915

Menschliche Qualität. Aurelio Peccei 1967

Der Abgrund liegt vor uns. Aurelio Peccei

Wilhelm II., Kaiser von Deutschland.

Erinnerungen an Lenin.

N. Krupskaja (London 1942)

Die Weltkrise. Winston Churchill

Wie wir für Amerika warben. George Creel, New York 1920

Wilson, Die neue Freiheit. Arthur S. Link 1956

Die Wassermann-Verschwörung. Marilyn Fergusson

Einige Prinzipien der Massenüberzeugung. Dorwin Cartwright

Zeitschrift für Humanistische Psychologie. John Rawlings Reese

Das Verhalten des Menschen verstehen. Gordon Alport

Invasion vom Mars. Hadley Cantrill

Krieg der Welten. H. G. Wells Terror im Radio.

Die New York Times

Psychologie der Wissenschaft. Aldous Huxley

Die Geschichte eines Königs. Der Herzog von Windsor

Meine vier Jahre in Deutschland. James W. Gerard

Unter der eisernen Ferse. G. W. Stevens

Das technotronische Zeitalter. Zbigniew Brzezinski

Institut für Entwicklung und Management Veröffentlichungen. Ronald Lippert

Wenn Aktionsforschung zur Methodik des Kalten Krieges wird

Die Wissenschaft der Nötigung. Renses Likert

Managementsysteme und -stil. Psychische Spannungen. H.V. Dicks

Der Stand der Psychiatrie in der britischen Psychiatrie. H.V. Dicks

Der Dschungel. Upton Sinclair

Appell an die Vernunft Die Geldwechsler.

Propagandatechniken im Weltkrieg. Harold Lasswell

Kaiserliche Dämmerung. Berita Harding

Unschuld und Erfahrung. Gregory Bateson

Um Gottes willen. Bateson und Margaret Meade

Sie haben Gott aus dem Garten geworfen. R.D. Laing

Schritte zu einer Ökologie des Geistes. Die Fakten des Lebens.

Auf unserem Weg. Franklin D. Roosevelt

Wie Demokratien untergehen. Jean Francois Revel

Disraeli. Stanley Weintraub

Brute Force: Alliierte Strategie und Taktik im Zweiten Weltkrieg. John Ellis

Die Konzentrationslager in Südafrika. Napier Davitt

The Times History of the War in South Africa. Sampson Low 7 Bände.

Der Mann der Organisation, Jorgen Schleiman 1965

Stalin und der deutsche Kommunismus, Jorgen Schleiman 1948

Willi Munzenberg Eine politische Biographie Babetta Gross 1974

Propagandatechniken im Weltkrieg Harold Lowell

Die Propaganda-Bedrohung Frederick E. Lumley 1933

Geschichte der Russischen Kommunistischen Partei Leonard Schapiro 1960

Neue Zürcher Zeitung 21. Dezember 1957

Der Aufstieg der Bolschewiki zur Macht und die Novemberrevolution, A.P. Kerenski 1935

Zehn Tage, die die Welt erschütterten, John Reed 1919

Andere Titel

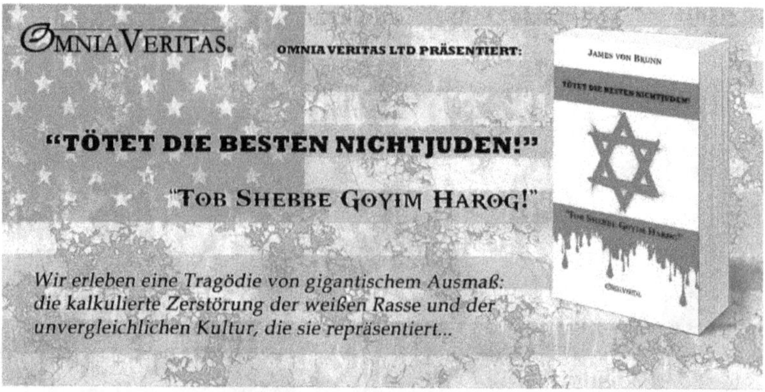
OMNIA VERITAS
OMNIA VERITAS LTD PRÄSENTIERT:
"TÖTET DIE BESTEN NICHTJUDEN!"
"TOB SHEBBE GOYIM HAROG!"
Wir erleben eine Tragödie von gigantischem Ausmaß: die kalkulierte Zerstörung der weißen Rasse und der unvergleichlichen Kultur, die sie repräsentiert...

OMNIA VERITAS
OMNIA VERITAS LTD PRÄSENTIERT:
DIE ENTEIGNETE MEHRHEIT
DIE ENTEIGNETE MEHRHEIT
DAS TRAGISCHE UND DEMÜTIGENDE SCHICKSAL DER AMERIKANISCHEN MEHRHEIT

OMNIA VERITAS
OMNIA VERITAS LTD PRÄSENTIERT:
Wenn es ein Buch gibt, das den Kern all der Umwälzungen in der Welt auf den Punkt bringt, und was wir tun müssen, um sie zu stoppen, dann ist es dieses.
ROTE PANDEMIE
DER GLOBALE MARXISTISCHE KULT
Das entscheidende Thema in der heutigen Welt ist die marxistische Indoktrination

"Jack the Ripper ... Ein Name, der im schwarzen Pantheon legendärer Krimineller glänzt - wahrscheinlich der bekannteste anonyme Mörder der Welt. Sein anhaltender Ruhm beruht auf seiner gut gehüteten Anonymität".

Omnia Veritas Ltd präsentiert:

Jack the Ripper
die endgültige Lösung
von
Stephen Knight

Diese Lektüre bietet auf alarmierende Weise eine höchst überzeugende Endlösung...

Omnia Veritas Ltd präsentiert:

HITLERS
geheime Finanziers

von
SYDNEY WARBURG

Eines der außergewöhnlichsten historischen Dokumente des 20. Jahrhunderts!

Geld ist Macht.
Der Bankier weiß, wie er es konzentrieren und verwalten kann.
Der internationale Bankier betreibt internationale Politik.

Woher hatte Hitler die Mittel und den Rückhalt, um 1933 die Macht in Deutschland zu erlangen?

Omnia Veritas Ltd präsentiert:

DIE CHRONIKEN VON SVALI
SICH VON GEDANKENKONTROLLE BEFREIEN
ZEUGNIS EINER EHEMALIGEN ILLUMINATIN

Die Illuminaten sind eine Gruppe von Personen, die einer Philosophie folgen, die als "Illuminismus" oder "Illumination" bekannt ist.

Die Programmierung der Illuminatensekte verstehen

OMNIA VERITAS
Omnia Veritas Ltd präsentiert:
BLUT UND GOLD
DIE GESCHICHTE DES COUNCIL ON FOREIGN RELATIONS
Ein exklusives und unveröffentlichtes Werk
EUSTACE MULLINS
Der CFR, der von Internationalisten und Bankeninteressen gegründet wurde, hat eine wichtige Rolle bei der Gestaltung der US-Außenpolitik gespielt.
EUSTACE MULLINS
Revolutionen werden nicht von der Mittelschicht gemacht, sondern von der Oligarchie an der Spitze

OMNIA VERITAS
Omnia Veritas Ltd präsentiert:
Hier sind die einfachen Fakten des großen Verrats...
DIE GEHEIMNISSE DER FEDERAL RESERVE
von
EUSTACE MULLINS
EUSTACE MULLINS
DIE GEHEIMNISSE DER FEDERAL RESERVE
Werden wir weiterhin durch das babylonische Schuldgeldsystem versklavt werden?

OMNIA VERITAS
Omnia Veritas Ltd präsentiert:
EUSTACE MULLINS
DIE WELTORDNUNG
UNSERE GEHEIMEN HERRSCHER
Eine Studie über die Hegemonie des Parasitismus
DIE AGENDA DER WELTORDNUNG: TEILEN UND HERRSCHEN

www.ingramcontent.com/pod-product-compliance
Lightning Source LLC
Chambersburg PA
CBHW070759270326
41927CB00010B/2212